高等职业教育化工大类系列教材

化工产品营销实务

（第二版）

赵　宁　主　编

吴丽旋　副主编

科学出版社

北　京

内 容 简 介

本书以化工产品（化学工业中间品、涂料、润滑油、化妆品、农药、染料等）为主要营销对象，介绍了不同类型销售岗位所面临的常见问题。全书以任务驱动的形式，对化工产品营销的市场拓展、渠道建设、促销推广、产品设计和演示、工程投标、网络营销、化工外贸等环节进行了详细介绍。

本书可作为高等职业院校应用化工类专业以及精细化工类、高分子类、造纸类专业的选修教材，也可以作为化工产品生产、销售企业的营销培训参考用书。

图书在版编目（CIP）数据

化工产品营销实务/赵宁主编. —2 版. —北京：科学出版社，2019.9
（"十四五"职业教育国家规划教材·高等职业教育化工大类系列教材）

ISBN 978-7-03-062259-4

Ⅰ．①化… Ⅱ．①赵… Ⅲ．①化工产品-市场营销学-职业教育-教材
Ⅳ．①F724.77

中国版本图书馆 CIP 数据核字（2019）第 191217 号

责任编辑：沈力匀 / 责任校对：王万红
责任印制：吕春珉 / 封面设计：耕者设计工作室

科 学 出 版 社 出版

北京东黄城根北街 16 号
邮政编码：100717
http://www.sciencep.com

三河市骏杰印刷有限公司印刷

科学出版社发行 各地新华书店经销

*

2009 年 8 月第 一 版	开本：787×1092 1/16
2019 年 9 月第 二 版	印张：15 3/4
2024 年 7 月第 十八 次印刷	字数：380 000

定价：49.00 元

（如有印装质量问题，我社负责调换）

销售部电话 010-62136230 编辑部电话 010-62135120

第二版前言

　　本书以化工企业初、中级营销工作岗位为背景，以高职毕业生在不同类型的化工企业从事营销等工作场景为主线，设计学习情境，并将具体任务和工作技能分解，对学生进行实训。

　　本书基于"工作过程导向—工作过程系统化课程"的设计思路，采用任务驱动形式，项目教学与案例教学、实训法相结合，教材的理论性和完整性与高职教育理念模块化相统一，体现了"理论必需、够用"的要求。每个学习情境以案例导入，各任务分为知识目标、技能目标、任务引入、任务分析、知识链接、思考与讨论及课后实训 7 个环节。

　　化工产品既包括大宗交易的化工原料，也包括各种作为生产用途的化学中间品，还有与人们生活密切关联的日化产品，这些类型的化工产品都有自身的行业特点，以本书的篇幅很难面面俱到，所以编者以最具有代表性的日化产品和化工工业品作为分析对象。化工产品的主要营销方式，一是大众营销，突出的是渠道、品牌、广告、传播；二是一对一营销，突出的是人员沟通、公关、定制服务。这两种营销方式是本书着重阐述的内容。根据市场需要，本书突出职业能力和职业素养的训练，强调创新思维训练。增加了化工产品外贸的内容，深化网络营销的内容，力图对学生职业成长、职业选择、创新创业都有一定的帮助。

　　本书在修订过程中厚植"深入实施科教兴国战略、人才强国战略、创新驱动发展战略，开辟发展新领域新赛道，不断塑造发展新动能新优势"的理念，紧密对接国家发展重大战略需求，不断更新升级，旨在为人才培养提供重要支撑，为引领创新发展奠定重要基础，更好地服务于高水平科技自立自强、拔尖创新人才培养。

　　本书由深圳职业技术学院赵宁担任主编，参加编写的人员还有：广东轻工职业学院吴丽旋，伊犁职业技术学院朱小燕，深圳职业技术学院林峰、徐玲。在编写本书的过程中，参考了许多文献、资料，并得到各学校领导和同仁的大力支持，在此一并感谢。

　　为了配合教学和学习，本书提供了电子教学资源，以供下载。

　　由于编者水平有限，加之时间仓促，本书难免有不足之处，敬请广大读者批评指正，以便完善。

编　者

2019 年 7 月

第一版前言

本书主要是以化工行业产品营销初、中级职位的工作岗位为背景，以一个高职毕业生或者本科毕业生在不同类型的化工企业从事营销等不同岗位上成长过程为主线，设计出各个学习情境，并针对各种具体工作技能和任务对学生进行实训指导。

本书总体设计思路采用"基于工作过程导向—工作过程系统化课程"；任务驱动、项目教学与案例教学、实训法相结合。全书理论性、完整性与高职教育模块化等方面体现了"理论必需、够用"的要求，每一个学习情境分为：导入案例、知识目标、技能目标、任务导入、任务分析、知识链接、讨论与思考以及实训等不同环节。

化工产品既包括大宗交易的化工原料，也包括各种生产用途的化学中间品，还有与我们生活密切关联的日用化工产品，这些类型的产品都有着自身的行业特点，以本书的篇幅很难全部涉及。所以我们将最具有代表性的日化产品和化工工业产品为营销对象，以代表化工产品的主要营销方式作为主要叙述内容。

- 大众营销，突出的是渠道、品牌、广告、传播。
- 一对一营销，突出的是人员沟通、公关、定制服务。

本书共设八个学习情境，由深圳职业技术学院赵宁以及广东轻工职业学院吴丽旋共同担任主编。参加编写的人员还有：广东食品药品职业学院何润琴，EBAY 网络刘燕、立邦涂料杨天等。在编写过程中深圳职业技术学院的林峰、徐玲、林雪春、张英、张武英、刘红波给予了大力支持，在此一并表示感谢。

由于编者水平有限，加之时间仓促，难免有疏漏和其他不妥之处，敬请广大读者批评指正，以便完善。

目　录

学习情境一　化工产品营销概述

导入案例

舆论缘何聚焦润滑油，点赞行业领袖长城润滑油

"深藏功与名"，这句诗用来形容润滑油再贴切不过了。润滑油与经济生产和日常生活密切相关，润滑油无处不在，但由于品类感知度低，尽管不可或缺，却很少有人关注它。

2017 年 5 月以来，润滑油忽然闯入了主流视野，包括《人民日报》《经济日报》《中国新闻周刊》等在内的权威媒体对其进行了系列报道，为润滑油行业，为中国石化润滑油有限公司（简称长城润滑油）浓墨重彩地加油、点赞。

学习情境一教学课件

这是史无前例的事情，一直是"扫地僧"式存在的润滑油忽然成为媒体争相报道的宠儿，成为现象级的话题，催生了备受关注的"长城现象"。这中间发生了什么大事情？背后又有什么不为人知的原因？个中道理值得深思，我们不妨探究一下。

1. 读懂润滑油就能读懂经济冷暖

润滑油产品兼具工业品和消费品双重特点，这一特殊性行业的兴衰与各行各业的兴衰息息相关，向来被视作经济的晴雨表和风向标，润滑油行业的变化往往能够折射出经济环境的变化。

润滑油之所以能够测出经济的温度，是因为润滑油品类众多，牵涉各行各业，涵盖冶金、水泥、煤炭等传统制造业，以及航空航天、高铁、智能机器人、风电等新兴产业。企业增产、减产或者停产，都可以从设备的运行情况看出，而设备的运行离不开润滑油，所以企业对润滑油需求量的增减，可以直接反映企业的经营生产活动。

自 2012 年开始，中国润滑油的销量增长连年下行，从巅峰时期的 700 多万吨下降到了 2016 年的 500 多万吨。这组数字反映的是从 2012 年开始，中国经济增长速度回落，从高速增长期步入了中高速增长的新常态。在经济新常态下，中国企业从既往的规模扩张、速度扩张，进入了"去产能、去库存、去杠杆、降成本、补短板"的结构调整期，这导致润滑油的需求量递减，亦处在十分明显的调整期。

润滑油产品结构的变化也在很大程度上反映了经济结构的变化。

一方面，传统制造业对润滑油的需求量下降，而新兴制造业对润滑油的需求则在上升，这反映了行业的更迭。例如，中国风电行业发展迅速，2015 年年底，中国风电累计并网装机容量已超过 1 亿千瓦，预计到 2020 年，我国风电装机容量将达到 1.5 亿千瓦。与此相呼应的是，尽管整个行业销量持续下滑，但风电润滑油的需求却一直保持较高的增长速度，预计未来几年风电润滑油的需求将保持超过 7% 的复合年增长率。

另一方面，技术规格更高、品质更高的润滑油需求量不断上涨，这说明在新型工业

化的发展趋势下，国内工业企业所运用的大型化、精细化的设备正在逐渐成为主流，而且企业更加重视成本控制，关注设备运转的高效益和长寿命，凸显了中国企业在供给侧改革之下积极转型升级。一个有力的例证是，进入 2017 年，广东明阳风电产业集团有限公司等风电行业企业，先后联合长城润滑油发起了制定行业的润滑油国家标准，这无疑是由行业生产升级所推动的。

窥一斑而见全豹，观滴水可知沧海。润滑油无处不在，但产品属性决定了润滑油更多扮演的是幕后角色，不过润滑油与各行各业千丝万缕的联系，为观察中国经济提供了一个新的角度。作为润滑油行业的领袖、供给侧改革的先驱，长城润滑油化解了行业整体下行的压力，一直保持销量增长的态势，高档产品增长迅速，市场占有率稳居第一。无论是销量数据还是产品结构的变化，都恰如其分地与各行各业的变化相佐证。舆论将润滑油推上台前，点赞长城润滑油，是意料之外，却也在情理之中。

2. 透过润滑油看"一带一路"之下的中资企业

2017 年 5 月 14~15 日，"一带一路"国际合作高峰论坛在北京举行，论坛取得了共 76 大项 270 多项具体成果。"一带一路"是中国提供给世界的最好的国际公共产品，已有 100 多个国家和国际组织积极响应支持，40 多个国家和国际组织同中国签署合作协议，是中国经济与世界经济连接的重要枢纽。截至 2016 年，中国企业对"一带一路"沿线国家直接投资额达 293.5 亿美元，为当地创造了近 11 亿美元税收和 18 万个就业岗位。

那么问题来了，这与润滑油有什么关系？与舆论集中关注润滑油又有什么关系？

其实，答案很简单，因为目前中国对"一带一路"沿线国家投资的企业主要集中在基建工程、油气产业链、交运油气港口运输等领域。这些行业与制造装备和设备密不可分，而无论是建筑设备、电力设备，还是高铁、货运轮船，都需要润滑油。据中国石化润滑油公司透露，自 2012 年以来，长城润滑油国际市场一直保持超过 50% 的复合增长率。高速的国际业务增长得益于长城润滑油"捆绑"中资企业、携手中资企业共拓海外市场的战略。也就是说，无论是销量、销售地区，还是应用领域，长城润滑油都与中资企业在海外市场，尤其是在"一带一路"的经济活动密不可分。

长城润滑油之所以能够针对不同行业、不同项目实现海外配套服务，是因为长城润滑油完善的国际市场布局。长城润滑油自 2005 年开始探索国际市场，在东南亚、大洋洲、欧洲、南美洲、非洲等 50 多个国家和地区设有经销网络，在新加坡、阿联酋、美国和南非等国家的主要港口设有船用油供应网点。2013 年 7 月，长城润滑油位于新加坡裕廊工业区的润滑油脂生产基地正式投产，辐射"一带一路"，极大地提升了长城润滑油国际配套用油服务的能力，满足中资企业的海外需求。而且，长城润滑油借助与各行业中资企业海外业务的紧密连接，在泰国、印度尼西亚、马来西亚、阿联酋等中资配套的重点地区，通过举行技术交流会，推动海外中资企业的互联互通。

透过长城润滑油海外业务的发展情况，我们可以看到中资企业在海外市场协同发展的模式，打造中资企业在海外市场的生态圈，而且根据长城润滑油销量情况的变化，以及不同国家和地区的销售比例，看到中资企业在海外市场的发展侧重点及经营情况。

目前，中国经济正处于急剧变化的调整期，纷繁复杂。润滑油与经济活动的紧密联系，给我们提供了一种全新的观察视角，破解许多经济密码，不仅可以测量中国经济的温度，洞悉供给侧改革给各行业带来的变化，而且可以看清中资企业在海外市场的经营情况。此次，舆论聚焦冷门行业，聚焦长城润滑油，发酵引爆"现象级"的话题，催热"长城现象"，个中原因就在于此。

（资料来源：http://toutiao.manqian.cn/wz_18l9bXR5yV3.html）

化工产品营销包括化工工业品营销与日化品营销，以及介于两者之间的民用化工品营销。在化工产品营销活动中，化工工业品营销占据着重要地位；一般而言，日化品营销的对象是最终的普通客户，客体是消费品，而化工工业品营销的对象是企业等，客体是化工工业品。二者的营销主体、客体都有所不同，而且差别非常大。民用化工品（如油漆等），介于两者之间，既有消费品的性质，又具备工业品的特点。因此，化工工业品营销与日化品营销在市场分析、产品策略、价格策略、营销渠道、促销策略、过程管理等诸多方面存在较大的差异。

教学拓展：精细化学品营销

任务一　分析化工产品及其市场特征

> **知识目标**
> ☞　了解化工产品的分类及其特点。
> ☞　掌握化工工业品及其市场特征。
>
> **技能目标**
> ☞　能够准确分析化工产品及其市场特征。

任务引入

小李是某高职院校造纸专业的毕业生，他热爱营销，近期应聘到翔宇公司做一名基层业务员。该公司属于造纸化学品销售公司，产品质量良好，销售部除经理及两名销售业绩领先的老业务员外，其他人都是新手。上班第一天，销售部经理安排5名新人先熟悉公司产品说明资料，并分析公司产品及其市场特征。

任务分析

本任务主要分析公司产品及其市场特征。小李要完成此项任务，首先必须了解公司产品并对其分类，分析公司产品是属于化工工业品还是化工消费品。在此基础上，从产品特点、市场特点及产品用户的购买行为方面进行深入分析。

知识链接

利用石油、天然气、煤和生物质，采用化学和物理方法生产的产品，称为化工产品或化学品。化工行业是国民经济的支柱行业，能充分体现一个国家不同领域的制造加工水平。化工行业的范围很广，是处于石油化工等大化工和各产业之间的中间行业，涉及医药中间体、纺织和皮革助剂、食品添加剂、造纸化学品、环保水处理、石油开采、选矿、金属材料加工和表面处理、新材料合成、聚合物、日用化工等诸多方面。生活产业的发展需要依靠化工行业开发出更多性能优异，对人体更温和、更健康的新原料。在世界范围内发生的石油危机，曾使一些依赖于石油进口国家的经济，特别是能源、化学等一些工业部门受到很大的冲击，由此，世界各国强烈地感受到石油资源的有限性和对未来新能源开发的迫切性。从另一角度看，大宗基本化工产品的利润逐渐下降，原料价格上涨，为了降低成本，生产规模不断向大型化发展，公害问题和安全事故日益增多。另外，新科技的迅速发展和人民生活需求的进一步提高，促使人们思考基本化学品的加工问题，这就促进了化工产品加工精细化和清洁化。在化工产品市场销售过程中，营销人员不可忽视这些外部营销环境的变化，要改变营销策略或者产品组合去迎合市场变化。

一、化工产品的分类

美国学者克林（Kline）对化工产品做了如下分类：先分为大吨位化学品与小吨位化学品，再分为非差别性化学品与差别性化学品，共4类。

（1）大吨位、非差别性化学品，一般可称为通用化学品，如硫酸、尿素、甲醇、乙酸等。这些产品都有统一的产品质量标准，即同一种产品，各厂生产的都有统一的规格。

（2）大吨位、差别性化学品，即半通用化学品，如聚氯乙烯、聚氨酯泡沫塑料、炭黑、火药和合成纤维等。同类产品各厂生产的品种可以有不同的规格、性能和用途。

（3）小吨位、非差别性化学品，如邻苯二甲酸二丁酯、乙酸苄酯等香料、染料、颜料、医药和农药的原药等。这类产品产量少，但也有统一的产品标准。

（4）小吨位、差别性化学品，又称专用化学品，如洗发水、除臭剂、催化剂、防腐剂等。这类产品都有专用性用途，多数是复配方产品，国外这类产品还有其他名称，如最终用途化学品、多目的功能性化合物、高附加值化学品、多功能化学品和高级化学品等。

在我国、日本和有些国家，化工产品是指上述4类产品。日本将化工产品分为34类，而我国将精细化工产品分为11类，即农药、染料、涂料（含油漆和油墨）、颜料、试剂和高纯物、信息用化学品、食品和饲料添加剂、黏合剂、催化剂和各种助剂、化工系统生产的化学药品（原料药）和日用化学品、功能高分子材料。这11类化工产品大多数是化工工业品，少部分是消费品（如日化产品），还有一部分属于工业品性质的民用化工品（如涂料）。

国际咨询公司麦肯锡将化工产品分为如图1-1所示的3类。

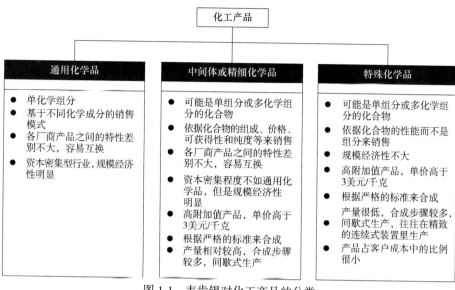

图 1-1 麦肯锡对化工产品的分类

二、化工产品的特点

（一）产品的功能性与专用性

化工产品的特点，主要表现在其具有某种特定的化学作用、物理作用和生物活性。例如，在一定条件或环境下的染色、去污、增稠、阻燃、聚合等化学作用，同时也可伴有物理作用。具有特定的物理作用，如耐高温、绝缘、半导、超导、透光、吸热、吸音等，有的表现为压电、热电、光电、激光、磁性等物理效应，有的同时伴有化学作用。具有增进或赋予生物体某种生理活性的特定功能，如酶制品具有加速新陈代谢能力，生长激素具有刺激生长作用，杀菌剂、防腐剂具有抵抗变质能力等。此外，化工产品要有较高的纯度，如医药、农药、感光材料所需的中间体、原药等。

（二）多品种

人们对物质和文化生活需求的多样性，促进了化工产品的多样性，故其类别复杂、品种众多。有的功能虽相同或相近，但由于应用对象不同，品种多种多样。例如，由于洗涤对象不同，洗涤剂可分为餐具洗涤剂、金属洗涤剂、衣物洗涤剂等，又因纺织品各有不同，衣物洗涤剂也多种多样。

（三）技术密集

一种化工产品经研发、生产后进入市场，涉及多学科、多领域的知识和技术，需要进行大量的工作，通常包括产品的分子筛选与分子设计、合成路线及方法的研究、应用性能的研究与开发、工业生产技术的开发、应用技术研究和技术应用服务等。分子筛选与分子设计，主要是研究分子化学结构及其应用性能的关系。合成路线及方法的研究，主要是寻找具有工业生产价值的合成路线，以及高选择性、高收率、低成本和可操作的合成方法。应用性能的研究与开发，是根据市场对产品性能的要求进行的剂型配方改进和强化。工业生产技术的开发，是为提高产品质量、降低消耗及符合环保要求，大量采用高新技术的工业技术开发。产品应用技术研究和技术应用服务，是为进一步开发市场而进行的。因此，化工产品的知识、技术密集度很高。

化工产品的技术密集性，表现在生产工序多、工艺流程长、涉及单元反应多、原料复杂、中间控制严格、产品纯度要求高、纯化技术复杂等方面。

（四）大量采用复配技术

为使化工产品增效、改性或扩大应用范围，以满足各种专门要求，通常采用复配技术。复配技术，即按照一定配方，将多种组分配合，而后加工制成粉剂、粒剂、黏合剂、化妆品、涂料、农药等，通常由十几种组分复合配制而成。

（五）商业性强

商业性是由化工产品的特定功能和专门用途决定的。用户对化工产品的选择性很强，对化工产品的质量和品种不断提出新的要求，使其市场寿命较短、更新换代很快。化工产品的技术密集、高附加价值和高利润等特点，使其技术保密性、专利垄断性较强，导致产品竞争激烈。因此，以市场为导向研发新品种，加强应用技术的研究、推广和服务，不断开拓市场，提高市场信誉是增强产品商业竞争能力的有力举措。

化工产品的特点要求营销人员既要有一定的专业技术知识，又要有一定的营销知识。营销人员只有掌握化工产品的配方、生产工艺、生产流程，才能更好地了解产品的性质、功能、特色，做好技术售后服务工作。

三、化工工业品的界定及其市场特征

从化工产品的分类可知，化工产品营销的客体大多数是化工工业品，在介绍化工产品营销之前我们需要先了解化工工业品和化工工业品市场。

（一）化工工业品与化工工业品市场

化工工业品是相对于日化品而言的一个专用名词，泛指一切非消费品。结合我国的实际情况，化工工业品通常可划分为化工原材料、化工中间品等。

原材料指生产某种产品的基本原料，是作为生产过程起点的产品，可分为自然原料和人造原料两大类。自然原料即自然形态下的森林产品、矿产品，如铁矿石、石油等；人造原料，如棉纺织品、钢制品、建材等。以上这些产品的共性是在企业与企业之间或企业与其他组织机构之间进行交易。这类产品用来间接或直接生产消费品，处于价值链的中间。

当然，按不同的划分标准，化工工业品有不同的分类。例如，化工工业品按用途可以划分为直接化工工业品（原材料、半成品等）和间接化工工业品；按使用行业可以划分为农业用化工产品、建筑用化工产品、电子类化工产品等。

消费品市场之外的市场泛称化工工业品市场。化工工业品市场按客户的性质可以划分为企业市场和机构市场。由于化工工业品不直接面对普通客户，因此化工工业品市场与消费品市场相比具有以下显著的特征。

1．客户数量相对较少，但比较集中，单次购买量大

化工工业品的客户主要来自于企业，因此客户数量相对于消费品的消费者来说少很多，而目标客户就更少了。但客户相对集中，单次购买量大，大客户的变动可能直接影响化工工业品企业的业绩。所以，化工工业品企业在做市场宣传时必须树立品牌形象，锁定目标客户，进行重点营销，做到有的放矢。

2．专业、理性购买，购买决策复杂

化工工业品一般是大宗产品，或者小批次高重复购头。因此，在购买化工工业品时，客户显得十分谨慎、小心，担心买错了或者买贵了，在购买过程中会有多个部门、较多的核心人员参与，属于专业、理性购买。例如，汽车生产企业更换汽车油漆时，会由采购部、工程部、技术部、财务部人员及企业高层领导等组成采购小组，对拟购买产品的生产企业、产品本身、售后服务等进行层层考核。所以，客户购买化工工业品是一个复杂的决策过程，少则几个月，多则数年。不过，如此长的决策过程也为化工工业品企业的营销工作争取了足够的时间，企业可以充分利用这段时间做好客户的营销工作，博得客户的信任，树立企业的形象，与客户建立良好的伙伴关系。

3．通常采取直接买卖方式

由于化工工业品成交金额大，客户往往会直接与化工工业品企业联系，进行实地考察，审慎考核，实施直接采购。而化工工业品企业为了将企业形象、产品信息更好地传达、展示给目标客户，往往会采取直销模式组建自己的营销团队，面对面地与客户沟通，通过形象颇佳、产品知识过硬的营销人员树立企业的良好形象，博取客户的信任。当然，化工工业品企业也可能挑选并培训一批口才、业务能力都比较强的代理商或其他中间商。

4．定制采购，注重服务

化工工业品的技术含量较高，加上对产品的特殊要求，因此许多客户会选择通过招投标的方式，提出自己的技术要求和相关条件，而化工工业品企业则根据客户的需求组织技术队伍进行产品定制化设计，满足客户需要。由于是定制加工，不具有通用性，生产的产品就可能只有定制客户能使用。因此，当客户不再需要的时候，这批产品也就不再生产了。如果客户中途不要，产品就很难卖出去，这样就加大了化工工业品企业的经营风险。另外，化工工业品是再生产产品，对客户来说服务尤为重要，包括售前服务、售中服务及售后服务等。

5．供应商与客户的关系较密切

由于购买者较少而购买量较大，化工工业品企业必须密切注意与其客户的配合，甚至必须依照特定客户的需要来提供产品与服务。因此，在化工工业品市场中，化工工业品企业与客户的关系通常较为密切。而在消费者市场中，由于购买者较多、购买量较少，零售商与客户的关系不甚密切。

6．派生需求，缺乏弹性

化工工业品市场是派生的市场，化工工业品市场的需求也是派生的需求，是客户对消费品的需求而派生出来的需求。没有客户对消费品的需求，就不会有对机械设备的需求，也不会有对原材料的需求。

由于化工工业品市场的需求是派生的需求，只要消费品的需求存在，化工工业品的需求就必然存在，不会因消费品市场的波动而有剧烈的变化。这是因为化工工业品市场的需求取决于生产过程、生产特征，只要消费品生产企业不改变生产方式或产品种类，需求就会存在。例如，化妆品生产企业不会因为化妆品原料的涨价而少买或者放弃购买；乳胶漆生产企业也不会因为乳液价格的下跌而大量采购乳液。

（二）化工工业品市场及其特征

1．化工工业品客户的特征

化工工业品的特点，决定了客户在购买化工工业品的过程中表现出以下特征。

（1）购买过程耗时长。化工工业品的购买主要是原材料等的购买，产品往往要经过很多性能测试，客户会再三考虑，谨慎决策，导致购买过程比较长。

（2）购买次数多。客户一般集中采购化工原材料，采取长期合作的方式，不会随意改变购买对象，因此化工工业品购买的次数虽然多，但是很追求批次之间的稳定性。

（3）产品服务要求高。由于化工工业品的技术含量比较高，客户在购买产品时需要化工工业品企业提供优质的售前服务、售中服务及售后服务，主要是技术服务。在产品越来越同质化的今天，化工工业品企业的服务往往成为交易成败的关键。

（4）对产品质量与供货时间有特殊要求。化工工业品都有自己的技术指标，除了标准件外，很多是非标产品，需要生产企业定制加工。有的化工工业品由于温度、湿度、阳光等原因，保存时间有限，对运输和保存方式有特殊要求。

2．化工工业品购买行为的特征

化工工业品的购买行为，一般具有以下特征。

（1）购买的专业性。客户对化工工业品的技术指标、规格、用途等都有很高的要求，一般会通过专业知识与经验丰富的专职采购人员来完成，对成交金额大、非常重要的化工工业品还会召集工程部、技术部、财务部人员及企业高层领导等组成采购小组，共同做出购买决策。

（2）购买的目的性。客户购买化工工业品的目的性非常强，不是生产或工作需要是不会购买的，而且对什么时候采购、采购多少都有严格的计划，针对性、目的性非常强。

（3）购买的理智性。客户在购买化工工业品时都会详细了解产品的质量、品种、技术参数、价格、服务及供货周期等。他们往往会选择多家企业生产的同类产品，就产品的质量、价格、品牌等进行比较，经过长时间的筛选、比较、权衡之后才会做出购买决策。

（4）购买的个人性。因为参与购买决策的人往往不止一个，每个人都有自己的知识背景、个性特征、生活背景等，因此每个人的购买要求可能会有所偏重，有各自的购买"个性"，所以化工工业品企业应善于抓住客户的个性特征，采取相应的公关策略。

3．影响化工工业品购买行为的因素

化工工业品的购买行为同消费品的购买行为一样受诸多因素的影响，影响化工工业品购买行为的因素可归结为环境因素、组织因素、人际因素和个人因素 4 个方面，如表 1-1 所示。

表 1-1　影响化工工业品购买行为的因素

影响因素	环境因素	组织因素	人际因素	个人因素
具体内容	经济环境 需求水平 资金成本 技术变革 社会发展	目标 政策 程序 组织结构 制度	职权 地位 志趣 说服力	年龄 收入 教育 职位 个性 文化

（1）坏境因素。经济环境是影响化工工业品购买行为的重要环境因素，经济大环境、企业经营状况都会直接影响化工工业品的购买需求。经济不景气时，企业就会减少投资，压缩采购，减少库存，化工工业品的购买需求就会受到抑制；相反，经济欣欣向荣时，企业就会加大投资，采购需求旺盛。另外，购买行为也会受到资金成本、技术变革、社会发展等因素的影响。

（2）组织因素。化工工业品的采购一般是由采购部或由多个部门组成采购小组进行的，每个企业都会有自己的采购需求、采购目标、采购决策组织、采购程序。其中的每一个环节都会影响购买行为，所以营销人员应深入了解客户的真正需求、具体的采购目标、由谁做出采购决策及有哪些人或部门参与采购等。只有对这些影响因素有了全面的了解，才能做到知己知彼、有的放矢。

（3）人际因素。客户内部的人际关系对其化工工业品购买行为也有至关重要的影响。购买大宗化工工业品，会由专门的采购部或临时采购决策小组负责，其成员个性不同、职位有异、权力有别，彼此之间的关系也错综复杂，因此他们的购买要求会有所不同，对购买决策所起的作用也有所不同，表现出纷繁复杂的人际关系。营销人员应该摸清客户的决策成员及其个性、喜好、权力、职位等，弄清客户的采购标准、决策方式，有目的、有计划、有区别地与客户的采购决策人员建立良好的人际关系，为营销成功打通"人际通道"。

（4）个人因素。化工工业品市场的购买行为虽具有专业性、理智性、目的性，但也有个人性。参加购买决策的是一个个具体的人，每个人都有其个性特征。受年龄大小、教育差别、生活背景、职位高低，以及购买风险与自己的利害关系等因素的影响，每个人在采购决策中会表现出不同的立场和态度。摸清每个人的个性特征，把握每个人的态度、立场，是营销人员在营销活动中必须做到的。个人因素在化工工业品购买过程中往往是最重要的决策影响因素，掌握好个人因素就为营销开启了成功之门。

4．化工工业品的购买类型

企业在采购化工工业品时面临着复杂的购买规程和购买决策，其复杂程度和决策方式取决于购买类型。化工工业品的购买类型可分为直接再购买、修正再购买和全新购买。

（1）直接再购买，是买主在供应商、购买产品和购买方式等都不变的情况下购买以前曾经购买过的产品或服务的购买类型。采用这种购买类型购买的产品大多是低值易耗品，对企业的影响不大。而且由于已经使用过该产品，对生产企业和产品都很了解，买主不需花费太多的人力、精力去寻找新的供应商，只需要采购部门再次联系落实就可以了。对这种购买类型，原有的供应商应尽力提供优质的产品和满意的服务，争取建立长期、稳定的合作关系。未纳入采购范围的供应商则应努力通过提高产品质量或者提供新产品及更好的服务，先通过小份额产品渗透进去，之后再逐步扩大销售份额。

（2）修正再购买，是指购买者欲改变产品的规格、技术条件、价格、交货条件、付款方式等，需要调整采购方案，供需双方都有较多人员参与的购买类型。原有的供应商应配合购买者积极改进产品质量和服务水平以最大限度地满足客户的需求。对之前未被采用的供应商来说，这是一次难得的机会，应抓住良机，积极公关，争取赢得新业务。

（3）全新购买，是指购买者首次购买某种产品或服务。由于是第一次购买，购买者对所购产品不是十分了解，成本和风险增大，需要投入较多的人力、花更多的时间收集相关信息，因此此类购买的决策过程会更复杂，决策时间会更长。全新购买对营销人员来说是全新的挑战，同时也是最好的营销机会。营销人员应采取各种有效的营销手段，影响采购决策人物，与其建立良好的合作关系。

5. 参与化工工业品购买的人员

无论是哪种购买类型，在化工工业品的采购决策过程中往往都有多方面、多层次的人员参与，而且他们的角色不同、地位不同，所起的作用也不同。

企业一般有自己专职的采购人员或成立独立的采购部门，有时对大宗化工工业品的采购还会成立采购小组，专门对采购做出决策。化工工业品营销人员必须了解化工工业品购买过程的决策组织，参与决策人员的个性特征、充当的角色及发挥的作用等。

6. 化工工业品的购买过程

化工工业品的价格比较高，交易额大，所以企业在做出采购决策时会反复考察，认真核算。采购决策过程不但复杂，而且相对漫长。在排除企业直接再购买的情况下，化工工业品新的购买过程可以分为八大阶段。

（1）产生需求。有需求才会有购买计划与购买过程，需求的产生既可能是企业内部生产、工作需要（如企业扩大生产、改进工艺等），也可能由外部环境的刺激引起（如竞争加剧、技术水平普遍提高或者供应商的广告宣传或上门推销等）。

（2）确定需求。需求产生并向上级提出后，还需进一步研究确认。简单的采购由采购人员直接决定，复杂或重要的采购由企业决策者或者由使用部门、技术部门、工程部门等组成决策小组共同决定。

（3）确定产品规格。一般由专业的技术人员对所需产品的规格、型号、性能等技术指标做出具体的分析和详细的说明，供采购人员参考。对于大批量或者大交易额的采购，还可能会通过招投标的形式进行，并对所采购产品提出详细的要求。

（4）寻求供应商。为了花最少的钱获得最优的产品，采购企业会通过派专人收集产品企业名录、参加展会、向目标企业发传真或电子邮件等方式发布需求信息。有实力的采购企业还会在电视、报纸、杂志、网络等专业广告媒体上发布需求信息，吸引供应企业前来洽谈。

（5）征询对供应方案的意见。在收集到一定数量的供应商之后，采购企业就会邀请合格的供应商提交供货方案。对于供应商来说，供货方案可能是简单的文案，也可能是派一名营销代表亲临汇报。但对于大额的采购，采购企业的要求会很严格，会要求供应商提供详尽的背景资料和供货方案，有的还会联合招标公司，将需求信息及各项要求做成招标书，供应商通过购买招标书获得详细的采购信息，并以投标书的形式提出供应方案。

（6）筛选供应商。通过发布需求信息吸引来众多供应商之后，采购企业就需要对其进行比较、筛选。采购企业不仅要考虑供应商的技术能力、产品质量、价格水平，还要考虑供应商的供货周期、服务质量等。筛选供应商通常由采购经理或者分管副总经理等完成，但大额的全新采购通常会联合正规的招标公司通过评标小组评标选出中标企业。

（7）正式签单。采购企业在多方面的比较之后筛选出最终的供应商，并和供应商签订供销合同，约定产品的名称、数量、规格、单价、交货期等。对于直接再购买类型，供应商在收到正式书面购货请求后会按原定的产品规格和价格及时供货；对于修正再购买类型，双方只需要在原来合同的基础上按协商结果做相应修改。

（8）绩效评价。采购完成后，采购企业会对供应商进行绩效评估，考核供应商的履约情况、售后服务质量等，并根据评估结果来判断是否继续由原供应商供货。评估方式通常有3种：一是直接与使用部门沟通，了解产品使用情况及售后服务情况；二是采用相应的标准来评价供应商；三是对各种效果不理想的开支求和，形成一个包括价格在内的修正成本。

思考与讨论

1．应该从哪些方面对化工工业品及其市场特点进行分析？
2．化工工业品购买行为的特点及其影响因素是什么？
3．化工工业品的购买类型及购买流程是什么？

课后实训

试分析化妆品公司的产品及市场特点。

任务二 分析不同类型化工产品营销的差异

知识目标

☞ 了解4P、4E的内容和区别。
☞ 掌握化工工业品营销与消费品营销的特点。

技能目标

☞ 能够结合具体产品分析化工工业品营销与消费品营销的差异。

任务引入

在完成任务一后，销售部经理带小李去拜访客户。在去拜访客户的途中，销售部经理问小李："你知道造纸化学品的营销与纸巾的营销有哪些差别吗？"

任务分析

本任务是要了解化工工业品营销与消费品营销的差异。要完成此项任务，首先要了解消费品营销策略 4P 及化工工业品营销策略 4E 的内容，在此基础上，从市场结构、产品用途、购买行为、决策、产品、定价、渠道、促销等方面进行深入分析。

知识链接

化工产品营销主要是化工工业品营销，化工工业品营销是企业对企业、组织、机构、政府等市场主体间的营销，也可称为企业间的营销。消费品营销是指企业对个人或家庭消费者的营销，企业把产品出售给最终消费者使用或消费。消费品营销有一套成熟的 4P 理论体系，而我国化工工业品营销起步较晚，这是因为我国长期受计划经济的限制，市场由国家高度控制，特别是化工工业品行业更是国家重点管控对象。随着我国市场的逐步开放，化工工业品市场与国际市场接轨，一些跨国化工工业品企业纷纷抢占中国市场，我国化工工业品企业为应对严峻的市场挑战，逐步形成一套适应我国国情、适合化工工业品市场的 4E 营销新模式。4E 就是项目（project）、价值（value）、过程（process）和信任（belief），这 4 个英文单词中都有字母 e，故得此名。

一、不同类型的化工产品营销分析

（一）化工原料市场营销

如图 1-2 所示，化工原料市场营销主要分为两类：一是工厂对工厂直接销售；二是通过代理商、经销商销售到工厂。这主要与厂家和客户之间空间距离、采购量、技术服务水平等有关。产业度越集中的行业，越倾向于工厂直接销售。化工原料市场分成两种：大批量的和小批量高技术含量的。这两种市场的营销侧重点不同，大批量化工原料，价格策略是主要竞争手段；小批量高技术含量化工原料的营销，主要依靠人员跟进、技术支持。

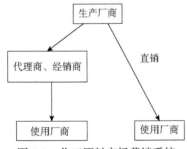

图 1-2　化工原料市场营销系统

（二）日化消费品市场营销

日化消费品市场营销是现代市场营销 4P 理论的标准模式。4P 营销理论是 4 个基本营销策略的组合，即产品（product）、价格（price）、渠道（place）、宣传（promotion）。日化消费品可以界定为重复购买率高、单品价值较低的日用化工产品。此类产品的营销以品牌的市场建设与推广为主（图 1-3）。

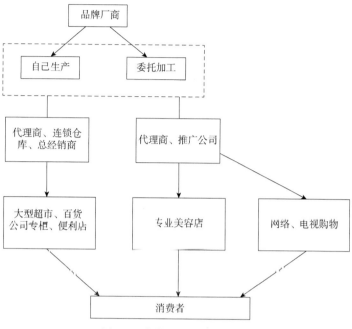

图 1-3　化妆品市场营销系统

（三）化工成品市场营销

化工成品市场营销是介于化工原料市场营销和日化消费品市场营销之间的市场营销模式，具有工业品和消费品的双重特性（图 1-4）。同时，它需要后续技术服务来实现价

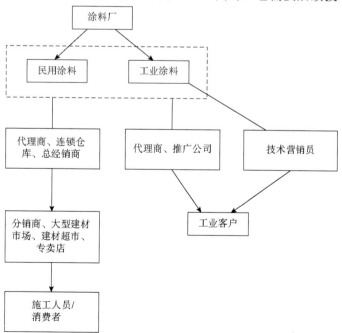

图 1-4　涂料市场营销系统

值的交换。这类产品以涂料、油墨等产品为代表，品牌和品质都要兼顾，还需要将后续服务方（即产品的使用者）纳入产品营销体系，以实现完整的价值链传递。

二、化工工业品营销与消费品营销的共同性

化工产品营销管理涵盖化工工业品和消费品市场。在这两个市场上运作的企业可以从市场导向的营销计划中获得收益，这需要在理解客户需求和使客户满意方面下功夫。市场导向型企业意味着：①把客户利益放在首位的价值观和信念；②产生、传播和高效率使用与客户和竞争对手有关的高质量信息的能力；③跨职能资源（如研发、制造等）的协调利用。

（一）卓越的市场驱动能力

深入研究市场驱动型企业可以发现，市场意识能力和客户联系能力是两项重要的能力。市场意识能力是指企业能够持续地意识到市场的变化，并能预测到客户对企业营销策略的反应。市场驱动型企业可以先于竞争对手发现市场变化并迅速做出反应。客户联系能力是指企业建立和维持与客户密切关系的技巧、能力和流程。

生产消费品的企业（如宝洁）在与强大的零售商（如沃尔玛）合作过程中展示了这些能力。在这里，两个企业中的跨职能团队携手合作，分享货物配送和产品更新信息，共同策划促销活动和产品更新换代方案。在消费品市场中，制造商与中间商的关系相当重要；而在化工工业品市场中，由于买方与卖方之间的关系非常特殊，强有力的客户联系能力极为关键。

（二）伙伴关系增加价值

通过了解客户的运营情况、为客户的运营贡献独特的价值，化工工业品生产企业可以顺利成为某些大客户的优先供应商。当前化工工业品营销规划越来越需要定制化产品、服务的支持，以及实时的售前、售后服务信息。市场导向型企业把客户联系能力放在优先位置，把产品的生产、配送、处置、售后服务及其他供应链活动与客户的运营紧密联系在一起。

（三）提出价值主张

化工工业品营销战略必须基于对企业、竞争者和客户的评估。成功的战略应聚焦于鉴别这些机会。充分利用这些机会，企业可依据自身的核心能力为客户创造卓越的价值。从这个角度来讲，营销是界定、开发和递送价值的过程。

市场驱动型企业要把企业的资源、技能和能力与没有得到很好满足的特定客户的需求有效地匹配起来。理解客户的需求之后，营销管理人员就可以从客户的角度界定价值，并把这种理解转换成创造客户满意的必要条件。反过来，企业的技能和能力决定了哪些企业具备这些必要条件，哪些公司能够比竞争对手提供更大价值。

在给定的战略路径下，价值主张反映企业如何为客户提供卓越价值。在企业内部，价值主张是一种重要的组织力量，因为它指引着所有员工聚焦客户需求，它为企业提供

了在客户心目中定位企业产品或服务的标准。

三、化工工业品营销与消费品营销的差异

一般意义上的市场营销对象是最终客户，营销客体是消费品，而化工工业品营销的营销对象是企业、政府机构、特殊组织等，营销客体是化工工业品。化工工业品营销和消费品营销处于两个不同的市场结构并有着不同的产品用途，因此呈现出明显的差异，如表 1-2 所示。

表 1-2　化工工业品营销与消费品营销差异

项目	化工工业品营销	消费品营销
市场结构	市场集中，买主少且需求明确	市场分散，买主多且需求难明确
产品用途	企业、大型组织生产，继续生产	个体、家庭应用，直接消费
购买行为	复杂的购买过程，专业、理性购买	家庭购买，非专业、感性购买
决策特征	程序明确、清晰　团队决策	无程序或程序模糊，个体决策
产品特征	为客户定制，注重服务、配送等	产品批量化、标准化，注重感性
渠道特征	短，直接	长，间接
销售方式	强调人员推销，注重专业度	强调广告，注重知名度、美誉度
定价特征	竞争性谈判，强调用户成本分析	不同折扣下的价格清单

（一）需求的派生性

化工工业品是用于生产产品的中间品，是直接成本的构成部分，其需求是派生的。但化工工业品目标客户的需求很明确，客户集中度高的特征使直接营销与面对面营销更加有效。相反，消费品营销必须通过大众传媒使产品广为人知。相对于消费品，化工工业品的需求弹性较小，甚至缺乏弹性。例如，化妆品制造商不会因为化妆品原料价格下跌就大量购买，因为其需求不仅受原料的影响，更受客户需求的影响。化工工业品的另一个重要特点是其需求波动较大，极易受宏观经济的影响，消费品需求的变化可能产生导致化工工业品需求大幅波动的乘数效应。

（二）购买关系通过契约来约定和固化

化工工业品的购买主体是企业，化工工业品通常用于再生产，因此其购买关系必须以契约的形式予以固化。企业间的法人化购买行为通常表现为购买次数少、每次购买量大、产品金额较大，或是以项目的形式存在，由专业人士和专业机构公开招投标，通过谈判达成共识后形成契约，依据契约来规范购买过程中双方的权责。而消费品的购买主体是个人和家庭，其决策程序模糊不清，以感性为主，除了耐用消费品考虑到售后服务因素而用契约来作凭证，一般情况下没有契约。

（三）渠道特征短且直接，但信息极其不对称

考虑到存货成本最小化，产品的及时供货、技术支持与售后维护以及产品需要定制

等综合因素，化工工业品的营销渠道短且直接。目标用户和生产企业都倾向于直接建立关系，便于形成较为稳定的信任关系，从而减少交易成本，形成整合优势。对于一些标准化的市场相对分散的化工工业品，则通过专业性的经销商进行销售，产品的配送则基本交给第三方物流企业完成。然而随着工业企业数量的扩张，产品同质化加剧，加之工业企业良莠不齐，目标客户的需求信息也只在一定范围发布，这导致了交易双方的信息不对称。信息不对称在客观上决定了中间渠道必然存在。

（四）价格和非价格属性交融、技术和商务交融

化工工业品营销不仅仅考虑产品的价格问题，技术和售后服务相对而言更为重要，因为最终产品的质量和功能在很大程度上依赖于化工工业品的质量和功能，用户在购买化工工业品的时候，首先要了解化工工业品的技术水平、技术支持和售后服务等非价格属性。价格是建立在技术参数、规格与服务基础之上的，只谈价格没有任何意义，价格与非价格属性密切交融、互相影响。价格一般采用招标和磋商的方式确定，其中客户的财务因素起到比较重要的作用。在化工工业品营销中，技术和商务也是互为表里、相融交错的。

总体来看，化工工业品营销与消费品营销的主要区别在于营销系统的不同。化工工业品营销是企业之间通过内外部两个方面的关联建立起牢固的营销系统，其中，外部关联就是企业间的市场联系特征，内部关联就是企业适应外部关联的内在特征，如图 1-5 所示。

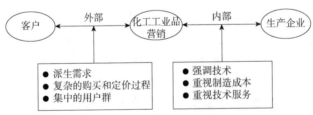

图 1-5　化工工业品营销系统

下面以化妆品为例，对化工工业品营销和消费品营销进行比较。在化妆品的生产过程中，一般会出现两个营销环节：上游供应商将化妆品原料卖给化妆品生产企业，这是典型的化工工业品营销；化妆品生产出来后如果卖给直接消费者就是消费品营销，如图 1-6 所示。

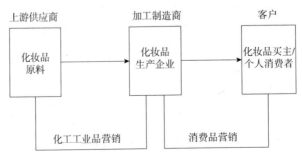

图 1-6　化工工业品营销和消费品营销的比较（以化妆品为例）

思考与讨论

1. 应该从哪些方面对化工产品营销的特点进行分析？
2. 4P 营销理论和 4E 营销的内容分别是什么？有何区别？
3. 化工工业品营销与消费品营销有何共性？

课后实训

A 公司是一家化工企业，生产的树脂用于制造塑胶漆等。这些树脂最终被很多涂料企业制造成用途不同的油漆，有的用于电子产品，有的用于玩具，分别卖给电话机制造商、玩具制造商、汽车制造商，最终这些产品卖给个人消费者或者机构等集团消费者（图 1-7）。

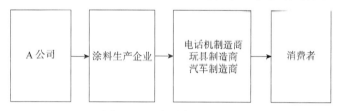

图 1-7 A 公司产品的用途

讨论：

1. 用 4E 理论分析 A 公司产品的市场组合，它应该采取怎样的策略争取市场份额？
2. 写出 A 公司树脂销售和化妆品销售的差异点。

任务三 收集化工产品的国际标准

知识目标

☞ 了解与化工产品相关的质量标准、安全标准及管理体系标准。

☞ 了解产品标准和企业管理标准的区别。

☞ 了解化工产品国际标准的重要性。

技能目标

☞ 学会利用网络收集各种化工产品的国际标准。

任务引入

经过小李的不懈努力，终于有一家外资造纸公司同意测试翔宇公司的产品。在做性能测试前，该公司提出翔宇公司的产品必须通过美国市场和欧洲市场的安全测试，同时他们告诉小李，如果产品通过了测试，还要组织供应商审核，看看工厂在质量保证、环境保护、安全生产、社会责任等方面是否完善。小李产生疑惑："我们的产品都达到了国家标准，为什么客户还有这么多的要求？"看来小李还要好好了解怎样做一个合格的国际供应商。

任务分析

本任务是收集化工产品国际标准。学生要了解产品标准的含义，能区分产品标准和企业质量体系标准，了解不同国家和地区对相同产品的标准有哪些差异。

知识链接

质量标准是对产品优劣好坏的评价标准。随着全球化进程的深入发展，化工企业，尤其是精细化工企业了解国际标准，有利于有针对性地制定产品策略，在宣传、推广上取得优势。

国际标准是指国际标准化组织、国际电工标准委员会和国际电信联盟制定的标准，以及国际标准化组织确认并公布的其他国际组织制定的标准。

国际标准可分为 4 类：产品质量/安全标准、管理体系标准、产品/管理体系标准、其他辅助标准。

化工产品受到比较多的国际标准约束，对于化工原料、中间产品的营销人员来说，只有充分了解这些标准，才能得到客户的信任。

发达国家的产品安全标准集中在产品的安全检验上。其中，美国管理化妆品的法律依据主要是《食品、药品和化妆品法》（*Food，Drug，and Cosmetic Act*，FDCA）、《合理包装和标签法》（*Fair Packaging and Labeling Act*，FPLA）和其他适用法律。

FDCA 第 801 节授权美国食品和药品管理局（Food and Drug Administration，FDA）检验通过美国海关进入美国境内的化妆品。检验既可在入境之前，也可在运抵进口商和中间商之后进行。进口商/中间商将向美国海关报关文件副本连同每次报关物品的发票提交给 FDA。美国海关和 FDA 对报关材料分类归档以鉴别需 FDA 执行法律法规的程序。接到报关文件后，FDA 对进口产品的初检是记录复核。通过对化妆品进行记录复核，FDA 将做出下列决定：①本批放行；②本批自动扣押；③通过码头检验或取样以进行检验。

对于化妆品，码头检验基本上包括对于强制性标签要求的标签检验，以确定化妆品的标签上是否带有或列出下列内容：①配料标签；②禁用配料；③英文标签；④不准许使用的色素；⑤法律要求的警示性说明；⑥产品需用符合法律要求的抗干扰包装；⑦其他强制性标签信息（如制造商工厂的名称和地址、包装商或经销商的名称和地址、品名、内容物净含量等）。

出口厂家的上游供应商，自身满足基本的管理标准、产品符合国家质量标准就可以了，但是随着全球化的深入发展，国际标准通过采购环节对上游企业形成了越来越大的影响力。例如，电话机制造商不但要满足产品的安全标准，有时候还需要接受客户的社会责任/反恐审查。不仅最终结果须满足检验标准，而且生产过程及原料来源都要通过审查并符合相应标准。例如，对于强制性的 RoHS 指令，就可能要求油漆生产企业和树脂生产企业通过产品认证或者取得产品符合性证明文件。

思考与讨论

1. 严格按照国际质量标准体系运行的企业是否可以保证产品符合客户提出的国际标准？

2. 如何才能成为一个合格的国际供应商？

3. 国际标准和客户标准的区别是什么？

课后实训

收集美国、欧盟、日本和中国的玩具涂料重金属含量标准，并进行分析。

 **课外阅读**

3C 认证制度

3C 认证是 China Compulsory Certification（中国强制性产品认证）的缩写，也是国家对强制性产品认证使用的统一标志。作为国家安全认证、进口安全质量许可制度、中国电磁兼容认证三合一的"CCC"权威认证，是原国家质量监督检验检疫总局和中国国家认证认可监督管理委员会（简称国家认监委）与国际接轨的结果，有着不可替代的重要性。它是我国政府按照世界贸易组织（简称世贸组织）有关协议和国际通行规则，为保护广大消费者人身和动植物生命安全，保护环境，保护国家安全，依照法律法规实施的一种产品合格评定制度。

3C 认证主要是试图通过一揽子解决方案，彻底解决长期以来我国产品认证制度中存在的政出多门、重复评审、重复收费，以及认证行为与执法行为不分的问题，并建立与国际规则相一致的技术法规、标准和合格评定程序，促进贸易便利化和自由化。

中国强制性产品认证制度对强制性产品认证的法律依据、实施强制性产品认证的产品范围、强制性产品认证标志的使用、强制性产品认证的监督管理等做了统一的规定。主要内容有以下几个方面。

（1）按照世贸组织有关协议和国际通行规则，国家依法对涉及人类健康安全、动植物生命安全和健康，以及环境保护和公共安全的产品实行统一的强制性产品认证制度。国家认监委统一负责强制性产品认证制度的管理和组织实施工作。

（2）强制性产品认证制度的主要特点是，国家公布统一的目录，确定统一适用的国家标准、技术规则和实施程序，制定统一的标志，规定统一的收费标准。凡列入强制性产品认证目录内的产品，必须经国家指定的认证机构认证合格，取得相关证书并加施认证标志后，方能出厂、进口、销售和在经营服务场所使用。

（3）国家对强制性产品认证使用统一的标志。中国强制认证标志实施以后，将取代原实行的长城标志等。

（4）国家统一确定强制性产品认证收费项目及标准。收费项目和收费标准的制定，根据不以营利为目的和体现国民待遇的原则，综合考虑现行收费情况，并参照境外同类认证收费项目和收费标准。

中国强制性产品认证制度于 2002 年 8 月 1 日起实施,有关认证机构正式开始受理申请。原有的产品安全认证制度和进口安全质量许可制度自 2003 年 8 月 1 日起废止。

REACH

欧洲联盟（简称欧盟）的《化学品的注册、评估、授权和限制》（*REGULATION Concerning The Registration，Evaluation，Authorization and Restriction of Chemicals，*REACH）是一个关于化学品注册、评估和许可的制度，它取代欧盟原有 40 多项有关化学品的指令和法规。该法规不仅适用于化学品，也适用于纺织品、服装等化学品的下游产品。从表面上看，它只是一部规范欧盟成员国化学品管理的法规，实际上它是一部涉及面很广、影响市场竞争格局的法规。该法规的条目相当多，主要内容可以简单概括为：建立统一的化学品监控管理体系，并于 2012 年前完成对所有化学品的管理。具体地说，REACH 主要有下列 7 条。

（1）产量为 1000 吨以上的化工产品应于 2005 年前完成检验注册；产量介于 100～1000 吨的化工产品于 2008 年前完成检验注册；产量介于 10～100 吨的化工产品于 2012 年前完成检验注册，未能按期检验注册的产品不能在欧盟市场上销售。

（2）对产量或进口量超过 100 吨和对环境、安全影响大的化学品，生产商或进口商必须在 2012 年之前向主管机构提交法律规定的该产品全部检测试验信息；1000 吨以上的化学品要在 2010 年之前达到法律规定的更加严格的检测要求。

（3）检测费用全部由企业承担，每一种化工产品的基本试验费用约为 7.8 万欧元（不含长期环境影响的评估费用）。

（4）1981 年 9 月以后创制的化学品属新物质，其检验注册费用为 57 万多欧元。

（5）为了避免重复试验和补偿企业的检测投资，规定其他企业在同一产品的销售和出口时必须向首次完成测试数据的企业支付知识产权费。

（6）注册企业资格限定为欧盟法律约束范围之内的企业。

（7）检测机构限定为欧盟的检测机构。

学习情境二　通过经销商销售产品

导入案例

立邦破局：从涂料商到服务商

新加坡立时集团（Nipsea Group）旗下的立邦涂料有限公司（简称立邦）于1992年进入中国，已成为国内装修涂料市场的领军者之一，粗略估计市场占有率超过20%。虽在技术、品牌等方面积累了一定优势，但立邦与其他涂料企业一样，面临"红海之困"。中国房地产行业的爆炸式增长带来了涂料行业的空前繁荣，同时也导致产品同质化竞争愈演愈烈；但是经济结构的调整终止了涂料业的高歌猛进，行业整体产量及产值的增速都出现明显的下降趋势。加之消费者需求升级与互联网经济带来的冲击，立邦究竟往何处去？

学习情境二教学课件

2014年，立邦向外界高调宣布开启品牌升级计划，对使用多年的企业品牌标志进行更新：原有字母N中嵌入的英文NIPPON PAINT（立邦涂料）被去掉，右侧增加"立邦"两个汉字，意味着"不只是涂料（paint）"，品牌未来将拥有更多的发展可能。这一看似小小的改变已经昭示了立邦的转型野心：突破传统涂料制造商的身份局限，向"全方位涂料服务商"的目标迈进。

由制造商向服务商转型是一项浩大的工程，提倡多做少说的立邦已为此在产业上、下游布局多年。无论是为人津津乐道的天猫"史上最牛送货服务"，还是广告铺天盖地的立邦刷新服务，抑或是并不被看好的进军上游底材市场的决定等，都是立邦为打造差异化竞争力、开拓市场蓝海布下的棋子。

1. 让经销商送货上门

涂料作为一种需要上墙才能看到最终效果的半成品，对物流、售后等都有较为特殊的要求，涂料企业通常会构建一个庞大的线下经销商网络作为支撑。2014年，立邦在全国拥有2000家左右经销商、10 000家左右专卖店、20 000多个分销点。向服务商转型，要求立邦将销售和服务下沉到终端消费者，而实现这一点必须依托立邦已有的销售网络，能否调动经销商的服务积极性成为成败之关键。

立邦找到的突破口有些出人意料：搭建电商平台，让各地经销商负责送货上门，由此逐步培养其服务理念。

2010年，立邦官网搭建官方商城，启动线上销售；2011年，立邦在天猫商城开设官方旗舰店；此后立邦又陆续在苏宁易购、新浪家居、亚马逊等电商平台开设官方商城。尽管均以官方店铺的面貌出现，但立邦采取的并非一般的直营模式，而是为经销商搭建平台，自己只扮演电商转单的角色：线上产生的订单按照下单消费者所在的区域进行分配，由相应区域的经销商负责终端配送，消耗的是经销商的原有库存，扣除成本外的剩

余收益也全部由经销商获得，同款产品的线上线下价格相差无几。正因如此，立邦的电商业务几乎不存在传统企业通常遭遇的线上与线下渠道利益冲突的困扰。

平台搭建好后，立邦要求各地经销商接单后必须送货上门，期望通过这种方式帮助经销商了解消费者的真实需求，提供有针对性的帮助，提升客户满意度。"其实重要的并不是要他们送涂料，而是发展服务。我们希望经销商通过将一单一单涂料送到消费者家中，跟他们直接互动，了解他们的真实需求，还可以免费提供专业指导，挖掘额外的商机，逐渐使其体会到服务的价值。"立邦中国区总裁钟中林说，送货上门会发现很多坐在店里根本不会知道的问题，如消费者因为不懂而买错涂料、用错误的方法使用涂料等，这个过程，能让立邦的经销商真实地了解消费者的需求。

刚开始，经销商对立邦送货上门的要求十分抵触，毕竟就算跟消费者在同一个城市，为了一两桶涂料去送货也会增加成本，将涂料提到楼上这种活更是没人爱干，钟中林称之为立邦发展电商初期遇到的最大困难。做过经销商培训的立邦大学校长徐穆德对此深有感触："传统涂料经销商很多是油漆工出身，教育水平普遍不是太高。而且过去很长时间里由于整个涂料市场发展迅速，他们在店里等生意上门就可以了，不需要考虑服务问题，思维转变很难。"

耐心培训沟通是一方面，从根本上推动经销商转型的则是立邦自2007年起开展的渠道变革。当时钟中林刚刚出任立邦中国区总裁，他针对立邦早期快速扩张带来的经销商缺乏管控、假货窜货责任难落实等问题，强力推行"片区销售模式"，即借鉴片警、片管的概念，根据地区生产总值和人口购买力将立邦在中国的市场划分成片，每一片指定一家经销商独家代理，其在片区内的相关利益受立邦保护。目前立邦在全国设有1700多个片区，划分之细在业内几乎无人能及，相关业务和责任能有效落实到位，"当天下单，当天到货"的天猫"史上最牛送货服务"即由此而来。

对于立邦的服务转型来说，片区销售模式的核心价值是使经销商真正有动力服务好片区内的消费者，从而与立邦建立长期的伙伴关系。"无法确保经销商的经营利益，无法与他成为伙伴关系，他怎么可能真正投入？而经销商一旦成为一个区域的'片管'，就会像片警照顾一方老百姓一样去服务消费者，消费者对他的服务满意，就会为他带来更多的生意。这样的概念经销商更容易接受。"在钟中林看来，片区销售模式是立邦此后所有营销模式的基础。

基于此，立邦采取"半沟通、半约束"的方式，向经销商传达立邦坚持的服务导向，帮助其意识到服务的长远价值所在，稳定了一批认同立邦理念的合作伙伴，很快在线上树立了口碑，也为后面的服务升级打下了基础。

2. 立邦刷新服务

进军电商尝到甜头，立邦于2011年推出"刷新服务"，正式试水服务业。立邦刷新服务针对的是国外已相对成熟但在国内仍属蓝海的重涂市场。该服务为消费者提供包括墙面、地板和木质家具在内的涂料施工，施工前免费上门检测墙面、制定施工方案，施工中提供搬移家具、遮蔽保护、清洁归位等一站式服务，施工后提供一年质保。这是立邦转型服务商过程中的关键一步。

对于制造商出身的立邦来说，这是一个全新的领域，国内先行者寥寥。在这个全新领域，立邦花了 3 年时间，从头摸索刷新服务的施工流程，打磨服务细节，致力于给消费者带来最优质的客户体验。

据了解，刷新服务是立邦继成功进军电商后正式提出的 O2O（on-line to off-line，从线上到线下）战略的一部分，订单主要来自线上，实施则同样依赖已有的经销商网络，是立邦服务商转型过程的关键一步。在刷新服务推行之前，立邦邀请内部员工进行体验，第一批接受刷新服务的"小白鼠"是立邦自己的员工。钟中林回忆，当时他们在过年时设置了一些奖券，谁抽到谁就能免费或以优惠价格接受刷新服务，员工的反馈成为改进服务的首批依据。2011 年，立邦选择杭州作为试点，正式推出刷新服务；2012 年，开通刷新服务的城市增加到 4 个；2013 年为 12 个；目前已有 44 个大中城市开通了该项服务。据悉，2015 年 3 月全国刷新服务的月成交量已达四五千单。考虑到优质服务来自扎实的人才基础，立邦并未追求快速扩张。

如果说"线上下单，线下提货"是立邦 O2O 战略的第一步，"线上下单，线下刷新"就是该战略的升级版，要求经销商真正升级为"服务商"。与售卖涂料相比，刷新服务对人的要求更高，单靠经销商无法在短时间内建立一支拥有专业知识、涂刷技巧及优良素质的服务队伍。因此，立邦不惜代价，帮助经销商培训刷新服务所需的人才。

3. 我培训，你服务

立邦很早就已意识到培训的重要性，并拥有涂料界最为庞大的培训团队，仅实体学校就有 16 所，培训对象覆盖经销商、专卖店导购、油漆工等。刷新服务推出后，立邦又有针对性地建立了 3 类新人员的培训和认证体系：刷新服务的客户专员、刷新油工与设计师。尽管他们与立邦并非直接隶属关系，但立邦仍然制定十分严格的培训和认证标准。

以客户专员为例，他们身兼商务与服务代表两种角色，负责在消费者打来电话后 4 小时内与其联系，预约上门检测，确认施工方案，安排施工并进行监督，既要了解涂刷技术，又要拥有较强的沟通技巧、销售技能及服务意识。客户专员是经销商的员工，但由立邦负责从零开始培训。培训分为 3 期，每期时长 1 周，内容由易到难。每个培训期之间有 2 个月的实践期，接受培训者需要进入刷新项目进行实际操作，以更好地掌握培训内容。一名客户专员至少要半年时间才能完成培训和认证，无法速成。目前立邦在全国拥有 600 多名客户专员，未来将增加到 1000 多名。

立邦的不吝投入收到了积极的效果。"现在经销商越来越认同我们，越来越积极地参与刷新服务。他们感觉自己现在不做就是傻，立邦既投广告，又培训自己和工人，最后的钱还是自己赚，为什么不做？"钟中林说。为什么如此重视油工培训？从最直接的角度看，油工教育不到位会使涂料企业成为受害者。立邦售卖涂料接到的投诉约有 99% 源自施工方法不当。更重要的是，由于传统油工工作环境差、工资低、社会地位不高，年轻人比例很低，照此下去油工可能会后继无人，进而带来工价上涨、消费者重涂频率降低、涂装市场萎缩等一系列反应。立邦希望通过技艺的培训、严格的认证与环保材料的使用，让油工成为健康、有尊严、收入高的职业，吸引更多年轻人加入。

此外，作为立邦最重要的合作伙伴，经销商群体也面临换代传承。拥有一支理念、能力与立邦相匹配的经销商队伍是立邦竞争力的重要来源，尤其是在"机会财"让位于"管理财"的今天，经销商素质更是关乎企业的持续发展。2014年4月，立邦在上海尝试推出面向第二代经销商的"商二代常青计划"，为希望继承家业的立邦经销商子女提供包括涂料知识、销售技巧、刷新技术、运营管理能力等在内的系统培训。经过为期7个月的培训，第一批15位学员已顺利毕业。

4．战与赞

如果说业务模式的拓展与创新是立邦战略转型的"阳面"，服务文化的建立则是外人难以看到的"阴面"，需要下的功夫更久、更深。

2010年，作为立邦转型升级战略的前奏，立邦将品牌主张更新为"立邦，为你刷新生活"。与1998年的"立邦漆，处处放光彩"和2006年的"我的灵感，我的立邦"相比，新的品牌主张更强调从消费者的角度考虑问题。

2012年，立邦提出发展"战与赞"的文化。钟中林解释说，立邦是一家有野心的公司，市场占有率达到50%是其长期奋战的目标，而实现该目标的武器（戈）是来自消费者的赞美。只有从每一单销售、每一次服务中获得赞美和口碑，才能赢得下一次服务的机会。"战争与赞美看似冲突，但它们是并存的。"

"要转型打造服务体系，必须首先让员工认同"。立邦从企业内部开始，提倡各部门将"工作流"视为"客户流"，不以完成自身KPI（key performance indicator，关键绩效指标）为导向，而要想方设法为员工提供便利，构建内部服务文化。以财务工作为例，立邦推出"先付后审"制度，以往请款流程复杂，员工常常先出差再拿票据报销，现在则是充分信任员工，只要主管签字便可拿钱，事后审核。

针对服务转型，立邦利用各种机会反复向员工宣讲相关理念。"一开始我们自己的员工也多是传统卖涂料的思维模式，他们不改，要求经销商转变更是难上加难。"徐穆德说，无论是月度会议、季度会议还是半年会议，立邦都会找机会带领员工学习讨论海底捞等以服务文化著称的各种企业案例、故事，深挖其运作模式，讨论优质服务带来的效益，甚至带大家去海底捞吃饭感受。立邦还组织"SE（sales engineer，销售代表）牛人赛"等活动，推动内部学习分享。通过一轮轮比赛，各地优秀SE分享好的服务经验和案例，沉淀下来成为学习素材。

在面向经销商、客户专员、油工等外部人员时，立邦鼓励其通过交流探讨自主得出结论，徐穆德将其戏称为"洗脑"。例如，立邦设有为期3天的经销商培训课程，每天有半天是传统意义上的"上课"，剩下的半天则是辅导讨论，邀请服务水平高的经销商现身说法，分享经验与收获，然后组织经销商讨论，集体探讨服务的价值，效果很好。

在立邦，各部门之间的经验分享已形成日常机制，立邦各地的销售人员定期组织召开经销商月会，由经销商和销售人员分享优秀案例，通过即录即播系统上传到服务器，全国各地都可收看，跨区域交流也十分频繁。徐穆德说，如今，现在很多经销商已经开始从商业战略的高度看待服务文化的价值，他们意识到如果能通过服务让消费者满意，就能构筑起壁垒，无法被轻易复制和模仿。

5．不赚快钱赚"长钱"

尽管赢得了口碑，但目前立邦的电商服务和刷新服务像是为经销商做嫁衣裳，尚无利润可言。"立邦投入了很大的成本，其实都是在协助经销商做销售，尤其是在刷新服务上投入巨大。"钟中林深知不赚快钱赚"长钱"的道理，"如果我在中间收取暴利，经销商会想着把他片区里的消费者照顾好吗？消费者会满意吗？不会。从长远来看不值得。"

为真正实现转型、跳出红海，立邦做的不少事情都着眼于长远，即便有些眼下看起来不怎么"聪明"。

自2011年起，立邦陆续在全国开设了20家新材料公司，从事腻子粉、加固剂等涂装底材的生产；2014年，立邦专门成立了基材与辅材事业部，打造全涂装体系，为消费者提供一体化的涂装解决方案，从源头呵护消费者的健康，实现可持续发展。此外，立邦自2013年以来通过收购获得了广州秀珀化工和欧龙漆的控股权，填补了立邦在地坪涂料、防水等方面的不足，涂装产品体系日益完整，成为立邦刷新服务的一大竞争优势，为其在涂装市场建立优势提供了有力支持。

很多人不理解，与涂料相比，底材附加值低、物流成本高，类似黄沙、水泥，而且国内消费者习惯在装修时采用包工、包料的双包服务，对整体价格的关心往往会盖过对底材的注意，讲究品质的大企业无法维持，市场中活跃的多是各地资质没有保证的小厂。从生意的角度看，做底材短期不会有利润，但钟中林很坚持。"过去几十年，中国的涂料产业走得快，基材、辅材产业走得慢。底材质量缺乏保证，甚至普遍使用甲醛含量高的胶水，四五百元钱的好涂料刷在差的底材上，效果反而不如一百元钱的差涂料。任何一个产业，如果你没办法真正满足消费者的需求，就无法持续发展。"

涂装产业健康发展的关键要素除了"料"，还有"工"，后者扮演的角色甚至更为关键。几年前，立邦即面向社会上广大油工推出了培训和认证服务。通过立邦笔试、技术操作、面试考核的油工可以获得技术认证，人称"立邦师傅"。尽管称呼中有"立邦"二字，但他们与立邦并无直接关系，可以在市场自由揽工。目前官网上的立邦师傅已有8000多名，培训更严格、要求更高的立邦刷新油工已达6500多名。立邦计划下一步与相关部门合作，建立真正的油工培训标准。

钟中林说，一个企业的改变很少会是先知先觉的，很多时候是后知后觉或是不得不为之的改变，而最怕的就是到了不得不改变的时候还舍不得变。立邦当年在涂料界率先进驻天猫商城，看似先见之明，初衷却是为方便网络打假。而从近来的种种举措看，认准服务转型这一大方向的立邦开始变得越来越自信和主动。

目前立邦正在酝酿一项看似有些激进的计划：未来，立邦将在全国推出免费的上门基检服务。立邦此举意在将服务从传统的售后做到售前，用户一个电话就可以请立邦的技术人员上门，测量墙面的含水量、碱化度等指标，免费提供涂装建议。这项服务拟完全免费，无论用户后面是否使用立邦的涂料和服务。

"还是那句话，我们占领市场需要武器，武器来自哪里？来自那个'赞'。有了赞美，就一定有生意，不要没有付出就想收获。"钟中林说，目前立邦已在几个城市尝试开展此项业务，但尚未开展广告宣传。彼时，这项借鉴自网络经济免费理念的服务有望成为立邦抢占市场、布局未来的一柄利器。

（资料来源：罗真，2015. 立邦破局：从涂料商到服务商［J］. 中欧商业评论，8：82-89.）

任务一 分析经销商销售产品的意义

知识目标

☞ 了解经销商的含义与作用。

☞ 理解化工产品的销售形式。

☞ 了解经销渠道伙伴的类型。

技能目标

☞ 能够辨别商业过程中的经销商类型，并分析其盈利方式。

☞ 通过分析经销商的含义，掌握企业营销渠道规划的含义。

任务引入

小李经过应聘终于成为某品牌化妆品公司的业务员。这是一家中等规模的公司，公司产品很多，但是品牌却不出名，本地商场也少有销售。小李奇怪地询问经理："我们的产品可以卖出去吗？"经理说："你没有看见我们整天都忙着吗？全国各地的经销商都要发货。"小李看了看出厂价格表，心想：出厂价格和市面价格的差价还真不小，那不是很多的利润让经销商赚去了？工厂为什么不自己去商场拓展市场呢？

任务分析

要理解通过经销商销售产品的意义，首先需要了解经销商的含义和类别；然后分析在商品交换过程中经销商的作用，以及经销商自身的竞争策略。

知识链接

一、化工产品的主要销售方式

（一）专卖经营

专卖经营是指通过专卖店进行化工产品销售。专卖店是指专门从事某个企业或某个产品品牌销售的店铺，专卖店有企业自己开的，也有他人加盟开的；可以是店中店，如商场中的化妆品专柜或店铺；也可以是独立店，独立选址和装修。专卖经营的化工产品，一般具有以下特征。

（1）品牌价值比较大。专卖经营对于品牌价值比较大的商品比较有利，客户的购买容易受到品牌形象的影响，而专卖经营的方式可以突出品牌形象。

（2）越接近消费品的产品越有可能专卖经营。专卖经营的产品市场面要足够广阔，化工基础原料等就不适合做专卖经营。

（3）一次性购买金额大，如涂料。

（4）产品利润比较高，如化妆品、润滑油。

在进行专卖店经营时，除了重视店址的选择，还应注意产品的风格和特点与卖场环境或周围环境相一致。

化工产品往往通过专门经营某一类商品的店铺销售，该类店铺可能不是专门代理某一个厂家的产品，而是专门经营某一类的产品。例如，工业区附近开的颜料店、化工原料店等。这类专营店，由于往往同时经营多家厂家的商品，不属于这里讲的专卖经营。

（二）经销商独家经营

化工产品大多由区域经销商独家经营销售。在特定的区域内，厂家只和一个经销商签约，该经销商可以采用分销、零售、专卖等形式销售产品。与专卖经营相比，经销商独家经营的形式更加灵活，具有以下特点。

（1）专卖经营要求产品具有良好的形象和一定的知名度，而经销商独家经营更加注重产品的市场专营权是否可以得到有效的保护。

（2）经销商独家经营可以在一定程度上控制利润率。

（3）经销商要求产品品质稳定，但是价格和所在区域的独家经营权更加重要。

（4）资金回笼情况比较好，周转快。

（三）特许代理权

化工产品生产企业对区域代理商授予特许代理权，在特定的区域内部，代理商可以采用分销、零售、专卖等形式。与经销商独家经销相比，特许代理权的形式有以下特点。

（1）要求产品具有良好的品牌形象和一定的知名度。

（2）市场足够分散和庞大，厂家产品系列也足够多。

（3）产品质量稳定，代理商需要在服务方面展开竞争。

（四）直销

直销是直接面对终端用户的一种销售方式，它适用于所有的化工工业品、中间产品、工程产品。终端用户可以是企业，也可以是个人。直销需要高效率且有经验的营销人员。决定直销成功与否的主要因素有以下几个方面。

（1）产品的品质、价格。

（2）营销人员的服务经验及管理水平。

（3）公司专业程度。

日化产品也有采取直销形式的，但需要比较强的品牌推动能力配合，主要针对个人。比较适合直销的化工产品有较大量的工业原料、技术程度高的工业中间品、使用中需要后续技术服务的化工产品，以及高附加价值的化妆品。

（五）投标

随着市场的进一步规范，团体采购、原材料采购越来越多地采取招标的形式。投标将成为涂料、建筑材料等化工产品的重要销售渠道，并能实现可观的利润。要想成功中标必须注意以下问题。

（1）充分了解市场和竞争对手的情况。

（2）有良好的企业品牌作支持。

（3）掌握并灵活运用投标技巧。

（4）具有新颖而富有创意的标书设计。

（5）产品拥有优良的品质和合理的价位。

（6）扬长避短，发挥优势。

（7）发挥渠道伙伴的作用。

直销的执行者是工厂，而专卖经营、分销、零售、投标等方式的经营者称为经销商或者分销商。他们能为企业带来竞争优势，尤其是当竞争对手的产品与本企业的产品同质，价格相似或者促销手段相近的时候。渠道类型及渠道发挥的作用构成了渠道伙伴的合作基础。

二、渠道经销伙伴的类型

（一）批发商

批发商是指那些主要服务于生产者和零售企业，满足其产品销售、商业用途需要的专业化、大批量经营的中间商。

化工产品的生产，由于涉及环境保护、安全及规模的因素，制造商一般位于远离消费者的地区，需要批发商将货物纳入零售渠道。大多数制造商的生产始于订货之前，而不是根据订单组织生产；产品的中间制造与使用的层次越来越多；消费者对产品的数量、包装、品种、类型的要求不断提高并日趋复杂。同时，现代物流业的发展、信息交换速度的加快也对传统批发商提出了更高的要求。

批发商主要有 3 种类型，即独立批发商、经纪人和代理商、制造商的分销机构。

1．独立批发商

独立批发商是指自己进货，取得商品所有权后再批发出售的商业企业。它是批发商的主要类型。

独立批发商按职能和提供的服务是否完全可以分为以下两种类型。

（1）完全服务批发商。完全服务批发商执行批发商的全部职能，他们提供的服务主要有保持存货、提供信贷、运送货物及协助管理等。完全服务批发商又分为批发商人和工业分销商，批发商人主要是向零售商销售商品，工业分销商主要是向工业客户制造商销售商品。

（2）有限服务批发商。有限服务批发商为了节省成本费用，降低批发价格，只执行批发商的部分职能。有限服务批发商主要有以下几种类型。

① 现购自运批发商。现购自运批发商不赊销、不送货，客户要自备货车去批发商的仓库选购货物并即时付清货款，自己把货物运回来。现购自运批发商主要经营食品杂货，客户主要是小食品杂货商、饭馆等。

② 承销批发商。承销批发商拿到客户（包括其他批发商、零售商、用户等）的订货单后，就向制造商求购，并通知制造商将货物直接运送给客户。承销批发商不需要有仓库和商品库存，只需要一间办公室。

③ 铺售批发商。铺售批发商在卖场和其他商场设置货架，展销其经营的商品，商品卖出后零售商才付给其货款。这种批发商的经营费用较高，适合化妆品、涂料等类型产品的密集分销。

2．经纪人和代理商

经纪人和代理商是从事购买、销售或二者兼有的洽商工作，但不取得商品所有权的商业主体。与独立批发商不同的是，他们对经营的商品没有所有权，所提供的服务比有限服务批发商还少，其主要职能在于促成商品交易，借此赚取佣金作为报酬。与独立批发商相似的是，他们通常专注于某些产品种类或某些顾客群。

经纪人和代理商主要有以下几种。

（1）商品经纪人。商品经纪人的作用是为买卖双方牵线搭桥，协助双方进行谈判，成交后向雇佣方收取一定的费用。商品经纪人不备有存货，不参与融资，也不承担货主风险。

（2）制造商代理商。制造商代理商代表两个或若干个产品线类型互补的制造商，分别和每个制造商签订涉及定价政策、销售区域、订单处理程序、送货服务、保证措施以及佣金比例等方面的书面合同。制造商代理商了解每个制造商的产品情况，利用其广泛关系为代理的制造商销售产品。例如，喷涂服务代理公司可以为多个厂家服务。

（3）销售代理商。销售代理商是在合同的基础上，为委托人销售某些特定产品或全部产品，对价格条款及其他交易条件可全权处理的代理商。尽管销售代理商与制造商代理商一样，同许多制造商签订长期代理合同，替这些制造商代销产品，但制造商将全部销售工作委托给某一个销售代理商以后不得再委托其他代理商代销产品，也不得再雇佣推销员去推销产品。销售代理商通常替委托人代销全部产品，没有销售地区限定，在确定销售价格和其他销售条件方面有较大的权力；制造商代理商则要按照委托人规定的销售价格及其他销售条件，在一定地区内替委托人代销一部分或全部产品。所以，销售代理商实际上就是委托人的独家全权销售代理人。化工新产品、精细化学品等的制造商及没有力量自己推销产品的小制造商较多地使用销售代理商。

3．制造商的分销机构

制造商的分销机构或者办事处、分公司，属于卖方自营批发业务的内部组织。

制造商的分销机构执行产品贮存、销售、送货及售后服务等职能。制造商的销售办事处主要从事产品销售业务，没有仓贮设施和产品库存。制造商设置分销机构和销售办事处，目的在于监控存货、控制销售和促销业务。

（二）零售商

零售指的是直接向最终消费者、客户销售商品或提供服务的活动。不论是制造商、批发商还是零售商都从事零售业务，但零售商主要服务于广大消费者，满足个人或家庭多样化、小批量消费需要。

1．零售商的类型

零售商可以分为两种基本类型，即店面零售商和非店面零售商，主要类型如下。

1）综合商店

综合商店是指在同一家商店内不分门类地销售多种类型商品的零售商。它是日化类产品的主要销售渠道。

2）专业商店

专业商店是专门经营一类或几类商品的商店，主要有五金店、化工店、建材店等。有的只经营本行业商品，有的则兼营其他行业但在消费上带有关联性的商品（如五金商店既有五金产品又有油漆、胶水等）。这类商店的特点在于经营的商品大类比较单一，专业性较强（系列少、项目多、深度大），商品品种、花色、规格比较齐全。它有利于消费者广泛挑选。

3）百货商店

百货商店是一种大规模、综合性、分部门经营日用工业品的零售商业企业。其特点在于经营的商品类别多，同时每类商品（每条商品线）的花色、品种、规格比较齐全。实际上，它是许多专业商店的综合体。通常每一大类商品作为一个独立的部门，由各部门的管理人员负责商品的进货业务、控制库存、安排销售计划等工作。近年来，许多专业百货店应运而生，只经营化妆品之类的商品。

4）超市

超市是一种开架销售、自助服务、低成本、低毛利的零售商店。它是为更便利地满足消费者对食品和家庭日常用品的多种需求而创建的一种零售形式。超市一般以经销食品和日用品为主，大型超市还兼营化妆品、文具、五金产品、化工建材等商品。目前不少超市通过开设大型卖场、扩大经营品种、建造大型停车场、周密设计商场建筑和装潢、延长营业时间、广泛提供各种顾客服务来进一步扩大销售量和提高便利性。超市是日化产品的主要销售渠道。

5）专业连锁超市

专业连锁超市，如专门经营化妆品、个人护理用品的连锁超市。

6）专业材料市场

专门针对某一行业的专业材料市场，有汽车美容市场、建筑装饰材料市场等。

7）品牌专卖店

品牌专卖店一般只经营一个厂家的产品，不经营其竞争对手的产品。品牌专卖店可以是单独的店面，也可以是百货公司或者建材市场中的店中店。其一般品牌形象突出，经营产品单一，如某品牌化工产品店专卖店通常经营油漆类、化妆品类等产品。

8）其他零售商店类型

（1）样品目录陈列室。样品目录陈列室是一种将商品目录应用于品种多而且需要当面确定效果的商品的零售方式。店铺中往往只有大量的商品目录和少量的样品。顾客只需对其所喜欢的商品进行登记，就能由店家按要求送货上门。例如，工业区之外的配色店，向各潜在客户展示色卡，客户根据色卡订购产品。化工原料、颜料、染料等产品常用这种销售方式。

（2）邮购目录营销。邮购目录营销是直接营销的一种，早在 19 世纪就有人试行，如针对工厂的化工原料产品手册、针对消费者的化妆品美容手册等。近年来，该销售形式得到较大的发展。邮购订货必须印有详细的商品目录，并根据企业经营范围增减内容。

（3）网络营销。网络营销是使用互联网迅速传播信息，在网络上针对潜在客户进行市场宣传、产品推广，建立网络商店等活动，并实现产品销售或者达到广告效果。网络营销是对传统营销的一个重大挑战，对精细化学品行业有着重要意义。例如，消费者现在已经习惯在网络上查询化工原料的供应商信息、使用方法、购买渠道，并在购货网站购买日用品等。

2. 零售商的营销策略

过去，个别零售商通过销售特别的或独特的花色品种，提供比竞争者更多、更好的服务来赢得竞争优势，但现在各零售商在服务上的差异正在逐渐缩小，因此许多零售商无论是销售洗发水的超市，还是针对工厂销售化工原料的公司，都不得不重新考虑营销策略。

1）目标市场策略

零售商最重要的策略是确定目标市场。工业品零售商必须思考是要以地域还是行业、客户层级、应用方式区分目标市场。例如，一个生产工程塑料的原料厂家定位目标市场——本地的生产眼镜架的厂家，这样它的产品和行业应用经验就可以打动客户。又如，成为本地品种最全的油墨原料及相关材料的供应商；针对欧美市场的灯具行业化工原料供应商等，这些零售商的定位较为明确。

2）产品品种和服务策略

零售商经营的产品品种必须与目标市场需要的商品相一致，这已成为同类零售商竞争所遵循的关键原则。零售商必须确定产品品种组合的宽度、深度和产品质量。因为客户希望零售商能够尽可能多地提供产品，使其拥有足够大的挑选余地。当然，客户不仅关注产品的种类、型号、式样，也十分注重产品质量。

零售商要想在产品品种上确立自己的优势，就必须制定在保持与目标市场一致前提下的产品差异化战略。例如，油漆店提供调色服务或提供免费的测试和检验，或者提供相关施工的工具、辅助材料等。

3）商店气氛策略

每个商店都会进行布局，使人们容易或不容易走动。每个商店都必须精心构思，使其形成一种适合目标市场的气氛，使顾客乐于购买。例如，高档化妆品专卖店的气氛应该是典雅、高贵的；而化工原料零售店的气氛则应该是务实、积极的，并堆满货物。

4）价格策略

零售商的价格必须根据目标市场、产品服务编配组合和市场竞争情况来加以确定。毫无疑问，所有的零售商都希望能以高价销售商品，并能扩大销售量，但是两者往往作用相反，这使零售商不得不在两者间谋求平衡。

零售商还必须重视定价策略。工业客户往往根据客户产品的附加值高低，化工产品在客户产品成本中的比例、重要性等进行灵活定价；化妆品等产品需考虑的是统一的促销和统一的定价；涂料等半成品化工产品则要考虑施工者的利益，确定适当的价格。

（三）经销商

经销商享有专业化、区域化、规模经济等优势，而且他们在产品流通过程中发挥着特殊的职能作用，所以经销商将长期存在于化工产品流通环节。

1．销售与促销职能

批发型经销商通过销售人员的业务活动，可以使制造商的产品有效地接触众多的零售商，提高销量。

2．采购与搭配货色职能

经销商代表顾客选购产品，并根据顾客需要将各种货色进行有效的搭配，从而可以缩短顾客选购产品的时间。化工原料经销商按照自己针对的行业组织货源，这一行业制造商可以在这个经销商处购买到需要的化工原料，而不需要一一和厂家接触。

3．整买零卖职能

经销商整批地买进货物，然后根据零售商需要的数量批发出去。例如，化工溶剂的经销商整车采购，然后再按桶批发或者零售产品。

4．仓贮服务职能

经销商将货物贮存到出售为止，从而可以降低供应商、零售商的存货成本与风险。

5．运输职能

经销商一般距离零售商较近，能够很快地将货物送到零售商手中，因而可以有效地满足最终消费者的需要。

6．融资职能

经销商可以直接向零售商提供信用条件和融资服务，同时也可以通过提前订货付款为制造商提供间接融资服务。

7．风险承担职能

经销商拥有货物所有权，可以为制造商分担商品销售中的各种风险。

8．提供信息职能

经销商通过向制造商和零售商提供有关的市场信息，可以减少制造商、零售商因盲目生产、盲目进货而造成的损失。

9．管理咨询服务职能

经销商可经常帮助零售商培训推销人员、布置商店及建立存货控制系统，从而提高零售商的经营效益。

10．调节产销关系职能

经销商通过商品运输和存贮，还可以起到调节产销关系的"蓄水池"作用，有利于实现均衡生产和均衡消费，缓解社会经济运行中供求之间的矛盾。

对于化工产品生产厂家，通过经销商销售产品是目前比较流行的销售方式，大多数化工产品，如日用化工品、化妆品、油漆、化工原料、化工中间品等采用了这种销售方式。通过经销商销售主要有以下几点好处：其一，可以通过经销商迅速展开销售，因为经销商大多有稳定的专业化客户群体；其二，保证资金的安全，回款及时，因为大多数经销商以现金支付货款；其三，化工产品有庞杂的产品体系，通过经销商可以建立区域库存，实现跨区域销售；其四，经销商可以灵活调整货物配置，具有分货的功能，可以更加灵活地服务客户。

💡 思考与讨论

1．化工产品通过经销商销售有什么好处？
2．什么样的产品适合通过经销商渠道销售？

📝 课后实训

调查化妆品或者涂料零售店的营业成本。

任务二　设计经销渠道

知识目标

☞　了解化工产品经销渠道的类型。
☞　理解化工产品中工业品和消费品的渠道运作特点。
☞　掌握渠道设计的基本原则。

技能目标

☞　通过了解渠道的特点，掌握各种形式产品的营销特点。
☞　初步具备企业营销渠道规划能力。

教学拓展：认识渠道

⟳ 任务引入

经过一段时间的工作，小李对于自己所在公司的产品有了一定的了解。为了深入了解市场，小李走访了当地的综合商场、超市及美容院，发现公司的产品铺货率很低。小李想：我们为什么不多找几个经销商来提高市场占有率呢？带着这样的问题，小李回去问经理："为什么一个城市不可以设立多个经销商销售产品？可口可乐等大企业不都是有很多经销商的吗？"经理回答说："不是不可以，是我们现在的规模和市场状况还不适合那样做。"看来经销渠道也是需要设计的，并根据企业发展阶段进行调整。

🔁 任务分析

进入区域市场，最简单的方式就是寻找代理商和经销商。除此以外，企业还有直接销售等其他销售渠道。就经销渠道而言，企业应针对产品采用适当的渠道深度和宽度。

🔀 知识链接

一、民用化工产品渠道运作的特点

渠道是生产企业和消费者之间的桥梁，在工业产品整个价值体系的构建中，这个环节尤其重要。属于精细化学品的民用化工产品，根据特点又可以分成两类，一类是品牌主导的大众消费品，如日化产品；另一类是针对特定消费人群的产品，如家庭用装修涂料、胶水、汽车美容用品等，这类产品的销售特点是实际销售的都是半成品，购买者很难在购买决策环节对产品质量做出评价。民用化工产品渠道运作的特点包括以下几个方面。

（1）品牌概念及产品形象对其销售有很大的影响。

（2）经销商看中产品利润空间、是否畅销，比产品质量更加重要。

（3）因为消费者大多是分散的、非专业的，对产品的评价很难短时间做出，或者相对不准确，所以渠道成员在销售过程中对产品评价标准有主导权。

（4）除了低端日化产品，化妆品、家庭用装修涂料、胶水、汽车美容用品等产品，价格敏感程度度均不高。

二、化工工业品渠道运作的特点

工业品分销渠道是连接制造业上下游企业的中间环节，通过工业品生产、分销及相关服务最终到达客户，共同形成了一套完整的业务流程。其总体流程如图 2-1 所示。

在由生产厂商、中间商和客户 3 个环节形成的分销业务流程中，影响分销模式最基本的要素是三者之间的资金流、信息流与物流。

生产环节是创造工业品价值的源泉，在这个环节，生产商通过工业产品的销售和为客户提供服务来获取价值，它处于整个化工工业品分销价值链的上游。对于特定的化工工业品生产商，自身所处的行业特征、企业实力水平、行业竞争结构和市场需求结构等因素共同决定了厂商的定价能力。

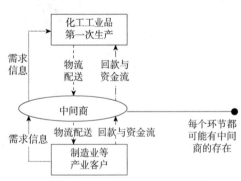

图 2-1　化工工业品销售流程

在化工工业品分销环节，随着电子商务的兴起、厂商渠道管理扁平化、契约关系多样化和分销环节服务专业化，传统的化工工业品分销价值链中资金流、信息流和物流的转换关系不再统一，专业的物流配送服务业、市场信息提供业在兴起，分销价值链中过去较单一的资金流向呈现多样化，参与分销服务与利润分配的角色逐步增多，即分销价值链成员多样化。产品中间分销商的商业模式也在创新发展，由过去单一的产品分销分解出诸如许可证分销、应用行业分销、渠道分销、OEM（original equipment manufacturer，原厂委托制造）加工等。分销环节已不限于发挥产品流通的作用，还开始向增值环节拓展。

化工工业品渠道运作的特点如下。

（一）产品品质是影响渠道的主要因素

化工工业品自身特点，如产品性质不稳定，随时间、环境、温度变化，产品性能可能会发生变化，另外化工工业品由于是分批生产，批次之间有品质差异，还有化工工业品需要相应的技术支持，这些都是影响分销目标的主要制约因素。化工工业品生产企业的产品标准、产品质量、技术水平等，决定了它对渠道的影响能力。对于非标准化产品，客户提出定制要求，化工工业品生产企业满足客户要求的程度是产品生产管理和分销的核心。市场实力强大的化工工业品生产企业，甚至将非标准化产品通过市场力量塑造为标准产品，并推广至相关行业的应用领域。例如，在精细化工领域，拜耳、杜邦、道康宁等大公司，在产品标准、产品质量、技术水平等方面的优势，成为它们建立渠道的巨大优势，在行业应用方面常将产品树立为行业标杆产品。附加价值高的化工工业品，品质的稳定性对渠道的影响力也越来越大。

（二）价格是影响基础化工原料分销的重要因素

化工工业品对于客户的价值不像消费品，它不是用于客户自己消费，而是用于企业再生产。化工工业品的价格是构成下游客户终端产品成本的重要方面，也是影响客户下游市场竞争力的重要因素。因此，化工原料客户对价格的敏感度非常高，尤其是以塑料原料、原油提炼产品作为主要原料的后续加工环节。

但是在有的领域，化工工业品的绝对使用量很小，而且缺乏弹性需求，定价对最终产品价格的影响很小。例如，手机用的油漆价格提高100%，或者降低50%，既不会影响手机涂料的年使用量，也不会影响手机的年销售量。一般而言，化工工业品越接近最终消费品，成本占产品总成本的比例越低，对产品价格的影响就越弱；越是化工基础原料，对产品价格的影响就越大。

（三）有效的回款与资金流管理是影响企业生存的关键因素

在化工工业品销售中，无论是直销还是经销商分销，厂商和经销商对回款与资金流的管理是影响企业生存的关键因素。尤其化工基础原料，客户需求量很大，对流动资金的需求量很大。诸多企业之所以在市场变革中失去竞争力，其重要原因之一就是资金流不通畅，回款率低，造成了企业资金流的恶性循环。

（四）有效的客户服务是提升化工工业品价值的重要因素

化工工业品都是半成品，需要厂家为下游客户提供有效的技术服务，这样做不仅有利于维护企业的客户资源，也有助于企业通过服务获取比产品利润更多的服务价值。例如，中国台湾的一些化工原料厂家往往为下游企业提供完善的参考配方服务、性能测试数据，以提高自己的服务价值。

三、基本销售渠道设计

（一）销售渠道的长度结构

现代营销过程中，化工产品销售渠道很多，一般按渠道中是否有中间环节和中间环节的多少来进行划分。在消费者市场，以日化产品为典型，企业面对的最终顾客是家庭和个人，即最终消费者。在工业品市场，以化工中间原料商为典型，企业面对的是企业客户。一般有以下几种长度不同的销售渠道可供选择。

（1）生产者→消费者或企业客户。即企业自己派人推销，或以邮寄、电话销售等形式销售本企业的产品。这种类型的渠道由生产者把产品直接销售给最终消费者或者企业客户，没有任何中间商的介入，是最直接、最简单和最短的销售渠道。

（2）生产者→零售商→消费者或企业客户。即由企业直接向零售商供货，零售商再把商品转卖给消费者或者企业。

（3）生产者→批发商→零售商→消费者。这种模式是消费品分销渠道的传统模式。

（4）生产者→代理商→零售商→企业客户。许多企业为了大批量销售产品，通常通过代理商，由它们把产品转卖给零售商，或者直接提供给企业客户。

（5）生产者→代理商→批发商→零售商→消费者。一些大企业为了销售特定产品或进入特定的市场，常需经代理商、批发商卖给零售商，最后到消费者手中。

以上几种销售渠道的长度结构如图 2-2 所示。

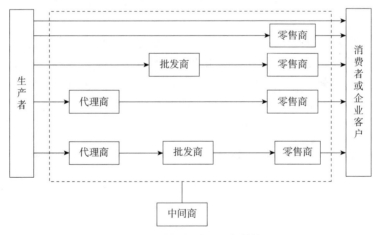

图 2-2　销售渠道的长度结构

（二）销售渠道的宽度结构

销售渠道除了有长度问题，还有宽度问题，即根据企业在同一层次上并列使用的中间商的多少，将企业的销售渠道分为宽渠道和窄渠道。宽渠道是指企业使用的同类中间商很多，分销面很广，一般日化品都通过宽渠道销售，由多家批发商转售给更多的零售商进行分售。这种分销渠道能够大量销售产品，与消费者接触面广。窄渠道是指企业使用同类的中间商很少，分销面窄，甚至一个地区只由一家中间商经销。窄渠道一般适用于专业性较强的产品，专业性的精细化工品如高端的化妆品大多采用此模式。

渠道宽度的选择及策划，与企业的营销目标和分销战略有关，通常有 3 种可供选择的策略。

（1）密集型分销，即尽可能通过较多的中间商销售产品，以扩大市场覆盖面或快速进入新市场，使众多的消费者和用户随时随地能够买到这些产品。

（2）选择型分销，即在同一目标市场上，依据一定的标准选择少数中间商经销其产品，而不是允许所有有合作意向的中间商都参与经销。这种战略的重心是维护企业、产品的形象和声誉，建立并巩固市场地位。

（3）独家型分销，即企业在一定时间、一定地区，只选择一家批发商或零售商经销其产品。通常双方订有协议，中间商不得经营其竞争者的产品，企业也不得向其他中间商供应其产品。这一策略的目的是控制市场，彼此得到对方更积极的配合，强化产品形象并获得较高的毛利润。

四、销售渠道策划

设计销售渠道的中心问题是确定达到目标市场的最佳途径，因此它是企业销售渠道策划的重中之重。在策划销售渠道时首先必须分析影响销售渠道的因素，然后建立销售渠道的目标和程序，最后确定相应的销售渠道策略。

（一）影响销售渠道设计的因素

1．产品因素

产品因素如价格、体积、款式、重量、技术、服务、易毁及易腐程度等，都直接影响销售渠道的选择。一般来说，选择较短的分销渠道的产品大多是价格昂贵，款式多变，体积庞大、笨重，技术复杂，服务要求高及易腐、易损、有效期短的产品；反之，则选用较长的分销渠道。对某些专用产品和危险品最好选择专用渠道。

2．市场因素

市场因素包括目标市场范围，用户对价格的接受程度、消费习惯，需求的季节性变化及市场竞争状况等，都是企业选择分销渠道的重要依据。一般来说，目标市场范围大，潜在市场需求旺盛，用户价格接受程度较高，消费习惯要求购买方便的日用消费品，常年生产季节消费的商品，销量订单分散而订单量又少的市场，都需要渠道中间商提供服务，选择较长的分销渠道；反之，以较短的分销渠道为宜。

3．企业自身因素

企业自身因素包括企业的规模、财力、声誉、经销能力与管理水平、服务条件等，都会影响企业对分销渠道的选择。一般来说，企业规模大、财力雄厚、声誉好、有较好的经销能力及管理水平、服务条件优越，往往选择较固定的中间商，甚至建立自己的分销机构，其分销渠道较短；反之，则需要较多地依赖中间商，选择较长的分销渠道。

4．中间商因素

（1）合作的可能性。中间商普遍愿意合作，企业可利用较多的中间商，渠道可长可短，可宽可窄；否则，只能够利用较短、较窄的渠道。

（2）费用。利用中间商分销，要支付一定的费用。若费用较高，企业只能够选择较短、较窄的渠道。

（3）服务。如果中间商可以提供较多的高质量的服务，企业就可选择较长、较宽的渠道。倘若中间商无法提供所需要的服务，企业只能使用较短、较窄的渠道。

5．环境因素

这里的环境因素是指影响选择分销渠道的外部因素。宏观经济形势对渠道选择有较大的制约作用，如在经济不景气的情况下，企业要求以最快、最经济的方法把产品推向市场，这就意味着要利用较短的渠道，减少流通环节，以降低商品价格，提高竞争力。另外，政府有关商品流通的政策和法规也会影响分销渠道的选择。例如，由国家或主管部门严格控制的、专卖性产品，其分销渠道的选择必然受到制约。

（二）设计销售渠道的基本要求

一般而言，判断销售渠道设计得好坏的标准在于它能否以最快的速度、最好的服务质量、最经济的流通费用，把商品送到消费者手中，最大限度地实现经营者的利益。优秀的销售渠道必须具备以下条件。

（1）能够不间断、顺利、快速地使产品进入消费者领域或者用户领域。

（2）具有较强的辐射能力。一种产品从生产厂家把它生产出来直到使用者手中，中间要经过许多环节。如果销售渠道的各个环节都具有较强的辐射能力，就可以从各个环节的辐射点开始，向周围辐射，从而可形成地域相当广泛的销售渠道，提高产品的市场占有率，增强企业的市场竞争力，扩大销量。

（3）能够带来显著的经济效益。一般来说，交易成功率高、物流速度快、流通费用少、资金周转快、销售环节少的销售渠道，往往经济效益就好。

（4）有利于为客户服务，维护客户根本利益。一般来说，好的销售渠道，不仅从自身的利益出发，还必须充分考虑客户的利益，为客户提供售后服务，完善产品价值。化工产品的销售价值，一部分是产品本身，另外一部分体现在售前及售后的技术服务上。

五、经销商渠道设计程序

（一）企业销售渠道设计的步骤

企业在设计销售渠道时，必须在理想的渠道和实际可能得到的渠道之间做出选择。这一策划过程通常要经过以下几个阶段。

（1）分析客户对渠道服务提出的要求。这些要求通常表现在以下几个方面：批量合适，交货时间短，购买方便，花色品种多，服务能力强，费用合理。

（2）建立渠道目标，即达成的服务产出目标。企业可以根据用户要求的不同服务产出要求，划分若干细分市场，然后决定服务于哪些细分市场，并为之选择和使用最佳渠道。

（3）假定可提供选择的渠道方案。渠道选择方案由中间商类型、中间商数目及每个渠道参与者的条件和相互责任3个因素组成。具体过程如下：①选择中间商类型；②确定中间商数目；③规定渠道参与者的条件和责任。

（4）评估渠道方案。评估方案可以从经济性、可控性和适应性等几个方面进行。经济性评估主要比较每一方案可能达到的销售额水平及费用水平。可控性评估即考查渠道受企业控制的程度。渠道越长，控制问题就越突出，对此需要进行多方面的利弊比较和综合分析。适应性评估主要是考查企业在每一种渠道承担的义务与经营灵活性之间的关系，包括承担义务的程度和期限。

（二）设计销售渠道系统的策略

1．确定渠道模式

确定渠道模式，即采用直接营销渠道还是采用间接销售渠道或者混合型，这需要从销售业绩和经济效果两个方面来考虑。销售业绩就是销售额的大小，一般来说越大越好；经济效果就是利润额的多少，当然是越多越好。但这两个方面并非总是一致的，究竟以谁为重，应视企业的营销战略而定。

2．确定渠道成员的数量

确定渠道成员的数量，即确定每个渠道层次使用多少个中间商，是采取宽渠道还是窄渠道。在销售渠道策划中，除了有3种可供选择的策略（密集型、选择型、独家型）之外，还必须对中间商的开业年限、经营产品范围、盈利与发展状况、财务支付能力、协作愿望与能力及信誉等级等予以考察评估。在实际操作中，企业选择中间商的难易程度有很大的不同：有些知名企业毫无困难，而有些企业则需费九牛二虎之力，才能够找到合意的中间商。

3．确定渠道成员的责任与条件

一般情况下，相互的职责和服务内容包括借贷方式、促销的相互配合、产品的运输和贮存、信息的相互沟通等。交易条件主要包括价格政策、销售条件、区域权利等方面。价格政策要求企业必须制定具体的产品价格及价格折扣条件，如数量折扣、促销折扣、季节性折扣等。

（三）销售渠道设计应注意的事项

1．能不能获得渠道中间商

在某些领域的市场中，所有可能获得的渠道中间商都已被竞争对手控制，或者渠道中间商拒绝销售一种全新的不为客户熟悉的品牌的产品。在这种情况下，企业只能选择直接渠道来销售产品。

2．资金周转情况

对于大批量的化工原料，需要中间商提供资金周转服务，要求中间商在产品存货、保管、设施上进行相当大的投资。当中间商不愿进行投资，或者随市场形势变化不愿意追加投资时，企业可能不得不向中间商运送货物、提供融资计划，增加其销售利润。

3．正式销售前需要进行大量的销售服务

当客户要求在正式购买前获得与产品使用有关的技术援助时，中间商可能面临人员短缺、专业知识缺乏、管理不完善等问题，企业就必须考虑长渠道带来的弊端。

思考与讨论

1. 一个工业产品的供应商，如生产化工颜料的厂家，其渠道的长度和宽度取决于哪些因素？

2. 网络经济对涂料、化妆品、工业基础原料等不同类型产品销售渠道的影响表现在哪些方面？

课后实训

分别对涂料、化妆品、工业原料等产品进行销售渠道设计。

任务三　开发经销商

知识目标

☞ 了解铺货、返利、窜货的含义。
☞ 掌握开发经销商的基本流程。

技能目标

☞ 掌握与经销商沟通的能力。
☞ 掌握开发经销商的基本步骤。

教学拓展：如何开发
经销商

任务引入

小李经过两个月的培训，终于熟悉了公司的产品，也了解了现阶段销售渠道对公司的重要性。一天，销售经理告诉小李："我们在华东地区还有很大的空白市场，你下个月去那里走走，看看有没有合适的经销商。"如何开发经销商？该从何处入手？小李开始了新的思考……

任务分析

开发经销商，首先需要了解公司的产品和经营状况，并对当地市场进行基本的调查，确定适合的目标。另外，还要学会经销商信息的收集方法、交流沟通技巧，了解商业谈判的基本知识。对于企业市场营销人员来说，开发经销商是对营销知识和沟通能力的综合运用。

知识链接

现在很少以市场开发的形式去寻找化工产品经销商，通常是化工产品生产企业外派销售机构，或者经销商主动和企业接触，企业根据渠道规划进行选择。因为化工产品经销商以经销民用化工产品的居多，所以下面主要介绍民用化工产品经销商开发的一些基础知识。

一、经销商的开发流程

经销商的选择标准要依据企业的战略要求，以及终端调查得到的情况，确定区域市场投入的产品结构、拟开发的终端布局结构、市场开发计划等战略决策，并据此形成经销商的选择标准。经销商的正确选择、成功开发是企业区域市场开发成功的基础。有时候由于没有合适的经销商，企业会让一些区域保持蛮荒状态。

前期市场调查的结果要汇总起来，建立经销商档案，并对经销商进行初步评价，结合经销商的选择标准，确定准核心客户，对之做进一步的摸底调查，找出符合企业选择标准的前两三位经销商，有针对性地制定合作方案，交叉进行谈判，最后根据谈判情况确定经销商。

企业市场营销的成功建立在经销商成功的基础上，因此，企业不仅要对经销商进行管理，使其纳入企业价值链，而且要对其进行适当的扶植、合理的激励。另外，企业必须在统计数据的基础上对经销商进行评估，以确定企业工作的重点。

图 2-3 是经销商开发和管理的基本流程。

（一）建立经销商档案

建立经销商档案的要点主要包括以下几个方面。

1. 经销商的基本情况

经销商的基本情况包括经营者的年龄、学历、家庭情况、生活习惯，以及主要工作人员的学历、工作经历等；经销时间长短、营业地点、经营环境、配送能力，以及为哪些企业代理过何种产品。

2. 经销商的关注点

（1）他对正在代理的品牌有怎样的认识？

（2）他最喜欢厂家给予什么性质的政策？他赞成何种营销方式？

（3）他对同类产品的市场竞争如何分析？

（4）他的言谈举止、思维应对、生活习惯如何？

（5）他对新的品牌表现出多大的热情、关注？

（6）他希望得到何种铺市承诺、风险承诺、广告促销政策等？

（7）他对企业产品结构的哪些方面感兴趣？

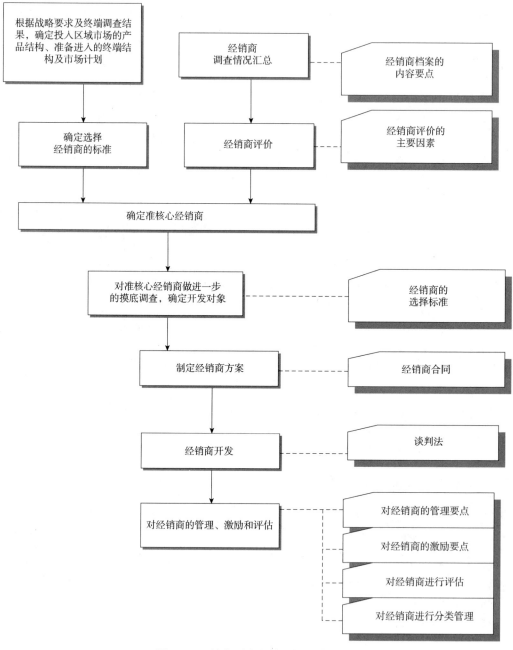

图 2-3　经销商开发和管理的基本流程

3．经销商的口碑

（1）通过其他途径了解经销商的经营能力、经营状况，与代理企业的关系，如何处理与客户之间关系等。

（2）随机访谈，通过零售商了解经销商的经济实力、品质特征、信誉等。

（3）调查取证，通过有关部门了解经销商的资信情况等。

（4）实地考察，通过客户了解经销商的市场开拓能力、网络渠道建设能力、对企业政策的执行能力等市场综合能力。

4．经销商的经营情况

经销商的经营情况涉及店铺面积、位置、人力资源情况、渠道布点情况、财务管理情况等。

5．经销商对企业的态度

（1）是否尊重企业的经营理念和价值观。

（2）是否在一定程度上理解企业的品牌文化。

（3）是否能理解企业在市场价格、上市策略、回款方式、品牌战略、长期规划等方面的意图。

（4）是否有足够的信心，信心来自何处等。

（二）经销商评价的主要因素

经销商评价的主要因素包括以下几个方面。

（1）规模：资金实力、人员数量、年营业额等。

（2）网络：下一级经销商和终端客户的数量、结构、类型等。

（3）仓贮配送：仓贮面积、配送车辆数量、配送机制等。

（4）管理能力：管理人员素质，管理规范化水平，企业的学习能力、学习氛围等。

（5）业务开拓：业务员素质、售后服务能力、内部激励机制等。

（6）信誉：业务往来厂家、客户及同行的评价，表现其本质的典型事件。例如，以往和其他厂家合作的一些事例，经销商在抱怨以前合作伙伴时透露出的自己为人处世的原则。

（三）经销商的选择标准

化工产品生产企业选择经销商的标准包括以下几个方面。

（1）认同企业的价值理念，愿意主推本企业产品，遵守各项销售政策。除了知名品牌的生产企业可以要求经销商只经营本企业的产品，一般而言，大多数经销商不是一个企业的产品代理，所以化工产品生产企业要考察经销商代理产品的真实意图，是想主推本企业的产品，还是为了保护自己现有的品牌。

（2）有头脑、有文化修养。经销商要有不断积极进取的思想和学习能力。

（3）社会关系良好。经销商要和政府部门及社区保持良好的关系。

（4）对员工负有责任。对员工负有责任的经销商，往往人员稳定，有利于长期发展。

（5）客观公正，讲信誉。对于经销商的商业信誉，一般可以通过对其他经销商的走访、以前合作企业的合作记录、分销渠道的口碑等途径了解到。

（6）遵纪守法，无不良记录。化工产品生产企业通常愿意与合法经营和拥有健康的个人习惯的经销商建立长期稳定的合作关系。

（7）管理基础较好，进、销、存账合理。

（8）有一定的经营实力、分销能力和物流配送能力。这主要体现在经销商的现有销量、营业面积和位置，送货车辆数量，以及分销商、销售人员、服务人员的数量和质量。

（四）经销商开发谈判——四步法

首先，化工产品生产企业要最大限度地搜索经销商。搜索经销商最原始的方法是挨家挨户地走访经销商，了解经销商的姓名、电话、主要合作厂家、主销品种、销量、价格、网点数量、主销区域、送货方式、经营产品质量等信息。其次，结合感知法和科学评价法，从搜集的经销商中筛选符合企业发展需要的准目标经销商。最后，确定既符合企业发展需要又可能与企业合作的目标经销商。

开发新的经销商就好比组建一个新家庭，双方走到一起，必须彼此都满意。不管是用感知法还是用科学评价法筛选目标客户，最终都要考虑两点：一是经销商是否有可能经营企业的产品；二是经销商将把企业的产品放在什么位置、每月的销量如何。在综合考虑上述两点的基础上，对目标经销商进行 ABC 级别分类，按先后次序开发经销商。确定了准目标经销商以后可以开始拜访经销商。

1. 第一次接触（经过背景调查后）

第一次正式接触，企业营销人员要表明身份，以"虚去实来"的形式做进一步的摸底，并留下好印象。此次拜访需要注意以下两点。

1）精心准备，没有准备好不做第一次拜访

准备内容包括区域市场竞争状况、历史竞争情况、市场偏好等，都可以从前期的客户走访中了解到。企业营销人员还要针对这个准目标经销商做好策略准备、心理准备、物质准备和时间准备。企业营销人员在和准目标经销商接触以前，要先思考以下 3 个问题。

（1）他是不是很需要和企业的合作？他目前的困难是什么？

（2）在现有合作的方式和条件中，什么是他最看重的？

（3）和本企业合作能给他带来利益吗？

企业营销人员解决了以上 3 个问题，就可以满怀信心地接触经销商。企业营销人员还需要准备公司介绍资料、证书，以及可能用到的报价表、合同样本、笔、纸张、卡片等。

2）给经销商留下良好的第一印象

企业营销人员在进入经销商店铺之前，先整理自己的仪容，深呼吸，放松自己。然后很自信地走进经销商店内，并自然地向经销商自我介绍："您好，我是××厂的业务员×××，久仰×老板的大名，今天专程向×老板请教。这是我的名片，希望能成为您真诚的朋友。"在这个过程中，企业营销人员需要注意以下两个问题。

（1）确定自己要树立的是专业的形象还是亲切的形象，应根据准目标经销商的喜好而定。

（2）准备好 3 个以上生意以外的话题。

通过第一次拜访，准目标经销商已经清楚了解企业营销人员的意图，并对其有良好的个人印象，在双方都有意愿的前提下，可以约定第二次见面的时间和地点。需要注意的是，时间间隔一般不要太长，这样容易使准目标经销商失去兴趣；也不要直接进入具体的商务谈判，否则即便达成了协议，事后经销商也往往容易反悔，很难落实。开发经销商是希望建立长久的合作关系，就需要双方都能做理性的思考和选择。

2．第二次接触

在形成完整方案的前提下，企业营销人员要以适当的形式对准目标经销商做营销理念、营销方式的沟通以期达到思想的共识，激起长期合作的意愿。

很多营销人员拜访经销商时急于求成，走到经销商的店里，不管经销商是否愿意听，也不管经销商是否听得进去，只管向经销商灌输"自己企业如何有实力，如何优秀"等信息，结果不管自己讲得多么动听、多么到位，经销商还是无动于衷。因此，企业营销人员在说服准目标经销商之前，要先了解他的需求。

了解准目标经销商的需求有两种方法：多问、多听。

1）多问

企业营销人员要问准目标经销商以下事项：个人爱好；家庭成员；经营历史；以往的合作厂家；月销量；品种结构、价格及销量；经营利润与开支；市场竞争情况；现有厂家对他的主要支持；对现有厂家的评价；现在的困惑；区域市场的发展趋势；对未来的规划；对本企业的了解程度。

2）多听

多听，可以让准目标经销商感到企业营销人员很尊敬他，可以使他畅所欲言，从而使企业营销人员最大限度地了解他的基本信息；多听，企业营销人员可以有足够的时间判断和思考准目标经销商的话是否真实，以便继续引导话题。企业营销人员要集中精力，以开放式的姿势、积极投入的方式倾听；听取全部内容，整理出关键点，理清对方的感情色彩；并以适宜的肢体语言进行回应。

3．第三次接触

在第三次接触时，企业营销人员要提出详细的合作方案，展开谈判。

企业营销人员要根据和经销商谈判的结果，起草合同，将细节罗列出来，逐条推敲，将已经形成共识的内容用文字形式固定下来，有争议的可暂时搁置，向上级汇报后协商解决。一般而言，合作方案在以下几个方面容易产生分歧和争议。

1）独家经营权

经销商一般希望获得独家经营权，如果不能提供独家经营权，企业营销人员可以以企业统一政策要求或者提高最低销售任务为理由来拒绝。经销商的真实需求是如何长期稳定地获取市场利润，所以企业营销人员要准备一套让经销商放心的方案。

2）经营地域

经营地域一般要结合经销商的能力和业务辐射范围来确定。经销商对经营地域要求大，其销售任务也要适当扩大，尽量避免一次性给予太大的经营地域。企业可以根据经销商销售业绩的成长情况，逐步扩大其经营地域。

3）价格

价格是企业与经销商永远的分歧所在，一般应强调返利而避免对现有价格体系做大规模的调整。如果某地区确实需要大规模调整价格体系，则可以分产品品种调整，或者采取特殊包装策略等，以避免对其他区域市场造成冲击。

4）销售任务

确定销售任务要有阶段性，达不到或者很容易达到都不具有激励意义。

5）运费

运费要与最低订货量挂钩，以确保订单的规模性。

6）包装

统一包装还是特殊包装，要根据经销商的重要性做出选择。

7）返利

为保证经销商遵守市场秩序，促使经销商提高销量，保证经销商基本利益，返利政策要制定得适当合理，并具有激励意义。

8）铺底

铺底是对经销商资金支持的一种方式，也是谈判的焦点问题之一。铺底太多，会导致企业返利政策大打折扣；铺底太少，经销商转换品牌意愿会降低。

4．第四次接触

在开发经销商的过程中，虽然企业营销人员做了大量工作，但仍有可能无法打动准目标经销商。这时企业营销人员就应该反省，是自己的能力问题还是缺乏企业强有力的政策支持。针对有价值的、久攻不下的准目标经销商，可以采用以下3种策略促成合同签订。

（1）提高谈判人员的级别，企业营销人员可以邀请本企业的总经理、营销副总经理或者销售经理协助开发，并给予政策支持。

（2）变换谈判场所，将准目标经销商邀请到企业参观，现场感受企业的发展与实力，并与企业领导沟通交流。

（3）用积极的心态影响准目标经销商，可以带他们前往市场运作成功的样板市场或者样板经销商处，让成功的经销商用积极的心态影响他们。

经过多次接触，准目标经销商大多会表示愿意合作。在他们消除顾虑以后，企业营销人员要积极督促成交，签订合同。企业营销人员需要提前准备好合同、付款账户等资料。

促成成交，经销商开发工作也告一段落，后面就要开展经销商管理工作。

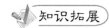知识拓展

经销商常见的需求

（1）利润需求：经销商以赚钱为目的，所以他们最关心的就是厂家能给他们带来多少利润。

（2）发展需求：很多有做大做强愿望的经销商在选择经销品牌时，除了考察拟经销品牌的价差和利润外，更加看重拟经销品牌的实力、品牌知名度、厂家对其支持的力度、

经营区域等影响其发展的因素。

（3）感情需求：很多经销商除了考虑利润因素和发展因素外，还喜欢跟重感情的区域销售员和企业打交道。

因此，企业营销人员只有了解准目标经销商最重要、最迫切的需求，与他的交流才能有的放矢，才有可能打动准目标经销商，使他成为企业的正式经销商。

企业营销人员在充分了解市场和准目标经销商的状况后，可以以顾问的方式，帮助准目标经销商分析行业和企业的发展趋势，分析他目前的处境、面临的机会与威胁，帮助他理清思路，规划未来的发展目标，强调本企业是其最好的选择。同时，企业营销人员也要陈述企业的运营思路，包括产品策略、人员配备，帮助经销商开发下级网点。

经销商异议的处理

企业营销人员首先要有面对经销商提出异议的心理准备。经销商的异议正是合作的前提，只有经销商将问题提出来，企业营销人员才能对症下药，最终赢得对方的理解与认同。

企业营销人员要分析经销商异议的真假。能否判断经销商异议的真假，主要取决于对市场、对经销商的了解程度。然后，分析经销商为什么会有这样的异议，弄清是自己的工作没有做到位，还是经销商想获得更多的优惠政策，抑或经销商根本就不想与自己合作。

针对经销商的真异议，企业营销人员必须及时调整策略或者策略性答复客户的异议。如果价格确实太高，可以调低价格，或者向经销商说明价格高的原因，如这种高价格能够给他带来更多的价值等。总之，只有消除经销商的异议，双方才能最终达成合作。

💡 思考与讨论

如何在陌生的区域获取经销商信息？

📝 课后实训

模拟经销商谈判。

综合实训：听、说、想——开发经销商沟通练习

背景资料：

某地区有 A 和 B 两个经销商，这两个经销商都经营同一种产品，但渠道策略不同。A 经销商现在代理某名牌产品，以批发为主；B 经销商代理一个小品牌，以零售为主。两个经销商之间有一定的竞争。现在假设两个经销商都想拓展自己的业务。同时，有 F1、F2、F3 共 3 个背景不同的企业，他们有不同的营销策略和市场定位，销售政策也不一样，其中既有知名企业，也有小企业。现在这 3 个企业也想拓展在此地区的业务，于是都派出业务代表和当地经销商接触，进行谈判。

实训内容与组织：

（1）将学生分成若干组，经销商扮演组别人数不超过 3 人。由教师提供经销商的背

景资料，以及企业的背景资料、基本产品价格、合作条件和约束条件。组与组之间保密。

（2）每个小组选出业务代表，根据各自的背景资料确定谈判策略和价格策略。

（3）经销商代表分别和3个企业面谈，但每次只可以同时和一个企业接触。

（4）经销商选出最适合自己的企业。

（5）教师总结，班内交流。

任务四　协助经销商维护和拓展渠道

知识目标

☞ 掌握通过合同管理经销商的要点。

☞ 掌握日常拜访的流程和工作内容。

☞ 了解库存管理的基本知识。

技能目标

☞ 能够为经销商盘点库存及进货提出建议。

☞ 掌握拓展渠道工作技巧。

教学拓展：经销商
日常管理

📵 任务引入

　　小李经过一周的市场走访，最后终于成功说服经销商王老板经销本公司的产品。在销售经理的帮助下，双方确定了合作关系，王老板成为小李的固定客户。销售经理让小李专门负责该区域市场，所以小李和王老板见面的机会比较多。小李发现，王老板的订货数量很平稳，有时甚至还出现下滑的情况。"新开发的客户，不能就这样下去"，小李心想，看来自己的工作不是找到经销商就结束了，还要协助经销商维护和拓展渠道，管理好自己的客户。

📵 任务分析

　　企业营销人员协助经销商维护和拓展渠道，必须了解经销商日常管理的内容，以及需要协助经销商做的事情。

🔀 知识链接

　　经销商维护工作既包括协助经销商拓展市场，为经销商做好服务，也包括对经销商的管理和监督。

一、合格经销商的标准

　　经销商管理的目的在于，使经销商很好地配合企业完成销售任务，积极开展市场拓展活动。对于经销商，有以下几个衡量标准。

- 经营本企业的产品是否是他的主要利润来源？或者，他是否重视企业的产品？
- 是否积极补充库存，并积极投入其他服务与支持性的资源？
- 是否遵守各项销售政策，控制货物的流量和流向？
- 是否不拖欠货款及遵守价格政策？
- 是否积极配合企业的区域营销策略、市场促销活动、市场宣传活动？

　　为了达到上述标准，化工产品生产企业对经销商的管理应该是系统性的，这就需要在合同签订、实施及市场推广的全过程中对经销商进行管理。

二、通过合同管理经销商

　　化工产品生产企业可以通过代理合同中的以下项目管理经销商。

（一）清楚划分经销区域，防止越区销售

　　越区销售也叫窜货，它的直接后果就是价格体系混乱，经销商利益受损，长期经营意愿下降。一般来说，经销商经销区域的大小应当根据以下几个方面确定。

　　（1）经销商的规模及其销售能力。

　　（2）产品的性质及种类。例如，由于化工工业品的用户较为疏散，而且是大宗订单，因此经销区域可以划得大一些；而消费类化工产品的用户比较集中，订单多且是小额订单，因此单个经销商的经销区域不宜过大，以免顾此失彼。

　　（3）地形、地势及交通情况。例如，我国企业在寻找经销商时，通常根据地形差异、交通状况将市场分为东北、华北、华东、华中、华南、西北等几大经销区域。除此之外，也有按照省份划分经销区域的，或者按照客户群、产业群的集中程度划分经销区域。

　　（4）市场差异程度。经济状况和市场总容量是划定经销区域的主要影响因素。

（二）规定最低经销销售额，以防经销商消极推销产品

　　一般会在合同中规定试销期，在试销期有最低销售额，以防止经销商消极销售产品；同时，对于一年的销售任务，合同会做出规定，作为考察经销商返利水平及是否继续给予经销权的主要依据。

（三）规定信息报告制度，以加强企业与经销商的沟通

　　合同规定经销商必须定期报告商情，包括库存情况、各个品种销售情况，以及竞争对手情况，有利于企业做出决策。企业可设立单项奖励按照完成程度发放，以加强执行力度。

（四）规定指导价格

　　厂家一般会规定最低销售价格和最高销售价格，或者提供统一的指导价格，避免经销商过度竞争导致价格体系崩溃的相互压低价格现象；或者高定价导致最终消费者满意

度下降，给品牌带来的形象伤害。合同往往对窜货和不按照规定价格销售的行为做出处罚的规定，以经济手段限制经销商。

三、经销商的日常管理

经销商的日常管理主要是建立经销商定期巡访制度和商情定期汇报制度，主要涉及经销商库存管理、终端管理、分类管理。

（一）经销商定期巡访制度

企业要建立经销商定期巡访制度，企业营销人员每月初应制定自己的经销商巡访工作计划，同时填报经销商巡访计划表，交经销商主管保存；经销商巡访工作完成后，企业营销人员要填写经销商信息资料表，统一交经销商主管保存；经销商管理部应对经销商定期巡访计划的执行情况进行检查和监督。

经销商定期巡访的内容包括以下几个方面。

（1）销售情况，包括已销售商品情况、库存商品情况。

（2）市场和消费者对本企业商品的意见和反映。

（3）售后支持与服务方面还有哪些需求。

（4）经销商基本情况及经营状况。

（5）经销商下一步进货的品种、数量，以及对继续合作的态度。

（6）其他信息。

（二）商情定期汇报制度

企业区域经销商主管和营销人员，于每天下班前填写当天工作日报，交区域经理；区域经销商主管于每周最后一个工作日下班前向经销商管理部交本周工作总结及下周工作计划；区域经销商主管每月月末向经销商管理部经理上报本月工作总结和下月工作计划；出差的营销人员，应当定期向所属部门领导汇报工作，并请求领导给予指示。如遇紧急情况，则随时和部门领导联系并汇报情况。

（三）协助经销商管理库存

库存管理是经销商管理的重要内容之一。

1. 库存清理

企业营销人员要警示经销商断货品种和即期品数字，做到先进先出。库存清理的意义在于，让经销商和企业减少保管不善引起的损失。

2. 1.5 倍安全库存管理

对于一般消费品而言，经销商需要有一个安全库存数量，1.5 倍的系数不是一个绝对的数值，在精细化学品中，有部分产品保存期比较短，系数相应应该小些；若产品运输时间比较长，订货周期比较长，系数相应地应该大些。一个经销商在一个周期内的实际销售量，一般可以根据以下公式得出：

经销商在本周期的实际销售量＝上次拜访时存货量＋上次经销商进货量

－本次拜访时经销商库存量

要想经销商在下一个周期内不断货，那么经销商的最小库存量应该不小于上个周期的销售量，为安全起见，把这个销量放大 1.5 倍，即周期销量×1.5 倍，就是一个比较安全的库存量。用安全库存数减去现有库存数，就可得出经销商此次进货量。

例如，企业营销人员上次拜访某经销商时，其库存是 100 箱，上周进货是 50 箱，本周库存是 120 箱，企业营销人员每周拜访该经销商一次，则

$$周期销售量＝100＋50－120＝30（箱）$$

$$安全库存＝30×1.5＝45（箱）$$

$$本次进货量＝45－120＝－75（箱）$$

所以，经销商此次不用进货。

但上述计算过程不是绝对的，要排除上周促销、天气变化、淡旺季变化等因素，周期销售量是正常情况下一个周期可能的销售量，或者说是一个经验值。

库存管埋可以让企业营销人员对经销商的实际销售量、进货期、断货情况了如指掌，可以帮经销商减少断货风险。

（四）协助经销商进行终端管理

经销商下属的分销商和零售店，企业往往不容易接触到，它们是渠道的末端，也是最接近消费者的场所，渠道终端的管理能力会对品牌形象造成很大的影响。同时，终端反映的问题，往往会反馈到经销商那里，提升或者削弱经销商对品牌的信任。所以，企业营销人员担负重要的管理职责，要对经销商下属的终端进行走访，给经销商在以下几个方面提出适当的建议。

（1）市场上其他客户对经销商及其业务人员的评价。

（2）竞争品牌的促销动作。例如，发现某品牌准备在本月 15 日开批发订货会，企业营销人员可以给经销商建议："旺季马上到了，要是让他们开了订货会，把二次批发的资金抢走，咱们就麻烦了！我回公司申请支持，咱们要赶在他们的前面开订货会，怎么样？"

（3）市场机会的分析。例如，建议经销商："我发现在××市场有机会，竞争对手也不多。"

（4）市场风险的预测。例如，建议经销商："我发现竞争对手××产品的销售逐渐增加，你是不是也订购点我们公司的同类产品？"

（5）市场秩序信息。例如，企业营销人员发现经销商下属的经销网点，不是从该经销商处进货，销售价格低于最低零售价格。

这些信息由企业营销人员反馈给经销商，同时也反馈给销售部门。除了定期拜访终端零售店外，企业销售人员还可以根据零售店的实际情况制定终端管理规则，一般包括：①终端品牌形象，如统一货架、门头、招牌、灯箱等；②价格执行政策，如最低零售价格、最高零售价格；③货物摆放规则，如如何摆放产品；④售后服务标准，如如何处理客户投诉等。企业营销人员可根据这些规则检查终端零售店的执行情况。

（五）经销商分类管理

按照经销商的销售量，企业营销人员可将经销商按照 ABC 分类法进行分类管理，以决定拜访的时间和频率。在二八原则指导下，按照经销商价值的不同对其分类，对不同价值经销商实行不同的管理方法，做到抓住重点、兼顾一般（表 2-1）。对于给企业创造 80%利润的那部分客户，拜访的频率要高，一次拜访的时间也要长。

表 2-1　××地区经销商 ABC 分析表

分公司（经营部）名称：　　　　　　　　　　　　　　　　　　　　　　年　　月

排名	经销商名称	销售额/万元	累计销售额/万元	销售额占累计销售额的比例/%
	合计			100.00

四、经销商维护要点

（一）经销商维护原则

1. 坚定经销商信心

企业营销人员要加强巡访和补货工作，及时补充适销对路的品种；用铺底销售、存货退还的销售政策，提升终端零售店的积极性；通过积极组织促销活动、适度投入区域广告等方式加强经销商的信心。

2. 不断提高销售效率

企业要指导、帮助经销商整理零售终端网络；派出营销人员指导终端零售店服务员或促销员，主推厂家产品，不断提高产品的流量与流速；为经销商培训促销售人员，做终端推广活动。

3. 提高经销商的收入及毛利水平

企业要指导经销商改善经销产品的结构以及提升销售能力，提高整体盈利水平。

（二）支持与帮助经销商

企业要在物流、信息流、资金流和销售政策等多个方面对经销商提供支持与帮助。

（1）在物流方面，企业要把握市场竞争态势，优先供应产品；支持库存结构合理化；及时处理陈旧或破损产品。

（2）在信息流方面，共享市场竞争、市场需求趋势及销售政策与经营管理方面的信息；提供培训和交流的机会等。

（3）在资金流方面，企业要提供合理的信用政策，帮助经销商与终端零售店建立快捷的结算方式。

（4）在销售政策方面，提供价格指导、返利、折让、广告促销的支持，确保产品的竞争力等。

（三）经销商服务要点

企业营销人员要成为经销商的顾问，围绕提高销售量、降低费用，向核心经销商提供经营管理方面的咨询服务。

（1）根据经销商对终端的掌控能力，以及预计的销售量，帮助经销商确定进货品种与数量。

（2）向经销商提供加强其与终端关系的服务。

（3）根据市场需求和竞争态势，帮助经销商及时调整库存结构，防止存货"多而不足"。

（4）帮助经销商加强财务、信息管理，加强进、销、存信息的反馈与统计分析。

（5）帮助经销商改善内部管理，改进作业流程，降低费用成本。

（6）帮助经销商加强员工队伍建设，提高其对终端零售店的补货、收款服务及信息反馈的意愿与能力。

（7）帮助经销商的业务骨干提高业务能力，加强专业知识的培训。

思考与讨论

1．经销商拜访工作的内容是什么？
2．如何帮助经销商发展零售商？
3．如何做好经销商维护工作？

综合实训：经销商
谈判策略

课后实训

拟订一份区域经销商独家代理销售某品牌化妆品的经销合同。

任务五　制定经销商激励政策

知识目标

☞ 掌握长期激励和短期激励方法。
☞ 掌握经销商评价方法。

技能目标

☞ 能制定合理的经销商激励政策。
☞ 能对经销商进行评估。

教学拓展：经销商
信用、冲突、
激励管理

🔁 任务引入

小李从事市场开发工作有一段时间了。他发现每年签订经销商合同的时候，企业和经销商总是围绕返利、销售额、广告费用报销等方面展开谈判。而在日常的经销商管理中，他又发现经销商总是过一年是一年，不愿意积极参与长期的市场投入和品牌推广。如何才能制定合理的经销商激励政策？小李又遇到了新的问题。

🔁 任务分析

经销商激励，需要做到长期激励和短期激励相结合，物质激励和精神激励相结合。化工企业给经销商的激励一定要对经销商销售产品有促进作用，是对其行为的指引和规范；同时，激励政策要能辐射到渠道的下游，针对终端的优秀表现奖励经销商。

🔀 知识链接

在商品流通环节，不但销售人员需要激励，经销商也需要激励，以保持持续的经销热情。所谓激励，就是组织通过设计适当的外部奖酬形式和创造优越的工作环境，以一定的行为规范和惩罚措施，借助信息沟通，来激发、引导、保持和归化组织成员的行为，以有效地实现组织目标及成员个人目标的系统活动。

一、经销商激励的方式

（一）长期激励方式

1. 物质激励

正面的物质激励包括较高的佣金、交易中给予特殊照顾、奖金等额外酬劳、合作广告补助、展览津贴和销售竞赛等；消极的物质制裁有威胁减少返利、推迟交货或终止合作关系等。

经验丰富的化工企业总是设法与经销商建立长期的合作关系，通过这种长期合作关系来激励代理商。在市场覆盖率、产品销售量、市场开发、技术指导与维修和市场信息等方面，化工企业与经销商彼此合作、设定标准，从而达到长期合作的目的。为了使经销商配合企业，化工企业对于佣金不是采取一揽子支付的，而是按项目支付。

例如，化工企业可将佣金分解为以下几个指标，根据达成情况支付佣金。

（1）保持适当的存货水平。

（2）完成最低销售额。

（3）较好地提供售后服务。

（4）正确地报告市场情况。

（5）适当管理应收账款。

（6）较成功地进行广告宣传。

（7）店面陈列符合标准。

这种佣金支付方式比一揽子支付佣金的形式更能促使化工企业与经销商形成长期的合作关系。

2．经销权激励

　　所谓经销权激励，是指化工企业运用改变经销权的形式与内容的手段来激励经销商，从而使经销商更积极地工作。经销权激励有两种形式，一种是先采用多家经销再转为独家经销，另一种是先采用独家经销后转为多家经销。

　　化工企业最初对经销商不甚了解，一般不会给予经销商独家销售权。经过较长时间的比较之后，从最初选出的多家经销商中选出一个销售网络较为广泛，市场推广、售后服务做得较好，资金力量较为雄厚的经销商作为其独家经销商。

　　在这种激励方式下，各代理商会尽其全力做好销售代理工作。多家代理制改为独家代理制之后，化工企业可以撤除其他代理商，全部销售代理工作由该独家代理商承担；化工企业也可实行总代理制，代理工作突出的代理商作为总代理商，其他代理商作为其下属的一级代理商、二级代理商、三级代理商等，下级代理商必须向总代理商拿货，总代理商承担一定的协调、管理下级代理商的职责。

　　对于工作不出色的独家代理商，化工企业可采取"降级"措施，即将独家代理制改为多家代理制。

　　只要处理得妥当，化工企业由独家代理制改为多家代理制不但不会影响产品销售，而且会因多家代理商竞争而使产品销售量上升。

　　物质激励只能起到短期激励的作用，从长期来看，代理权的激励作用更大。但是化工企业使用代理权激励时要防范市场由于过度竞争造成价格过低，最后无人愿意代理的情形。

3．一体化激励

　　一体化激励是化工企业鼓励经销商努力经营，在达到一定业绩以后企业参股经销商，或者经销商参股企业，或者共同组建新公司、开设分厂，甚至在一定情况下允许经销商销售自有品牌商品。这种激励方式对化工企业重点销售区域的大型经销商有比较强的吸引力，他们往往已经拥有较大的销售量。例如，立邦公司是由新加坡立时集团投资设立的跨国公司。立时集团成立于1962年，是日本涂料有限公司和它在新加坡的总代理吴德南集团合作的产物。

（二）短期激励方式

1．数量品种奖

　　在设计各种激励之初，化工企业必须考虑市场状况和阶段性操作目标，明确在渠道上要保护何种形态、何种销量地位、何种层次的经销商利益和各层次空间，使其与长期战略相一致。每个经销商都有其特殊的市场设计，以配合各阶段的市场策略，例如，前期的入市需求，中期的狙击竞争品牌、品种和强化占有率，后期的以利润中心的市场策略，必然会对不同阶段的经营数量和品种做有计划的调整。因为化工企业各种产品的设计目的不一样，所以就需要在不同阶段的目标下，巧用持续性和批次性的数量奖励和特殊的品种操作奖励，使经销商与化工企业在市场各个阶段达成市场占有率与利润目标的一致性，同时还要适应市场形势的变化。

2．铺市陈列奖

在产品入市阶段，化工企业必须评估市场容量、网络容量和管理容量，协同经销商主动出击，迅速将货物送达终端。同时，化工企业还要根据情况给予经销商人力、运力方面的补贴、特殊的铺货奖励，以及经销商将产品陈列于合适位置的奖励。

3．网络维护奖

为避免经销商的产品滞销和基础工作滞后导致产品销售量萎缩，化工企业除了采取派员跟踪等措施外，还可以以奖励的形式刺激经销商，促使其维护一个适合产品的有效、有合理规模的网络。

4．价格信誉奖

现在诸多畅销产品都存在倒货、乱价等情况，导致经销商最终丧失获利空间，所以除了打货码、合同约束、合理的价格设计和严密的市场督察外，化工企业还应在设计价格时设定价格信誉奖，作为对经销商的调控手段。本奖的设置应考虑价格差异、地域运费、人力费用和销售量等因素。

5．合理库存奖

经销商的库存一定要适应当地市场容量，考虑运货周期、货物周转率和意外安全贮量，保持适当的数量与品种。另外，合理库存还起着调控经销商资金、精力为化工企业所用的作用。

6．现金奖

为提高企业资金周转率，对越接近交易期付款的经销商越要给予优惠；反之，对超过付款临界点的经销商要给予利息处罚。

7．协作奖

对经销商的政策执行、广告与促销配合、信息反馈等，化工企业要设立协作奖，既可以强化厂商关系，也是淡化利益色彩的有效手段。

（三）奖励的方式与送达

奖励一般由现金、货物或配赠物构成，大型经销商对于较长时段的持续铺货有兴趣，而铺货数量较少的零售商更喜欢直接的价格返扣。奖励的具体形式很多，大致有以下几种类别。

（1）物质或者现金奖励，如提供交通工具。

（2）报销宣传费用，提供促销品。

（3）承担促销人员的工资。

（4）授予各种荣誉。

（5）联合促销和定向促销。

（6）帮助经销商发展管理信息系统。

（7）投放电视广告。

（8）到公司总部参观、旅游、培训。

（9）对经销商（主要指个人）家庭的长远支持，如子女教育等。

经销商奖励的兑现形态，有时会直接影响市场的价格管控，所以在产品的入市设计与渠道操作上，要预留价格空间与促进手段。对阶段性促进销售的经销商，最好用促销品的方式搭赠，而不是现金和货物搭赠，以免变相降价。另外，操作时间、线路一定要短，要有针对性。

针对分销商忠诚度低、投机性强的情况，同时也为了杜绝总经销商挤占对分销商的促销和奖励，一是要将奖励及时、准确地送达促销层级的经销商，加强市场管理与人员监控。二是要巧用包装物为载体直达分销商，如某涂料厂家实行的"买油漆，送港币"活动，将硬币直接投入油漆罐子里面，达到了直达终端的目的；同样的促销活动，某涂料厂家将促销品放在装产品的纸箱里面，而且没有明显的标志和做密封，最后促销品大多被经销商取得，没有达到促销的目的。总之，化工企业应运用多种方式，防止奖励流失。

二、渠道成员激励效果评价

要对经销商进行适当的激励，首先需要按一定的标准来衡量经销商的表现，对经销商采取激励措施后，也要有标准衡量激励的效果，并将这种衡量长期化。化工企业可以根据经销商的不同而设定不同的评价标准。这种标准通常包含以下几个方面的内容。

（1）经销商的渠道营销能力是每个化工企业在选择经销商时首先考虑的问题，也是衡量经销商能力的首要标准。渠道营销能力包括销售额的大小、成长和盈利记录、平均存货水平和交货时间等。经销商的渠道营销能力是否增强是衡量激励效果的一个标准。

（2）经销商的参与热情也是评价经销商的一个重要标准。一个十分有能力的经销商不积极配合化工企业的营销活动，其结果可能比一个普通的经销商积极配合化工企业的营销活动的效果要差许多，甚至可能会危及化工企业经营目标的完成。衡量经销商参与程度的标准包括对损坏和遗失商品的处理、与化工企业促销和培训计划的合作情况以及经销商向顾客提供的服务情况等。

由于经销商往往经营多种品牌或多种类型的产品，化工企业可以通过对经销商经销的其他产品进行调查来衡量经销商的能力。如果经销商的经营品种多，总体销售量大，那么说明该经销商是非常有实力的。另外，化工企业还可以从中了解到本厂产品销售量在经销商的总销售量中占有比例的变化、地位的变化，从而判断对经销商进行的激励是否有效，以及应该着重于在哪一个方面激励经销商。

三、经销商激励的要点

经销商激励的方式和方法会随着环境和市场的变化而不断变化，其基本要点如下。

（1）做必要的让步。了解经销商的经营目标和需要，在必要的时候可以做出一些让步来满足经销商的要求，以鼓励经销商。

（2）提供优质产品。提供适销对路的优质产品，这是对经销商最好的激励。化工企业应该把经销商视为消费者的总代表，只有这样，产品才能顺利地进入最终市场。

（3）给予各种权利。给予经销商独家经营权或者其他特许权，这对经销商来说是一种很好的激励方式，而且可以进一步调动其经销积极性。

（4）共同进行促销。当化工企业进入一个新的市场或者是推出新型产品的时候，品牌的知名度和产品的性能特点对当地消费者来说都是陌生的，经销商往往不愿意为此花很大的力气去做宣传，因此，化工企业应该提供强有力的促销支持，以提高产品的知名度。

（5）人员培训。在必要的时候，化工企业应该向经销商提供销售人员培训、商业咨询服务等。这样做不仅能够促进与经销商的合作关系，而且可以大大提高中间环节的工作效率和服务水平。

🤔 思考与讨论

1．经销商长期和短期激励方式有哪些？
2．新开发的经销商最适合什么样的激励方式？

综合实训：模拟
经销商谈判总结

📝 课后实训

协助小李为他的经销商制定下一个年度的销售政策，以达到激励经销商的效果。

📖 课外阅读

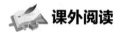

立邦渠道促销缘何"撑死"经销商

立邦西安城市经理最近有点烦，因为立邦在西安的三大渠道商之一的×老板年初时改弦更张做了竞争对手B品牌的经销商。经销商转换经销品牌本属正常，原因不外乎两种，一是经销商和厂家合作不愉快，产品利润低，经销商主动放弃；二是经销商经营不力，配合厂家不够，厂家主动断绝与经销商的合作。可是，×老板放弃与立邦的合作却不属于以上两种情况，而是×老板认为立邦频繁的渠道促销使其资金链紧绷，销售压力增加，经营风险加大。虽然立邦西安城市经理很快找到了另一位经销商，但对品牌、客户、销售等方面的负面影响短时间还不可能消除。立邦出现经销商因渠道促销放弃合作的情况已不是首次，刚开始城市经理认为是经销商经营水平低、销售不得力的原因，可是一而再、再而三地出现类似问题，显然不能全部归咎于经销商，那么到底是什么原因呢？立邦西安城市经理百思不得其解。

下面我们来帮助立邦西安城市经理分析一下原因。

1．行业背景

立邦属于建筑装饰类材料生产企业，所处的装修行业随着近几年全国房地产市场的火热而迅速发展，由于立邦进入行业的时机恰当，加上前期广告投放力度大、产品线丰富、营销技术成熟等原因迅速成为所在行业的强势品牌，多年来销量为同行业第一，抢占10%的市场份额。由于此行业进入门槛低、前期利润丰厚，现在全国有8000家企业和超过1万个品牌竞争，但立邦真正意义上的竞争对手只有少数几个品牌，其中以B品牌威胁最大。原因是：一是同属于外资品牌，同位列全球同行业前十，实力不相上下；二是产品技术和营销水平不分伯仲；三是销售渠道和经销方法类似，渠道模式以经销商为主，以经销不同产品系列来区隔同城经销商；四是对经销商都要求品牌经销唯一性，即经销立邦就不能经销 B 品牌，经销 B 品牌就不能经销立邦，但两品牌都没有要求经销商不可以做两品牌以外的同类品牌，也就是说立邦经销商可以经销 C 品牌、D 品牌等。

2. 立邦的渠道促销

在行业销售旺季 3～7 月和 9～12 月，立邦会对渠道经销商采取产品让利的方式进行强力促销，促销产品的生命周期一般处于市场衰退期，促销对象为全体经销商，包括大型经销商、二、三级市场中小型经销商。促销产品在价格上让利折扣达 20%～25%，在销售旺季的两段时间内基本上 1 个月一次。

立邦频繁进行渠道促销的目的有二：一是加大经销商资金压力，经销商只有全力推广立邦产品才能加速产品销售与资金流转，减轻经营风险和获得销售利润；二是用资金套牢经销商。资金的压力迫使经销商将全部精力用于立邦产品的销售，相应用于经销其他品牌的精力和资金减少，从而达到控制经销商和排挤同类竞品的目的。

对于大多数渠道经销商来说，他们会每月参加立邦的促销活动，主要原因是利益问题，因为立邦属于行业知名品牌，产品利润率较低，平均利润在 5%～10%，平时只有走量才能赚到微薄利润。立邦产品让利促销无疑是他们欢迎的。在账面上计算，促销产品同样的销售量可以提升利润 10% 以上，如甲产品月销 100 万元，利润率 10%，毛利为 10 万元；而促销类产品月销量 100 万元，利润率为 20%，毛利则为 20 万元。翻倍的理想利润让渠道经销商纷纷参加促销。

3. 渠道促销后的情况

对于立邦，由于参加促销的渠道经销商非常多，总体回款量相当可观，这样可以保证每月销售任务的顺利完成；产品高利润率和资金压力使渠道经销商全身心投入到立邦产品的经营和销售上，一定程度上达到促销的目的。

对于经销商，则有积极和消极两个方面的结果。

积极结果：大型渠道经销商较好地消化促销产品，获得较高的利润。

消极结果：二、三级市场中小型经销商没有及时消化促销产品，占用过多的资金和库存，经营压力剧增。对此，渠道经销商一般有两种解决方法：一是关门歇业，找下家转手；二是低价处理给下级渠道和立邦同城经销商，自己再经销其他品牌。西安立邦经销商终止合作就是频繁渠道促销带来的消极结果。

4. 立邦促销出现负面问题的原因

经分析和诊断，立邦促销出现负面问题主要是公司、市场和经销商三方因素共同作用的结果，具体如下。

（1）市场因素。立邦 60% 的单品都是 200 元以上的高档产品，定位高端消费人群，而在二、三级城市，高档产品的消费能力有限。如果经销商还按之前的市场价格销售促销产品，将面临价格过高难以快速出货的问题；如果降价促销，利润率会较低。对于这两种情况经销商都不愿意面对。另外，许多区域性竞品偏安一隅，对单个区域市场精耕细作，加上厂家全力支持，给立邦的促销活动带来很大阻力。

（2）品牌因素。立邦的大部分广告集中投放在全国性媒体，品牌高知名度体现在北京、上海和广州等一级城市，广告可以直接对销量起到拉升的作用；在二、三级市场，如陕西安康、四川南充等投入广告量较少，广告传播效应呈递减趋势，立邦知名度逐渐减弱，远不如大城市，这使靠品牌知名度来拉动销量的促销效果大打折扣，渠道经销商要想快速把促销产品销售出去要比一线城市困难得多。

（3）产品因素。立邦促销的产品一般处于市场衰退期，经过启动、成长、高潮等市场周期，产品卖点逐渐与市场需求脱节，产品的负面问题日趋明显，消费者关注度较低，这无疑增大了终端导购和渠道分销的难度。

（4）资金因素。经销商逐利的本性使其忽视了过度参加让利促销带来的资金问题，常常对促销欲罢不能。这样，经销商的资金压力大增，资金链绷紧，资金周转期加长，资金风险上升。正如一个人的胃口正常能吃两碗饭，吃三碗饭稍多，如果要他吃五六碗饭就会撑坏。更严重的是，厂家不停地上味道鲜美的"菜"，使经销商连思考要不要吃下去的时间都没有，等到发现"消化不良"时已经来不及了。

（5）经营因素。二、三级经销商由于参加促销使资金向厂家过度回流，本来资金实力有限的经销商难有资金来加强自身管理和市场推广，常常对一些必要的人力、物力和销售工具采取节省的原则，以致严重挫伤了销售人员的积极性和创造性。为消化促销产品带来的资金和库存压力，经销商疲于奔命，打乱了正常的销售计划和步骤，一些急功近利的行为对品牌形象和商业诚信而言无疑是饮鸩止渴。

另外，立邦对频繁渠道促销所带来的问题估计不足、促销产品的渠道疏导措施不力等也是出现负面问题不可忽视的原因。

5. 对立邦渠道促销的建议

频繁的渠道让利促销给经销商带来的资金和经营问题，要从二、三级渠道经销商的资金实力、经营能力、管理水平、营销技术等方面做出反思和加以改进。

（1）资金实力。立邦的二、三级渠道经销商与同行相比，资金实力尚可，这与立邦选择经销商的标准分不开。但是，这只是一种比较上的优势，从资金绝对数来说，其与大城市的经销商还有很大的差距，一般只有后者的几分之一。大型经销商可以吃进大量的让利促销产品，而二、三级城市的经销商实力显然不够。另外，其仓库、配送车辆等硬件设施也不配套。

（2）经营能力。有一句哲言：小胜靠智，大胜靠德。在我国的商人群体中，小商人意识主导经营原则，主要表现就是对短期利益的追逐和投机取巧，而缺少长远的经营规划及商业诚信的塑造。这在立邦经销商身上得到充分体现，就是追求利润最大化，而不管自己是否具备这种能力。

（3）管理水平。大型经销商在管理上基本实现了科层化、公司化，人、财、物都能较规范地进行管理，分销渠道、店面分布、终端销售等形成了一套完整的体系，高层决策、组织实施、评估监控、反馈体系都有制度化、规范化的流程。反观二、三级市场的经销商，或是"夫妻"店＋搬运工，或是从财务到库管全是自家人，在管理水平上与大型经销商相去甚远。

（4）营销技术。一方面，二、三级市场经销商的销售人员素质参差不齐，优秀的人员留不住，大多数业务人员能力平平，加之薪酬制度不尽合理，销售人员的积极性普遍不高；另一方面，二、三级市场的经销商在销售管理、能力培训、销售工具、销售方法、终端导购等方面缺乏有效的提高和完善能力，营销技术只能应付一般销售。

以上分析能够帮助立邦城市经理制定有效的改进措施，最根本的是做到标本兼治，扶持二、三级市场的经销商做强做大，实施公司化管理，提升整体销售能力。

6. 对立邦的建议

（1）制订全年渠道促销计划，科学合理地进行渠道促销，不能为达到单月销售指标而进行急功近利的回款促销。

（2）改变用让利促销来排挤竞争对手的"红海"战略，采用开发市场新需求的"蓝海"，从根本上拉开与B品牌等众多品牌的差距。这样，频繁的让利促销就会逐渐退出管理层的议程。

（3）建立二、三级渠道经销商经营档案，定时更新，及时了解经销商的库存、资金等经营情况，从而为进行渠道让利促销前的判断和决策提供依据，避免促销出现"肠梗阻"。

7. 对渠道经销商的建议

（1）树立正确的商业观，确定自己的全年销售目标和计划。要对自己的经营能力和经营资源有充分了解，建立规范、健全的财务制度，要时刻了解每月的库存和现金状况，这样在接到让利促销通知时能理性判断自己能否参加。

（2）在决定参加促销前，对促销产品的市场销售和推广做认真、充分的准备和规划。例如，分销渠道有无需求或需求量是多少，工程是否要用或用量多少，终端促销活动是否开展，公司销售部门和人员的思想是否统一，销售推广工具是否完备或是否需要更新，能否联合其他建材商开展终端促销，是否进行网络营销或事件营销等。这些准备工作如能到位，合理频次的让利促销就会变得有利于自己的发展。

（3）争取厂家的大力支持。参加渠道促销前要认真向厂家询问有无终端推广的政策和措施，最大限度地使厂家资源为己所用，减轻自己的销售压力；出现经营困难后应及时与厂家区域负责人进行沟通和交流，和厂家一起解决资金和推广等方面的问题，共渡难关方是上策。

（资料来源：http://info.coatings.hc360.com/2006/07/06084452435.shtml）

任务六　管理渠道冲突

知识目标

☞ 理解渠道冲突的类型。

☞ 理解水平渠道冲突的特点。

☞ 了解窜货和渠道冲突的区别。

🔄 任务引入

小李的区域市场开发和维护工作做得很好，分销渠道逐渐增加，每个月都有新的经销商加入团队。为了避免彼此的竞争，他在一个县城只设一个经销商。而且，他还成功地进入了当地知名的超市，初步打开了市场局面。就在这个时候，县城经销商的投诉不断出现："为什么超市的销售价格比我低很多？我们的客户都跑到市区超市购买了。"甚至很多经销商提出不再合作的警告。如何做好渠道冲突管理？小李又遇到了新的问题。

🔄 任务分析

对于渠道冲突管理，首先需要了解渠道冲突的类型，是水平冲突还是垂直冲突，然后思考用什么方式去化解冲突。

🔀 知识链接

一、渠道冲突的类型

经销商之间的恶性竞争或者不公平的渠道关系经常会导致渠道冲突，这是分销渠道成员之间的目标和方式的碰撞。渠道冲突主要有两种类型：水平冲突和垂直冲突。

水平冲突发生在处于相同层次的、经营相同制造商品牌的渠道成员之间。例如，两个或多个批发商，或是两个或多个零售商。很多人认为水平冲突是健康的竞争，可以形成有利的竞争局面，提高市场占有率。

垂直冲突是指发生在不同层次营销渠道成员之间的冲突，最典型的是制造商和批发商之间、制造商和零售商之间的冲突。如果制造商选择跳过批发商而直接与消费者或是零售商打交道，制造商与批发商之间的垂直冲突就会出现。

渠道成员之间的冲突是诸多因素造成的，尤其是渠道成员之间的目标通常是不一致的。例如，化妆品零售商为了实现利润最大化，总是想卖尽可能多的化妆品，而不管化妆品制造商是欧莱雅、资生堂还是旁氏。但是欧莱雅品牌则希望在每个市场都能达到预期的销售量和市场份额。

如果渠道成员不能达到其他渠道成员的预期，冲突也可能发生。例如，某涂料制造商缩短了其产品保质期限，而且没能将这个变化及时与经销商沟通，当经销商抱有制造商会补偿其损失的预期时，冲突就会不可避免地产生。

价值观的差异和对现实看法的不同也会导致渠道成员之间发生冲突。例如，零售商可能认为"顾客总是对的"，并且提供自由退换货的政策。批发商和制造商可能认为顾客"总是想不劳而获"或者根本就没有仔细地阅读产品说明书。他们对退换货持有的不同观点可能导致渠道冲突。

双重分销战略也可能在渠道中引发垂直冲突。例如，一些高档化妆品公司过去都是通过百货卖场销售产品的。为了增加销售量和进行产品展示，许多高档化妆品公司开始在百货卖场建立自己的专柜。结果，零售店的销售受到了极大冲击。同样，制造商通过网络进行直销的做法也会造成与传统零售商的冲突。

制造商和零售商也可能在销售条件或其他业务方面产生分歧。例如，宝洁公司向它的零售渠道成员推出"天天低价"战略，实施此战略的目的在于统一批发价格和消除大部分的促销活动，但却招致很多零售商的报复行动。一些零售商减少了自己经营的宝洁公司产品的品种，或是把宝洁公司的一些边缘品牌从货架上拿掉，另一些零售商则把宝洁公司的产品从主要货架上移到了不起眼的地方。

二、渠道冲突管理

（一）渠道冲突管理的原则

在渠道发展的过程中，冲突是必然存在的，渠道冲突本身在一定程度上代表着渠道的进步力量。但是如果不及时干预渠道冲突，就会激化矛盾，影响销售目标。对于良性的渠道冲突，化工企业要适当控制规模、引导发展；对于恶性的渠道冲突，化工企业要及时进行处理。

（二）窜货和渠道冲突的区别

窜货是指不同区域的经销商将自己的产品分销到经销协议以外的区域。一般情况下，这种行动会导致其他地区的分销商、零售商利润下降。窜货是经销商违规操作造成的，有时是为了返利冲销售量，有时是由于发展的分销商一直从此处进货，而远离经销协议规定的区域。严格地说，窜货不属于渠道冲突，而是渠道成员不按照协议规定操作造成的。

但也有特殊的情况。例如，ICI 涂料的广州经销商，销售区域仅限定在广州区域，在广州发展了本地的装饰公司——广州星艺装饰公司作为使用客户。广州星艺装饰公司由于业务拓展，在全国很多城市成立了分公司。广州经销商销售的产品通过这样的渠道渗透至全国各个城市。这种情况属于典型的水平冲突。

（三）渠道冲突的化解

1．水平冲突的化解

一般而言，水平冲突较易化解，处理得当往往可以提高市场占有率。

（1）保证渠道特定产品的专营权。例如，将不同系列的产品组合交给不同的渠道经销商经营，使每个渠道有特定的品种，渠道经销商要想经销其他品种，则要从其他渠道经销商那里批发，保证彼此有利润空间。

（2）针对不同渠道使用不同包装。例如，将相同质量的乳胶漆分装成工程包装和家庭包装，以支持不同的渠道需求。在特定渠道，包装上印刷特定渠道专供的名称，以杜绝和市场上其他渠道的产品产生比较。

（3）创造超级客户。扩大需求亦即创造超级客户，可以缓解渠道冲突，尤其是长期存在的渠道冲突。为了服务超级客户，需要渠道成员的通力配合。例如，山东一家原材料商为深圳某厂家提供化工原料，该厂家同时在深圳有经销商。这个大客户订购数量特别庞大，以至于有时候也需要从本地经销商处订购，以解决库存不足的问题。

2．垂直冲突的化解

垂直冲突往往是渠道运作失败的开始，有时候会迫使企业和经销商分道扬镳。例如，某涂料企业为了提高经销商管理能力，发展县级零售商作为直接经销商。这对省级经销商是一个沉重打击，其开始逐渐放弃该品牌的经销。

网络营销的崛起直接推动了直销渠道的发展，尤其是 C2C、B2C 网站的兴起，使厂家有足够的渠道进行销售，使柔性制造成为发展趋势。网络销售与传统分销、零售渠道的垂直冲突将长期存在，直到一方退出。

化解垂直冲突的一个方法就是人员互换，经销商和企业互相交换工作人员，彼此理解对方的压力和考虑问题的出发点，充分沟通。垂直冲突还有一个解决之道，就是企业和经销商形成利益共同体，这样经销商就不会担心企业使用复合渠道系统销售产品了。这需要渠道成员有强大的号召力。

（四）经销商的调整

在以下情形下化工企业应调整经销商。

（1）经销商发生无可挽回的财务危机。

（2）经销商在预定时间内无法完成销售任务和渠道建设目标，以致影响市场拓展计划的实施。

（3）经销商的合作态度极差，以致无法进行下一步工作。

（4）经销商屡次恶意窜货，严重扰乱市场秩序。

（5）经销商间的冲突无法平衡且调整后不影响长期业务发展。

当上述情形出现时，化工企业应该果断采取行动，寻找新的经销商。

思考与讨论

1．简述窜货的利弊。

2．网络营销和传统营销的冲突属于哪类渠道冲突？应如何化解？

课后实训

小李有两个经销商，销售区域毗邻，经常出现相互窜货的现象，但由于缺乏证据，往往无从处罚。这两个区域的市场价格混乱，投诉不断。试为小李制定解决窜货的方案。

 **课外阅读**

经销商管理难题的解决

在经销商管理工作中，企业营销人员会遇到各种困难和问题。为了达到销售目标，企业营销人员可以采取针对性措施，必要时寻求上级和企业的帮助、支持（表2-2）。

表 2-2　经销商管理难题处理对照表

情况	对策
资金不足	① 帮助制订收款计划，协助加快客户回款速度 ② 合理安排促销活动，加快货品及资金流转 ③ 多批次、少批量送货 ④ 设立专用资金 ⑤ 鼓励其集中资金于主要品牌，放弃无生命力的品牌 ⑥ 以个人资产进行抵押担保，获得资金支持 ⑦ 建议其以贷款方式筹集资金或由银行提供担保 ⑧ 把经销区域或渠道缩小 ⑨ 改善客情关系 ⑩ 在合理情况下，提供适当的信用额度
送货不及时	① 分析产生问题的原因 ② 讨论问题的后果及严重性 ③ 制定明确的配送目标和要求 ④ 帮助重组访问路线及送货路线 ⑤ 确定所需车辆数量，需要时通过买车或租车来解决困难 ⑥ 培训配送人员 ⑦ 提高现有车辆的效率 ⑧ 加强内部管理，设立奖罚制度 ⑨ 合理地调整经销商库存及施压
库存太低	① 如因为资金不足，则按相应对策处理 ② 调查并讨论销售量流失问题 ③ 强调客户不满的后果 ④ 以加强促销力度来提高其积极性 ⑤ 重申公司的立场
不愿意贷款	① 坦诚讨论问题所在 ② 如因为资金不足，则按相应对策处理；如是其他原因，必须要求经销商给予合理解释 ③ 了解对方不愿冒哪类商业风险 ④ 再找一家代理商给予压力
仓贮条件不良	① 分析并讨论哪方面需改进 ② 说明不良条件带来的负面影响 ③ 讨论如何改善仓贮条件

续表

情况	对策
价格太高	① 讲明利害，告知可能的后果，如窜货 ② 制定最高市场价格并达成共识 ③ 建议双方共同投入
窜货	① 重新明确销售区域 ② 调查货品来源，如证据确实应给予警诫或采取惩罚措施 ③ 货品投放之前，应施加记号或记录生产日期 ④ 重新估计市场潜力及经销指标的合理性
削价竞争	① 进行区域划分，限制其发展新的销售网点 ② 制定最低市场价格并确保各方面执行 ③ 说服经销商克服短视心理，着眼长远并列举削价竞争的危害 ④ 落实区域管理，执行处罚，如多次重犯，应强行制裁
代理品牌太多	① 提出选择本公司品牌的好处 ② 分析公司给予的支持 ③ 协助其开发网点、收款、理货等 ④ 经常提供公司发展规划、信息以提升其信心 ⑤ 安排经理拜访，建立友好关系 ⑥ 提出达标奖励计划，并协助其完成
代理竞争品牌	① 表明公司的态度，说服经销商放弃 ② 提出选择公司品牌的好处，以行动及业绩来强化公司的地位 ③ 尽量搞好客情关系 ④ 提出达标奖励计划，并协助其完成 ⑤ 保留选择经销商的主动权
只选择畅销规格	① 确定产品的铺市率 ② 尽量做好产品在货架上的陈列设置 ③ 针对不畅销产品提出奖励计划 ④ 联合促销不畅销产品以提高市场需求量 ⑤ 开展区域促销活动 ⑥ 协同经销商人员到零售店建立品牌形象，增加信心
提出无理要求和条件	① 聆听其诉说，找出可推翻的要点 ② 分析经销商的盈利状况 ③ 使其充分了解公司的制度和规定 ④ 展望长期合作，强调双赢前景 ⑤ 提供可能及合理的代替方案
要求更高的利润	① 分析经销商售卖公司产品的盈利状况 ② 确定合理的销售目标及奖励计划 ③ 鼓励其提高销售量以获得更多的利润，而不是专注于单位利润 ④ 协助经销商开拓其他渠道或领域以改善盈利状况 ⑤ 协助改善管理，如安排送货路线、提高销售量、降低成本等
难以获取市场信息	① 先认清对方是"不能"或"不为" ② 制定相关政策，说明立场

续表

情况	对策
难以获取市场信息	③ 积极协商，讲明益处 ④ 加强与信息提供人员的联系 ⑤ 帮助经销商分析信息，共享反馈成果 ⑥ 如"不为"，必要时可拒绝提供支持
对方内部不协调	① 了解对方的情况，找出问题的症结 ② 列举出不规范之处，告诉经销商不规范行为带来的负面影响 ③ 利用客情关系来消除对公司不利的因素 ④ 提供培训，提高管理水平 ⑤ 提供成功的管理模式作为参考 ⑥ 协助经销商建立管理制度
业务管理思路/ 观念不同	① 进行真诚的沟通，分析不同思路的差距及利与弊 ② 以较新的观念来引导并举成功例证 ③ 说明不能解决的后果
处理客户投诉不当	① 协助建立投诉处理程序，确定负责人员 ② 对经销商进行客户投诉处理方法的培训，树立服务意识 ③ 告知客户投诉处理不当的负面影响 ④ 定时与有关人员讨论客户投诉事件及处理方案
拖延实施公司的 优惠政策	① 明确规定实施期限 ② 在通知书及传真上盖章确认
经销商业务人员 素质差	① 指出差的表现并说明什么才算是好的表现 ② 有针对性地提供培训 ③ 加强陪同走访 ④ 制定奖罚制度 ⑤ 建议并提供征聘标准 ⑥ 研究并调整待遇 ⑦ 建立绩效评估系统 ⑧ 协助培训新录用的业务人员 ⑨ 形成优胜劣汰的局面
开发网点速度慢	① 要求客户指派专人负责 ② 协助设定目标及开发计划 ③ 请求公司短期内派人协调/协助 ④ 对开发人员提供相关产品及开发新客户的培训

学习情境三　产品市场推广

导入案例

美露华的终端突围

美露华是上海美臣化妆品公司（简称"上海美臣"）旗下的一个面向大众消费的日化品牌，该品牌始终坚持"低价格、高品质"的市场定位，目前拥有洗发、美发、沐浴、洁面、护肤、香水六大系列 200 多个品种。美露华化妆品于 2004 年 5 月开始全面挺进山东市场，面临国内外日化品牌的内外夹击，在无大规模媒体广告投放的情况下，居然仅仅用了两年的时间，奇迹般地在山东二、三线市场的超市卖场站稳脚跟，销量一路走红，并且市场一直呈现健康的发展态势。"美露华现象"

学习情境三教学课件

一时成为山东业界十分关注和推崇的经典案例，上海美臣也被业界传媒誉为"超市专家"。

1. 差异化的产品定位——终端突围的根本

经过深入的市场调研，上海美臣发现产品线比较长的品牌更容易在超市中生存，产品也更有竞争力，而且大规格、低价位的产品越来越受到消费者的欢迎。正是基于这一历史性的发现，上海美臣撇开当时市场上常见的 200 毫升、400 毫升及 750 毫升的洗发水规格，推出了 1000 毫升、1500 毫升大规格的美露华品牌洗发水投放山东市场，并且在确保产品高品质的前提下，制定了当时极具竞争力的价格。产品一经推出，就因其大容量、低价格、高品质的优势，深受山东经销商及超市卖场的欢迎和消费者的青睐。尽管目前因为某些品牌的跟风，对美露华大规格洗发水的销售造成一定影响，但是无法动摇美露华主宰山东大规格洗发水市场的领军地位。1000 毫升美露华品牌洗发水在山东的成功，不但迅速带动了美露华其他单品的销售和美露华品牌形象的建立，而且为该品牌在其他市场的成功推出树立了榜样。上海美臣在全国所有的家乐福超市曾一次以 1000 毫升洗发水做"堆头"，仅一个活动档期就销售 6 万瓶，在沃尔玛超市做 1500 毫升洗发水的特价促销活动，每个档期有 3 万～4 万瓶的销售量。

2. 精益化的营销手段——终端突围的法宝

差异化的产品离不开差异化的营销，差异化的营销更需要精益化地执行。在日化市场营销手段日益同质化的今天，唯有精益化营销才是克敌制胜的法宝。美露华从进入山东市场之初，就严格落实上海美臣总经理倡导的"四项基本原则"，即"每个地级市终端网点要达到 20 家以上；单品上柜率要在 30 个以上；每个终端网点配备促销小姐；必须由常规和特殊促销相配合"。同时，为了便于山东各地区代理商在实际操作中加以运用，上海美臣又把"四项基本原则"进一步细化为"分销四要素"和"地堆四要素"。"分销四要素"核心原则是有固定的陈列位和品种、固定的促销员、固定的回款额和固定的奖励政策；而"地堆四要素"则要求有适当的位置、适时的产品（1～3 个）、专职促销小

姐、特价"1+1"产品。美露华在山东市场的成功，不仅是各地区代理商深切领会和落实"四项基本原则""分销四要素""地堆四要素"的结果，还与代理商在进入市场后，大刀阔斧地在各地区卖场、超市发起全方位"攻势"密不可分。

3．大力拓展销售网点，全方位落实终端包装

根据终端"四项基本原则"的要求，终端网点需达到20家以上，于是山东各地区代理商加大了对网点的开发和投入。目前，美露华不但走进了沃尔玛、大润发等国际性大卖场和银座、新一佳、利群、佳乐家、振华等省际连锁卖场，而且销售网点已正一步步向三、四级市场渗透。与此同时，各市场十分重视终端包装工作。在山东烟台、潍坊等市场的卖场内，美露华已对超市电梯边的灯箱喷绘、超市的导购吊牌、货架广告牌、地堆围边，以及超市的购物篮、手推车进行了全方位的包装。在这些地区的卖场中，美露华的终端气势已经形成，大大促进了终端销量的提升。例如，烟台市场振华幸福店，最初每月的销售额只有3000多元，在落实终端包装后，极大地增强了顾客的购买信心，使美露华品牌产品每月销售额较以前翻了一番。

4．分析产品组合，实施生动化陈列

商品陈列的好坏是影响消费者购买决策的重要因素，根据调研数据，消费者70%的购买决策是在商店内做出的。美露华品牌的成功与山东各地区代理商重视和巧用卖场里的产品陈列有着十分密切的关系。

5．拓宽促销招聘思路，严把促销人员质量关

优秀终端促销人员的拦截是美露华单店销量提升的关键，而招聘促销员容易，招聘有经验、优秀的促销人员却并不那么简单。山东烟台市场以网上招聘和网上查询的方式相结合，在短短一周内就为几个空白的网点找到了促销员。为了保证招聘的促销人员素质，他们根据"赛马不相马"的用人原则，让报名的促销员分组到有促销员的网点先免费协销3天。这3天既是培训的过程，更是检验他们促销水平的过程，3天后根据他们的促销业绩和表现决定是否录用。这一方式，既解决了促销员的招聘问题，又确保了促销员的素质和促销的质量。

6．重视促销活动的开展，努力提升单店销量

促销活动是提升单店销量最直接有效的手段。美露华山东各地区代理商积极响应上海美臣的号召，基本做到了"天天有买赠、天天有特价"。尤其是山东潍坊市场通过促销活动的开展，目前多数A类网点均已突破2万元的月销售额大关，B类网点月销售额也达到了8000元以上，在某些网点美露华化妆品甚至做到了本土日化品牌的销售额第一名。

（资料来源：http://www.138job.com/shtml/Article/08711/36590.shtml.）

简而言之，产品市场推广就是如何去教育消费者，了解消费者，让他们认知公司的产品并进行消费的全过程。例如，莱卡是美国杜邦公司推出的新型纤维，目前，只要是采用了莱卡的服装都会挂有一个三角形吊牌，这个吊牌已成为高品质的象征，让人们在购买服装的时候关注面料的来源，这不是单纯依靠销售就可以达到的。

产品市场推广有多种含义，其本质就是解决消费者对公司产品的认知度和购买意愿的问题。它和销售同时作用于消费者，使消费者在了解和认知之后，能够顺利地买到公司的产品。在市场营销活动中，我们将市场推广称为拉力，把销售称为推力。拉力又称市场力，推力又称销售力，也就是说要先有市场，后有销售。

随着产品的日益丰富，人们可选择的范围也越来越广，这时候就开始考虑到底什么样的产品真正适合自己。我们可以选择高端品牌的产品，也可以选择低端品牌的产品；可以选择高价的产品，也可以选择低价的产品；可以选择国内的产品，也可以选择国外的产品。在这个产品已经极大丰富的时代，单单依靠销售的力量是远远不够的，市场的力量也是不容忽视的。

消费者在了解和喜欢某种产品的过程中，要经过很长的思想过程。例如，消费者先要对产品和品牌有初步的了解，之后才可能产生好感。这个让消费者了解的过程是需要企业用推广的方式去达成的。

推广可以促进消费者了解产品利益和品牌利益，同时企业在对消费者进行详细研究和分析的基础上，针对不同群体进行相对应的宣传，让消费者通过感性的认识去接受企业的产品，企业在教育消费者的同时实现销售的提升。

任务一　制定品牌和包装策略

知识目标

☞ 掌握品牌基本策略。
☞ 掌握包装基本策略。

技能目标

☞ 能够区分不同化工产品品牌策略类型。
☞ 具备分析和评价包装策略的能力。

教学拓展：品牌和包装

🔁 任务引入

小张大学刚刚毕业，进入汽车润滑油制造商 A 公司的市场部门工作，经理让他承担市场调研的任务。经过一段时间的走访，小张对汽车润滑油行业有了一定的认识：这个行业产品同质化比较严重，竞争实际上是品牌的竞争。公司的品牌虽然在业内有点名气，但是对于消费者而言，还达不到品牌竞争的层次。除了经销渠道的推动以外，公司产品能够和消费者沟通的就只有包装了。看来包装不仅仅对品牌产品很重要，对不出名的产品更加重要。那么，如何制定产品的品牌和包装策略？小张开始了思考。

🔁 任务分析

企业除要对品牌策略和包装策略有一定的了解，还要结合外部环境及企业自身的经营现状制定品牌和包装策略。其中，品牌策略应注重长期稳定，包装策略应随市场变化而及时做出调整。

知识链接

一、化工产品品牌的意义

化工产品中以日用化学品为代表的消费品，是市场营销理论发展、实践及创新的主要载体，但是化工产品还有另外一类产品，如工业助剂、染料、工业涂料、医药中间品等工业品，它们的营销工作有一定的隐蔽性，导致人们对工业产品营销及品牌推广关注度较低，尤其是初级产品同质化严重，加之销售过程的复杂性，导致生产厂家不重视品牌建设而重视关系建设。随着市场竞争的进一步规范，尤其是网络营销的渗透，品牌在工业品购买决策中将发挥着越来越大的影响力。无论是消费品还是工业品，品牌都具有以下特点。

（一）品牌有利于形成差异化竞争优势

一个成功的品牌代表着好的产品、服务、人或地方，使购买者或使用者获得独特的能够满足他们需要的价值。品牌的成功源于面对竞争能够继续保持这些价值，形成某种与众不同的竞争优势。随着工业品的核心产品优势（如工艺、配方等优势）慢慢消失，不同供应商之间就很少能形成大的价格差异，在成熟的工业品市场中普遍存在着价格竞争的压力。对许多供应商来说，为了防止品牌普通化趋势的营销努力是工业品品牌策略取得成功的关键。工业品市场中的产品差异化很难，为了跳出恶性价格竞争的圈子，工业品供应商必须以打造企业整体品牌为突破口，从客户心理、情感、精神的角度建立某种差异化的竞争优势。

（二）品牌有利于创造整体价值最大化

美国露华浓化妆品公司的经营理念是"在工厂，我们生产化妆品；在市场，我们出售希望"。对于客户而言，价格只是他所购买的产品或服务的最终成本之一。当客户考虑价格时，他同时还要考虑附加的获取成本。一个较便宜的产品却要求客户驱车60公里来提货，客户很可能觉得不值得而放弃，如果供应商答应连夜送货但要另加运费，此方案也许更能打动客户，他们会支付这笔费用而获得更多便捷。

BYK公司的涂料助剂产品在中国有很大的市场占有率，其价格远高于国产产品，但是客户认为BYK品牌代表的是稳定的产品质量，稳定的产品质量对他们而言就是价值的体现。

二、品牌策略

（一）个别品牌

个别品牌，即企业决定其各种不同的产品分别使用不同的品牌。企业采取个别品牌策略的主要好处是：企业的整个声誉不至于受其中某个产品的声誉的影响。例如，如果某企业的某种产品失败了，不致使这家企业整体形象受损；某企业原来一向生产某种高档产品，后来推出较低档的产品，如果这种新产品使用新的品牌，这样不会影响这家企业高档产品的声誉。

（二）统一品牌

统一品牌，即企业决定其所有的产品统一使用一个品牌。企业采用统一品牌策略的主要好处是：企业宣传介绍新产品的费用较低，如果企业的声誉好，其产品必然畅销。

（三）各大类产品单独使用不同的品牌

采用此种品牌策略的原因如下：第一，企业生产或销售不同类型的产品，如果统一使用一个品牌，这些不同类型的产品就容易混淆。第二，有些企业虽然生产或销售同一类型的产品，但是为了区别不同质量水平的产品，往往也会使用不同的品牌。

（四）企业名称与个别品牌并用

企业名称与个别品牌并用，即企业决定不同产品分别使用不同的品牌，而且各种产品的品牌前面还冠以企业名称。企业采取这种品牌策略的主要好处是在新产品品牌前冠以企业名称，可以使新产品品牌分享企业的信誉，而各种新产品分别使用不同的品牌，又可以使新产品各具特色。

（五）品牌扩展策略

品牌扩展策略，是指企业利用其成功品牌的声誉来推出改良产品或新产品，其中包括推出新的包装规格和式样等。例如，嘉宝莉化工在成功推出家具漆之后，又利用这个品牌及其图样特征，推出万能胶、乳胶漆等新产品。显然，企业有效地利用成功的品牌，可以帮助这些新产品很快打入市场。企业采用这种品牌策略，可以节省宣传介绍新产品的费用，使新产品能迅速、顺利地进入市场。

（六）多品牌策略

所谓多品牌策略，是指企业决定同时经营两种或两种以上相互竞争的品牌。这种策略由宝洁公司首创。在第二次世界大战以前，宝洁公司的潮水牌洗涤剂畅销；1950 年，宝洁公司又推出快乐牌洗涤剂。快乐牌虽然抢了潮水牌的一些市场，但是两种品牌的销售总额大于只经营潮水一个品牌的销售额。现在宝洁公司生产 8 种不同品牌的洗涤剂。由于宝洁公司这种决策很成功，因此许多企业效仿宝洁公司，也采取多品牌策略。

三、单一品牌策略和多品牌策略

在化工产品的品牌策略中，争论最多的就是采用单一品牌策略还是采用多品牌策略。单一品牌策略和多品牌策略各有利弊，如宝洁公司就是典型的多品牌经营者，针对大众营销，利用多品牌策略实现更多卖点的覆盖、不同定位的组合，以达到最终市场占有率的最大化。

我国大多数企业热衷于多品牌策略，主要出于以下几个方面的原因。

（一）市场的需要

消费者需要更多的选择机会，自然品牌越多越好。例如，我国涂料行业有超过 3000 个品牌，建材产品具有"高学习度、低关注度、购买周期长、一次性购买金额大"的特性，消费者对品牌的认知十分有限，忠诚度也很低；同时，民用化工产品属于半工业品，使用者并不是消费者，工程、工业客户对品牌知名度的要求不高，而且存在灰色营销手段，这无疑给新品牌提供了丰沃的"生存土壤"。

（二）企业成长的需要

一些企业发展起来后，就会有十分强烈扩张的欲望。以民用涂料行业为例，行业市场总容量约为 1000 亿元，而号称"中国最大"的涂料企业销售额却不足 25 亿元，市场占有率仅为 2.5%。如此小的市场占有率，难免让人产生无限的遐想，市场空间确实大得惊人。要想把企业做大，有两条路：一是纵深发展。在高度同质化的建材行业，难度较大，效果不佳。于是一些企业知难而返，再觅新路。二是平行发展，多品牌经营。以同一或类似的模式，复制一个或数个品牌，寻找新的经销商，开辟崭新的销售渠道。对于拥有一定品牌号召力的企业来说，多品牌经营要容易得多。

（三）经销商的需要

一个企业的某个品牌取得成功后，一些有实力的经销商就会主动上门，可能出现一个地区有数个经销商争夺代理权的现象。一些没有取得代理权的经销商可能会建议企业推出新品牌，企业出于充分占领"优质经销商"的考虑，可能会顺水推舟多推一个或数个品牌。

但是，多品牌策略会带来很多负面问题，如广告资源分散；没有办法树立核心品牌；经销商众多，市场调整困难；价格体系混乱等。

四、化工产品包装的意义与作用

前面我们提到品牌的意义和作用，由于大多数化工产品不是快速消费品，品牌效应并不明显。客户一般在专业人员推荐的范围内选购，这样，对于大多数客户而言，在可以单独决策、小批量购买的化工产品中，包装起到了很大的作用，在没有使用产品之前，它可以给客户带来品质联想。

（一）包装促进购买和消费

销售包装是保护功能和艺术美感的融合，是实用性和新颖性的创造性结合。成功的包装促销是生产者的意念心理、创作者的思维心理和购买者的需求心理的共鸣。商品销售包装只有把握消费者的心理，迎合消费者的喜好，满足消费者的需求，激发和引导消费者的情感，才能够在激烈的市场竞争中脱颖而出。

商品销售包装随着市场竞争的需要逐渐发展成为集保护、介绍和广告宣传于一体的 POP（point of purchase），焦点广告包装，肩负起"无声推销员"的使命。包装促销是通过对消费者进行心理激励而发挥作用的。

（二）销售包装对购买心理的影响

人们常常通过眼睛获取外界的信息形成印象。随着超市和仓贮式商场等新型零售形式的不断涌现，消费领域的自我服务越来越多，售货员的咨询作用也越来越被商品外表的形象化语言所取代。消费者在识别商品过程中对包装的依赖，使货架上的"无声竞争"越发激烈。

销售包装主要从以下 3 个方面影响消费者的购买心理。

1. 识别功能

消费者的记忆中保存着各种商品的常规形象，他们常常根据包装的固有造型购买商品。当产品的质量不容易从产品本身辨别的时候，人们往往会凭包装做出判断。包装是产品差异化的基础之一，它不仅可以说明产品的名称、品质和商标，介绍产品的特点和用途，还可以展现企业的特色。消费者通过包装可以在短时间内获得产品的有关信息。因此，恰当地针对目标顾客增加包装的信息容量可以增强产品的吸引力。

2. 便利功能

包装划分出适当的分量，提供了可靠的保存手段，又便于携带和使用，还能够指导消费者如何使用。例如，化妆品旅行套装方便人们出行使用。

3. 增值功能

成功的包装融艺术性、知识性、趣味性和时代感于一身。高档的产品外观可以激发购买者的社会性需求，让他们在拥有产品的同时感到自己的身份被提升，内心充满愉悦。

诚然，消费者判断产品的优劣不能仅以包装为标准，包装从属于产品，产品的质量、价格和知名度才是消费者权衡的主要因素，但是包装的晕轮效应能把消费者对包装的美好感觉转移到产品身上，达到促销的目的。例如，专门生产高档化妆品的法国欧莱雅集团，其推出的每一件新产品，包装费用都会占到总成本的 15%～70%。

（三）包装促进认知

购买心理一般依次经历认知过程、情感过程和决策过程 3 个阶段。注意是认知的开始，也是整个购买心理过程的基础，注意可以分为有意注意和无意注意。据调查，我国超市中 62.6% 的顾客是在没有购买计划的情况下购物的，而全国有这种购买习惯的人又占 54.9%，也就是说，无意注意是我国消费者的主要购买心理。在这种情况下，包装促销功能将大有作为。根据杜邦公司提出的"杜邦定律"，63% 的消费者是凭商品的包装做出购买决策的。美国著名的包装设计公司普里莫安德公司也有这样一段座右铭：消费者一般分不清产品与包装。对多数产品来说，产品即包装，包装即产品。包装是产品的影子，在缺乏参考信息或者是质量、价格大致相同的情况下，独特的包装可以吸引消费者的视线和兴趣，从而使产品进入消费者的选择范围。

色彩是包装远观的第一视觉效果。调查表明，消费者对产品的感觉首先是色，其后才是形。消费者在最初接触商品的 20 秒内，色感为 80%，形感为 20%；在 20 秒至 3 分钟，色感为 60%，形感为 40%。另一项调查结果表明，消费者用于观察每种产品的时间在 0.25 秒左右，这 0.25 秒的一瞥决定了消费者是否会从无意注意转向有意注意。所以，产品包装必须以"色"夺人，一举抓住目标消费者的心。包装的色彩要与商品本身的用途和特性相适应，通过刺激视觉勾起联想，从而影响人们对商品的评价和购买行为。

产品包装的形感是指包装的造型、材质、图形和文字。包装的造型和材质只有贴切地表现出产品的特征才能达到促销的效果。真空塑料包装的食品使人觉得方便卫生，铝箔泡罩包装的药品让人觉得科学可信，而贴体包装的小五金产品又令人感到质量可靠。

对消费者而言，产品包装中信息包含量最大的部分是图形，其次才是文字和色彩。图形包括图案、绘画和摄影等类型，是产品特色的"放大镜"。图形还可以对产品的功能做比喻化、象征化和联想化的描述，如用荷花表现雨伞滴水不漏，用松树表现老年人滋补品能延年益寿，用绿植表示环保等，这些都能给消费者留下深刻的印象。

文字是产品包装中记忆强度最大的元素。商品包装应该有说明性文字，客观简明地介绍产品的名称、规格、成分、功能和使用方法，并尽量做到重点突出、一目了然。而宣传性的文字——标志语则起到了微型广告的作用。标志语是指以强烈的对比色和电火花形、爆炸形、大圆点形等图案作背景而突出的短语。提示性的标志语，如在润滑油包装上，"全天候"润滑油表明商品的基本特点；解释性的标志语，如"符合 RoHS 指令"可以消除客户对化学制品所含成分的顾虑；鼓动性的标志语，如"动力无限！"则能直接刺激购买欲。巧妙运用标志语能够产生强大的视觉冲击力，成为包装促销的点睛之笔。

消费者是营销的终点。消费心理的多维性和差异性决定了产品包装只有具备多维的情感诉求，才能吸引特定的消费群体产生预期的购买行为。

五、化工产品包装策略

（一）求便心理策略

实用套装，将复杂比例的产品，按照规定的分量包装。例如，将家庭装修用墙面漆按照特定的比例装在纸箱里面，由以前的按每千克销售改成按每套销售，给追求方便的消费者带来了很大的便利。同时，经销商也可以取得好的利润，价格体系也获得重新构建。

（二）求实心理策略

产品设计，包括包装设计必须能够满足消费者的核心需求，也就是必须有实在的价值。工业产品包装要做到"实质大于形式"，即包装要结实，但是不要过分。工业产品包装需要结实、严密，不过分装饰，体现出工业产品注重品质、控制成本的形象。

（三）求新心理策略

产品包装要新颖，特别是对于科技含量比较高的产品，包装的选材、工艺、款式和装潢设计都应该体现出技术的先进性。

（四）求信心理策略

在产品中突出品牌、商标有助于减轻消费者对产品质量的怀疑心理。特别是有一定知名度的企业，这样做对产品和企业的宣传一举两得。企业还可以将产品认证标志标注在包装上，如工业产品将 RoHS 认证标志贴在外包装上。

（五）求美心理策略

产品的包装设计是装饰艺术的结晶。精美的包装能激起消费者高层次的社会性需求，深具艺术魅力的包装对购买者而言是一种享受，是促使潜在消费者变为显在消费者、偶然型消费者变为长久型与习惯型消费者的驱动力量。

消费者心理还可以细分为生态心理和性别心理等。消费者的多层次性决定了包装促销也要多角度、多层次进行。随着物质生活水平的提高，人们的消费观念也在不断地变化。今天的时尚，可能明天就会过时，所以产品包装必须不断改进，在继承与创新中寻求平衡、和谐与统一。

（六）求安全心理策略

化工产品有很多易燃、易爆以及有刺激气味、强腐蚀性的产品，这些产品通常采取多层安全包装，包装必须结实、耐冲击，给予客户安全感。大多数情况下，客户愿意为此多付出成本。

💡 思考与讨论

1. 分析润滑油和洗发水包装策略的异同。
2. 化工原材料产品有没有实行多品牌策略的需要？为什么？

📋 课后实训

实地考察市场，为某汽车润滑油企业制定包装策略。要求分析市场定位、目标客户感受定位，设计方案包括包装规格、材料选用、颜色、形状等。

任务二　进行市场推广

知识目标

☞　了解市场推广工具的特点。
☞　掌握不同产品阶段的推广策略。

技能目标

☞　能够根据不同产品特点制定市场推广策略。
☞　能够评估市场推广活动效果。

任务引入

经过一段时间的调研，A 公司决定对销量较好的润滑油品牌进行市场推广，目的是提升品牌形象，扩大市场份额，让市场销售更加顺利。同时，A 公司还有一个新品牌上市，想在上市的初期组织促销活动，直接拉动销量。任务又落到了小张身上，经理叫他拟订产品推广方案的初稿。

任务分析

要对产品进行市场推广，首先要充分了解市场推广的各种工具，设计推广组合方案。推广活动结束之后，还要对推广效果进行评价，以衡量推广方案的优劣。

知识链接

企业开发了一个好的产品，制定了有吸引力和竞争力的价格，找到好的经销商经销产品，让产品在适当的渠道与目标消费者接触，但是这些并不能保证产品在市场竞争中获胜。产品还需要利用广告、促销等市场推广手段，让消费者乐于购买。

一、市场推广工具

市场推广工具有广告、人员推广、销售促进和公共关系 4 种。这些市场推广工具又有多种类型，如表 3-1 所示。

表 3-1　市场推广工具的主要类型

广告	人员推广	销售促进	公共关系
电视广告	推销展示	竞赛	研讨会议
电台广告	销售会议	兑奖	年度报告
外包装广告	电话销售	彩票	慈善捐款
包装中插入物	送样试用	样品	赞助
邮寄广告	小区推广	展销会	社区活动
电影画面		展览会	参观
传单		示范产品	发布会
工商目录		回扣	
广告复制品		款待	
杂志广告		折扣	
报纸广告		赠券	
网络页面广告			
焦点陈设			
视听材料			

以上市场推广工具各有优点，化工企业只有在了解了各种市场推广工具的主要特点后，才能制定出最佳的推广组合。

（一）广告

广告是化工企业直接向消费者传递信息的推广方式，是化工企业通过购买的方式利用各种传播媒介进行信息传递，以刺激消费者产生购买欲望，扩大企业产品销售量的活动。

广告的表现方式灵活多变，可以迅速引起消费者注意，长期影响品牌形象，或者短期形成快速购买；同时，广告还有目标客户群不容易回避信息、被动接受等特点。

广告的不足之处在于：费用巨大；单向沟通；广告效果不好衡量；针对大众诉求，很难做到一对一的回应。对于化工工业产品，广告推广的意义在于品牌形象的建立，短期形成快速销售的效果不明显。

（二）人员推广

人员推广对于特定的产品和在特定的阶段，可能是最好的市场推广工具。它涉及两个或者两个以上的人之间的直接交流和沟通，并产生相互影响，推销人员可以直接了解消费者的需求和特点，从而快速做出调整。人员推广可以使化工企业与客户建立良好的关系，使客户在感情动机的驱使下购买本企业的产品。

但是，人员推广的成本很高，而且要对销售队伍进行调整，如招聘优秀的推销人员和增加推销人员的数量，但这实施起来通常比较困难。对于低附加价值、一次采购量较小的或者重复购买性不强的化工产品，人员推广不具备经济性。相反，附加价值高、批量采购大或者重复购买性强的化工产品，人员推广是最有效果的推广方式。

（三）销售促进

销售促进包括各种各样的推广手段，如优惠券、赠品、竞赛、抽奖等，它是直接针对产品采取的推广活动。它通过向消费者提供优惠条件和附加服务，引导消费者直接购买，或者刺激经销商和企业的推销人员努力推销企业的产品。

销售促进的效果往往是短期的，而且容易引起竞争者的模仿，因此这种推广方式不宜频繁使用或者长期使用。另外，它在建立长期品牌形象方面效果不佳。

（四）公共关系

公共关系是指化工企业为了获得人们的信赖，树立企业或者产品的形象，用非直接付款的方式，通过各种公关工具所进行的宣传活动。它以新闻故事、特写和专题活动，而不是以直接的推广宣传的形式出现，可以引起公众的高度信赖和注意，消除公众的戒备心态。通过公共关系实现的与公众的交流和沟通一般是双向的，企业可以迅速得到公众的反馈，从而做出调整。公共关系旨在树立企业或产品的形象，其长期效果较好。但是公共关系不是专门对产品进行推广，针对性较差。

以上4种市场推广工具的主要特点，如表3-2所示。

表 3-2　市场推广工具的特点比较

推广工具	推广成本	优点	缺点
广告	相对较低	传播广泛；信息规范；容易控制	广告费用浪费大；难以明确表达完整的产品信息；推广效果难以度量
人员推广	最高	信息表达灵活；可以立即得到反应；易与顾客建立关系	成本高；难以进行大范围的沟通
销售促进	较高	推广刺激直接；易引起推广对象的注意与反应；可以迅速产生推广效果	易引起竞争；推广效果难以持久
公共关系	最低	可信度高；易建立企业或产品的形象	企业难以进行控制；针对性较差

二、市场推广的目标

市场推广要有明确的目标，一般而言，市场推广主要有以下 3 个目标。

（一）抢占市场

抢占市场一般是在市场需求和供给基本平衡的时候，或者市场需求发育略快过供给的时候。这时候市场已经启动，但是竞争者还比较少，大量的竞争者还没有进入这个市场。企业在此时应以抢占市场为主要目标。例如，针对某种病害的新款特效农药上市后，企业常在市场长期、大量投放广告，抢夺渠道经销商，抢占终端店面、货架，以实现迅速扩张。

（二）建设市场

建设市场一般是在供给大于市场需求的时候，这时市场基本成熟，竞争者众多，通过销售促进巩固和维持现有的市场占有率，是一种市场防守策略。具体手段有品牌的形象建设和保持、产品概念的不断提升、终端的 POP 广告等。例如，为了保持并提升产品形象，润滑油企业为零售商定期更换产品海报，并检查产品和海报布置的情况。

（三）促销

促销是市场推广的基本目标，尤其是中小企业经常将产品市场推广等同于促销。促销不可以是长时间执行的政策。促销是通过短期改变购买价值的行为来提高销售量，如果长期保持促销，那么改变购买价值的效果就有边际递减效应，最后失去意义。所以，促销一般在特定的阶段实施，具体如下。

（1）节假日、法定假期、店庆日。

（2）旺季促销。

（3）随卖场促销。

（4）新包装上市。

（5）改变卖点的时候。

（6）打击竞品的时候。

（7）清理库存的时候。

三、市场推广的形式

市场推广的目标决定推广形式。通常而言，市场推广活动有以下两种形式。

（一）新产品上市所做的市场推广

新产品上市往往需要告知利益和品牌。在这个过程中，一定要注意不是所有的新产品都处于市场导入期，有时候在产品成熟期也有很多的新产品上市，这时要注意采用不同的方式。例如，"小护士"品牌刚进入市场的时候，护肤类产品已经成熟，但是"小护士"打出了"隔离霜"的产品概念，很好地区分了市场，从而取得消费者认同，品牌强势进入了市场。

处于不同的市场阶段，新产品进入市场要采取的不同方式，如表 3-3 所示。

表 3-3　不同市场阶段的产品进入市场方式

市场	市场状况	采用的方式
导入期	产品不被人认识，竞争者少	直接教育消费者，引导了解产品的功能和效果
上升期	产品被人认识，竞争者逐渐多	功效引导和品牌推介同时运行
成长期	有需求，竞争者逐渐增多	强调品牌
成熟期	市场被占有，开始细分市场	强调产品概念，区分市场

（二）为产品市场拓展做的推广

产品市场拓展的直接效果就是销量提升，让更多的人对产品有需求并产生购买欲望。只有市场对产品需求增大的时候，企业才能对产品进行宣传。所以，为产品市场拓展做的推广，大多是在产品上升或者成长阶段，或者产品成熟阶段、个性化产品成长阶段。

例如，护肤品市场每隔一段时间就会进行一次促销活动，尤其是新款产品上市后，针对现有的产品会采取低价策略，配合市场推广，抢占市场，扩大市场份额，吸引新的消费者或者竞争对手的潜在客户。

四、市场推广策略

（一）市场推广的传播策略

市场推广的传播策略包括要明确传播的内容、对象、辐射范围、方法，以及传播过程中的时间和数量的控制。例如，如果企业要在区域性市场投放一个洗发水产品的广告，它首先要确定，在这个产品众多设计好的卖点中，在这个区域市场需要突出的是功效还是品牌；如果投放广告，辐射范围有多大，希望给什么样的人看到，以及希望和他们接触的次数。

（二）市场推广的促销策略

促销策略在大多数非日化类精细化工产品的市场推广中经常被使用；大多数企业对促销策略非常重视，将其看作激烈市场竞争中的一柄利器。其范围不仅限于消费者，也可以是渠道成员或者内部员工。促销策略包括确定促销的对象、时间、节奏、内容等。确定促销对象是促销策略的关键，企业在对消费者促销的同时，也需要对经销商促销。例如，我们经常遇见这样的现象，喝汽水中奖，瓶盖上可能会有"再来一瓶"的奖励，但是偏僻地方的小店总是拒绝兑换奖品，这就需要企业重视对经销商的促销，使企业的促销活动落到实处。

一般而言，促销分为针对消费者、经销商、企业员工、使用者等的促销（表3-4）。其中，针对消费者的促销一般是要达到迅速决定购买或者提高购买数量的目的。基于精细化学品的特点，最终消费者对产品大多是非弹性需求，促销很难改变此类产品的使用数量，只是可以扩大市场占有率。

表 3-4　不同促销对象的促销方式

促销对象	消费者	经销商	企业员工	使用者
促销内容	打折	回款促销	销售奖励	使用奖励
	现场促销	进货促销	铺货奖励	回扣
	礼品	折扣	货物摆放奖励	礼品
	折扣券	广告费返利	新客户奖励	折扣券
	赠送礼品	独家优先权	回款奖励	款待
	捆绑服务	赠送产品		
	人员推广	礼品		
		网点建设考评		

化工企业还需要合理设计促销活动的时间和节奏，将针对经销商的促销和针对消费者的促销结合起来。例如，有明显季节性的产品，如防晒霜、装修涂料等，化工企业应在销售旺季到来之前，先做针对经销商的促销，目的是增加经销商库存，给其信心和压力，一般此时可以辅以消费者促销，目的是形成宣传攻势，增加经销商铺货及渠道其他成员的信心。这些都是为销售旺季做准备。

销售旺季开始后，促销活动将集中在卖场，基本是围绕提升产品销量展开的。在销售旺季，有的企业会酝酿将新产品推向市场，展开新产品促销。同时，原有的产品系列也会开始价格促销。销售旺季结束后，化工企业又会开展经销商促销，以将生产量稳定在一定水平上。此时化工企业要重视稳固与经销商的关系，确保来年继续合作。

（三）市场推广的媒介策略

1. 广告媒体的类型

总的来看，现代广告媒体主要包括8种类型。

（1）印刷媒体，即在广告的制作、宣传中利用印刷技术的媒体，包括报纸、杂志、书籍、宣传册及其他印刷品。

（2）电子媒体，即利用电子技术进行广告宣传的媒体，如电视、广播、电影、幻灯片等。

（3）户外媒体，即在户外公共场所，使用广告牌、霓虹灯、灯箱及邮筒、电话亭等公共设施进行广告宣传。一般来讲，这些媒体要和城市的整体布局及周围的环境、气氛融为一体，甚至具有装饰市容、美化环境的作用，同时又要求它能够"跳出"环境，以吸引人们的注意力。

（4）直复媒体，指直接邮递广告、电话直销广告、电视直销广告等。此类媒体担负着直接推销的双重功能，即宣传者、销售者原则上是合而为一的，由于可根据购买行为了解和分析消费者对广告的反应，所以这种形式的广告媒体具有广告发布者与接受者之间双向沟通的特点。

（5）售点媒体，指在销售现场及其周围用于广告宣传的设施和布置，包括商店的门面、橱窗、商品陈列及店内外的海报、横幅、灯箱等。这类广告媒体在消费者最后的购买决策中具有较为明显和直接的沟通、引导作用。

（6）包装媒体，指同时兼有广告传播效应的包装纸、包装盒、包装袋等。这是我国历史较为悠久的一种广告媒体，在古代就有通过在包装纸上进行简单印刷来介绍产品或扩大店铺影响的广告方式，而现代包装较之有了巨大的飞跃，不仅制作材料多样、花样繁多，而且功能更是不断得到扩展，除了便于运输、维护使用价值等包装的初始功能外，许多包装在完成"第一使命"后还可以继续发挥价值，如用作装饰品、器皿、手袋等，由此也使其广告宣传功能能得到较长时间的延续和更广空间的传播。另外，自选服务式商业的兴起也推动了对包装这个广告媒体的重视，它甚至兼具人员推销的效用，抢眼的色彩易吸引消费者的注意，美观的设计易赢得消费者的喜爱，因此很多老产品常常通过更换新颖的包装来再度唤起新、老顾客的购买兴趣。

（7）交通媒体，指利用车、船、地铁等交通设施进行宣传，表现为汽车或火车、轮船等交通工具内部的产品、品牌广告，以及一些汽车的车体广告，即通过汽车外部的装饰或图画进行广告传播。尤其是后者，已在我国获得了公众的普遍欢迎，被誉为城市"流动的美术"。因其目标较大，容易引起受众的注意，但是又由于视线停留时间短，不宜对产品内容做详细的介绍。除了流动人口较多的旅游或商业中心城市之外，公交车或出租车的传播地域一般局限在城市范围之内，长途交通工具的广告媒体效应却恰恰相反，往往可以超越地理界限，信息覆盖面较广。

（8）其他媒体。广告的触角深入世界的各个角落，任何事物都有被选作广告媒体的可能性。

在以上各类媒体中，报纸、杂志、广播、电视是公认的四大广告媒体，也是以"大众传播"为基础原理的传播媒体，其共同特点是传播面广、表现力强、持续性好、影响力大，所以往往成为化工企业最常用的广告媒体。化工工业品，由于其传播对象在某种程度上并非大众，故采用的广告媒体主要有专业杂志、展览会、高速公路牌、招牌广告等专业性强或持续性好的媒体。

2．人员推广类型

1）对消费者的市场推广

市场推广的手段多种多样，其中针对消费者的市场推广手段主要有以下几个方面。

（1）赠送样品。企业将部分产品免费赠予目标市场的消费者，供其试尝、试用、试穿。赠品可直接赠送，也可在销售其他商品时附送或凭企业广告上的附条领取。这种推广方式对新产品的介绍和推广最为有效。

（2）发放优惠券。企业向目标市场的部分消费者发放优惠券，消费者凭券可按实际销售价格的折价购买某种商品。优惠券可分别采取直接赠送或广告附赠的方法发放。这种方式既可刺激消费者购买品牌成熟的商品，也可用以推广新产品。

（3）开展有奖销售。企业对购买某些商品的消费者设立特殊的奖励。例如，凭该商品中的某种标志（如瓶盖）可免费或以很低的价格获取此类商品或得到其他好处；也可按购买商品的一定数量（如 10 个以上），赠送一件礼品。奖励的对象可以是全部购买者，也可用抽签或摇奖的方式奖励一部分购买者。这种方式的刺激性很强，常用来推销一些品牌成熟的日用消费品。

（4）组织展销。企业将一些能显示企业优势和特征的产品集中陈列，边展边销。由于展销可使消费者在同时同地看到大量的优质商品，有充分挑选的空间，所以对消费者有很强的吸引力。展销可以一个企业为单位举行，也可由众多生产同类产品的企业联合举行，若能对某些展销活动赋予一定的主题，并配合广告宣传活动，促销效果会更佳。

（5）现场示范。企业派人将自己的产品在销售现场当场进行使用示范。现场示范一方面可以把一些技术性较强的产品的使用方法介绍给消费者；另一方面也可使消费者直观地看到产品的使用效果，从而能有效地打消消费者的某些疑虑，使他们接受企业的产品。因此，现场示范对于使用技术比较复杂或是效果直观性比较强的产品最为适用，特别适宜于用来推广一些新产品。

2）对经销商的市场推广

（1）批发回扣。企业为争取批发商或零售商多购进自己的产品，在某一时期内可按批发商购买企业产品的数量给予一定的回扣。回扣的形式可以是折价，也可以是附赠商品。批发回扣可吸引经销商增加对本企业产品的进货量，促使他们购进原先不愿经营的新产品。

（2）推广津贴。企业为促使经销商购进本企业产品，并帮助企业推销产品，可支付给经销商一定的推广津贴，以鼓励和酬谢经销商在推销本企业产品方面所做的努力。推广津贴对于激发经销商的推销热情很有效。

（3）销售竞赛。企业如果在同一个市场上通过多家经销商来销售本企业的产品，就可以发起由这些经销商参加的销售竞赛活动。根据每个经销商销售本企业产品的实绩，分别给予优胜者不同的奖励，如现金奖、实物奖，或是给予较大的批发回扣。这种竞赛活动可鼓励经销商超额完成推销任务，从而使企业产品的销售量大增。

（4）交易会或博览会。同对消费者的营业推广一样，企业也可以举办或参加各种商品交易会或博览会来向经销商推销自己的产品。

五、促销效果评估

（一）影响促销效果的因素

在市场推广过程中，影响促销效果的因素包括以下几个方面。
（1）品牌影响力。
（2）价格。
（3）经销商的推广力度。
（4）广告。
（5）现场气氛。
（6）销售人员的能力。

（二）促销效果评估的意义

促销效果评估的意义包括以下几个方面。
（1）促销效果评估是整个促销活动经验的总结。
（2）促销效果评估是企业管理者做出促销决策的依据。
（3）促销效果评估可促进企业改进促销组合策略。
（4）促销效果评估有利于整体营销目标与计划的实现。

（三）广告效果评估

广告效果评估分为3个方面：一是对广告传播效果的评估，也可称为对广告本身效果的评估；二是对广告促销效果的评估，也可称为对广告经济效果的评估；三是对广告形象效果的评估，也可称为对广告心理效果的评估。

1. 广告传播效果评估

广告的传播效果可以通过以下指标来评估。

（1）接收率。接收率测试是对广告受众接收广告的情况进行的定量测试，以此来评价广告传播的广度和深度。接收率一般是指接收该媒体广告信息的人数占目标市场总人数的比率。其计算公式为

接收率＝接收广告信息的人数/目标市场总人数×100%

（2）注意率。注意到此广告的人，包括只对广告有点印象的人和所有粗略或详细阅读过广告的人。注意率说明了广告被接收的最大范围，反映了广告的接收广度。其计算公式为

注意率＝注意到此广告的人数/接触该媒体的总人数×100%

（3）阅读率。阅读过此广告的人，包括只粗略地阅读过广告的人和详细阅读过广告的人。阅读率在一定程度上说明了广告被接收的深度，但由于大多数人可能只是粗略地阅读广告，所以以阅读率只是一个衡量接收广度的指标。其计算公式为

阅读率＝阅读过此广告的人数/接触该媒体的总人数×100%

（4）认知率。在注意到此广告的人数（包括所有注意过、粗略读过和详细阅读过广告的人）中，真正理解广告内容的人所占的比率，才真正反映了广告被接收的深度。其计算方式为

认知率＝理解广告内容的人数/注意到此广告的总人数×100%

2．广告促销效果评估

广告促销效果评估，是指通过广告活动实施前后销售额的比较，监测广告对产品销售业绩的影响，一般可使用以下指标。

（1）销售增长率。销售增长率指广告实施后的销售额相对于广告实施前所增长的比率，能在一定程度上反映广告对促进产品销售所发挥的作用。但是由于销售增长的影响因素比较复杂，单以销售增长率来评价广告促销效果，未免有失准确性，所以通常是将销售额的增长情况同广告费的投入情况相比较，以求更确切地反映广告的促销效果。其计算公式为

销售增长率＝（广告实施后销售额－广告实施前销售额）/广告实施前销售额×100%

（2）广告增销率。广告增销率是一定时期销售额的增长幅度与同期广告费投入的增长幅度的比率，以反映广告费增长对销售带来的直接影响。其计算公式为

广告增销率＝销售增长的幅度/同期广告费增长的幅度×100%

（3）广告费占销率。广告费占销率指一定时期内企业广告费的支出占该企业同期销售额的比例。这也是一种通过广告费和销售额的比率来反映广告效果的方法。其计算公式为

广告费占销率＝广告费支出/同期销售额×100%

一般而言，广告占销率越小，表明广告的促销效果越好。

3．单位广告费收益

单位广告费收益是以平均每元广告费支出所带来的促销收益评估广告效果的一种方法。其计算公式为

单位广告费收益＝销售增长额/同期广告费用×100%

值得一提的是，单位广告收益这个指标不仅可用于考查各时期广告费的效益，也可用于不同媒体或不同地区的广告效果的分析比较，有利于企业做出下一步的广告决策。

4．广告形象效果评估

广告的效果不仅反映在产品的促销上，还可能会在消费者心目中建立一定的印象或观念，消费者尽管不会立即形成购买行为，但会在以后根据这些印象去选择和购买。广告效果的一个重要方面就是塑造企业和产品的良好形象，广告形象效果评估就是对广告引起的企业或产品的知名度和美誉度的变化情况进行的测定和评价。企业形象可分为总体形象和具体形象两个方面，广告形象效果评估亦可分为总体形象评估和具体形象评估两部分。

1）总体形象评估

总体形象是指企业或产品品牌在公众心目中的综合印象，一般以知名度、美誉度和品牌忠实度3项指标来衡量。知名度反映的是对于企业的名称，或品牌，或主要产品，有多少消费者知晓。美誉度反映的是企业或产品在市场上的地位。例如，在消费者最喜欢的品牌中，该品牌排在第几位，或有多大比例的消费者喜欢该企业的产品。品牌忠实

度反映的是消费者对于某些品牌的特殊偏好，即在购买此类产品时，不再考虑其他品牌，而达到认牌购买的习惯行为。

2）具体形象评估

具体形象是指受众对企业或产品各方面的具体形象，如企业的产品、售后服务、效率、创新及便利性等指标。企业的总体形象往往建立在这些具体形象之上，只有深入了解消费者对企业各具体印象的变化情况，才能掌握影响企业总体形象的主要因素。

（四）市场推广效果评估

市场推广效果评估的方法有以下几种。

（1）市场推广前后销售额增长率。该指标是衡量市场推广成败的关键指标。其计算公式为

市场推广前后销售额增长率＝市场推广后一期的销售额/市场推广前一期的销售额×100%

（2）市场推广前后市场占有率变动分析。

（3）市场推广活动本身的评价指标。

（五）促销活动综合效果评估

促销活动综合效果评估的方法有以下几种。

（1）利润总额对比法。

（2）销售利润率对比法。销售利润率是指利润与销售额之间的比率，表示每销售100元产品使企业获得的利润。销售利润率的计算公式为

销售利润率＝本期利润/销售额×100%

（3）品牌询问法。

（4）顾客的态度追踪法。

（5）综合汇总法。

🔍 思考与讨论

1. 以直接促进销售为目的，化妆品和润滑油在广告媒体选择上有什么区别？

2. 化工原料市场推广需要做广告吗？为什么？

📋 课后实训

1. 分别为工程塑料、化妆品、工业涂料制定市场推广策略。

2. 举办产品推广创新比赛。

背景资料：

无水洗手液是一种不需要水就可以清洁手部的化学混合液体，试为这种全新消费概念的产品设计新的推广方式。其基本信息如下。

主要成分：矿物油、液体蜡、油酸皂、甘油、色素等。

主要功能：杀菌、消毒、去污，使用后无异味，中性不伤皮肤，个别厂家的无水洗

手液对皮肤还有护理作用。

使用方法：将该洗手液倒在手上少许，两手互搓，待洗手液均匀涂在双手后，用纸巾或者毛巾擦拭干净即可。

适用人群：医院、化工厂、煤矿等单位工作人员。

实训目标：

（1）培养市场推广创新能力。

（2）掌握头脑风暴法的组织技巧。

实训内容与组织：

（1）学生分为若干组，选出组长，由组长组织以头脑风暴法进行讨论。

（2）汇总组员意见，在全班公开报告成果，相互评价。

成果与检测：

（1）各组有创意的方案数量。

（2）各组创新方案的适用性。

任务三　制定促销方案

知识目标

☞　理解促销活动的基本类型。

☞　了解经销商大会的流程。

技能目标

☞　能够组织经销商大会。

☞　能够围绕使用者展开促销。

☞　能够制订消费者促销计划。

🔄 任务引入

马上就要到"五一"假期了，这是传统的商业促销期，经理让小张着手准备"五一"期间的促销活动，借这个机会，将新产品正式推向市场。除此之外，经理还想组织一次经销商订货会。小张要制定具体的促销方案，并协助经理筹办经销商订货会。

🔄 任务分析

促销方案，一般要确定促销对象、活动费用和预计产出。促销活动设计的好坏，主要看活动主题是否鲜明，吸引参加的人是否是目标人群，是否达到了销售量提升的目的。

✕ 知识链接

一、渠道促销活动

新品上市，渠道进货、铺货是销售工作的起点。如何才能使渠道经销商心甘情愿地进货，并让出有限的柜台空间，摆放新品？渠道促销是一个有力的武器。

新品上市可采用的渠道促销手法有经销商新品订货会、经销商价格折扣促销、经销商销售竞赛、批发商进货搭赠、批发商订货会、批发市场陈列奖励、零售店铺货奖励、随箱附赠刮刮卡。一般的化工产品，如民用涂料、化妆品、润滑油等经常采用上述形式进行促销。

（一）经销商新品订货会

1．经销商新品订货会的含义

经销商新品订货会是邀请全部经销商参会，通过新品的演示介绍、现场订购优惠政策，鼓励经销商积极踊跃在大会现场订购新品的会议促销方式。

2．经销商新品订货会的适用范围

新品上市要求迅速铺进经销商网络，营造全面上市气氛；取得大量订单，迅速回笼资金；由于新品上市订货会费用较大，一般用于战略性新产品的上市。

3．经销商新品订货会实施方案的步骤

（1）确定经销商参会人数。根据上市范围锁定参会经销商人数，准备后续的订房、订餐位等一系列工作。

（2）确定会议议程。会议议程包括签到时间、大会开始、领导致辞、产品介绍演示、观看广告片、参观新品展示、宴会、订货、订货结果宣布、订货状元评奖、文娱节目、会议结束时间、撤离酒店时间等。

（3）确定费用预算。主要开支项目：会务费（包括住宿费用、宴会费用、会场租金、设备租金、娱乐项目费用等）、经销商路费、现场布置费（展台布置、展板制作、大型喷绘、产品陈列架制作费用，彩旗、条幅、升空气球租金等）、媒体报道费（邀请电视台、电台、报社相关工作人员的费用，以及录制制作费、播出费、刊登费、礼品等）、临时人员劳务费、其他费用。

（4）确定会议准备事项。物品准备包括印制会议手册和订货单，样品申请，准备产品演示投影仪、电脑、广告带、屏幕，准备大量的 DM（direct mail，快讯商品广告）、海报、串旗、产品横幅、立牌、台牌、手提袋等。工作事项准备包括成立订货会工作小组，调集人员组成团队，召开活动协调说明会，通知经销商参会，联系酒店预订房间及会场，进行会场布置，制作产品演示投影并进行排练，制作新品展台、展架及展板、彩旗、横幅等物品，联系气球服务公司，邀请相关媒体。

（5）会议召开。按当日会议议程进行。

（6）会议结束。安排欢送经销商，回收会议现场物品，撤离酒店。

4．经销商新品订货会的执行要点

在经销商新品订货会的执行过程中，应特别关注以下要点。

（1）虽然已经初步确定参会经销商人数，但仍会有人缺席，有人不请自来，所以要预先和酒店谈好可能会临时退房或增订，防止出现房间不够或空置的情况。

（2）订货会现场布置应做到以下几点：酒店正面应有大幅横幅、悬升气球条幅、悬挂或树立彩旗等渲染会议气氛；酒店正门口要有会议立幅、会议指示牌；酒店前台要有企业工作人员接待来宾；会场门口要有产品标准陈列展示、产品说明展板、公司简介展板；会场大厅要用海报、串旗、立牌、横幅做全面布置。

（3）会议主持人一般为销售经理、企划经理或产品经理，公司主要领导在主席台就座。

（4）经销商要有会议手册，内容为本次订货会的日程安排、会议议程、组委会负责人（包括就餐事项负责人、住宿事项负责人、订票接送事项负责人）、接待电话、酒店房间安排等。

（5）订单数量并非越高越好。企业销售人员要核对各经销商订单数量，并查对该经销商历史销量，计算月度平均销量，看订单数量是否与之相符，若订单量高出平均销量数倍，则可能出现虚假订单。

（6）会后核对礼品发放清单，并与会务计划对比，计算实际发放量，审验库存数量。如差异较大，应追究相关人员的责任。

（7）进行酒店会务费的询价对比，核对使用数量，如房间入住天数，菜品、酒水消费数量，展板制作费，气球、展台等物品的租金。如差异较大，应追究相关人员的责任。

（8）将心态积极的经销商和准新客户安排一起住宿，促进准新客户成交。

（二）经销商价格折扣促销

经销商价格折扣促销是指经销商进货达到一定级别后给予直接的价格折扣或搭赠。目的在于刺激经销商大批量地购买新产品，建立必要的渠道库存，以备产品向渠道下游持续推动。

经销商价格折扣促销的运用范围和前提如下。

（1）新产品优势不明显，"是否好销"是个问题，加上购进新产品需要占用较大的库存和资金，部分经销商会产生观望态度和迟疑心理，这时利用价格折扣促销，促使其早下决心，增大订单量。

（2）新品上市阶段，竞品也有新产品推出或正在进行渠道促销活动，公司新产品应当加大折扣力度与竞品争夺市场空间。

（三）经销商销售竞赛

化工企业可以制定一系列有挑战性的销售目标，同时附有极具吸引力的经销商奖励方案，鼓励他们积极销售本企业产品。在一定阶段以后，经销商之间进行评比。评比指标应将绝对销量和相对市场占有率相结合。

（四）批发商进货搭赠

批发商进货搭赠是主要针对批发商的小批量进货奖励，奖励的赠品可以是同类产品，也可以是不同类的但批发商可自己使用或就地销售的产品。

（五）批发市场陈列奖励

批发市场阵列奖励是选择门店有堆箱空间且位置较好的批发商参与，按企业要求堆放一定数量的产品或空箱，并保持 1～2 个月，经过企业派专人不定期检查监督，合格者企业将给予一定奖励的促销方法。

活动目的：营造出新产品上市"铺天盖地"的气势，提升经销商经营信心，增加零售商选择新产品的可能性。

（六）零售店铺货奖励

零售店铺货奖励是指为鼓励零售商进货而给予的额外赠品或好处。

活动目的：促使新产品顺利进入零售终端，迅速提高新品铺货率，尽快让消费者看得见、买得到。

（七）随箱赠刮刮卡

随箱赠刮刮卡是在产品包装箱内放置刮刮卡，零售店销货同时取得刮刮卡，以刮卡中奖的方式来促进零售店销货的促销方法。其目的在于设计不同奖品，特别是通过大奖来吸引零售店进货销售，增大新产品在零售终端的覆盖面。

活动适用范围：新产品上市后，铺货率已达要求，但利润对零售终端无吸引力，销售积极性不高，形成零售渠道新产品销售不畅的局面。同时，铺货率有一定幅度的波动。在此背景下，开展随箱赠刮刮卡的促销活动，可提升零售终端提货积极性，提升销售热情，加快新产品销货，增强零售渠道销售推力，巩固零售终端铺货率。

二、消费者促销

新产品上市，需要消费者尽快认知、了解，产生兴趣，产生试用性购买、重复购买行为，直至最终认可并忠诚使用。消费者促销是加快和实现这个过程的有效手段，具体措施有以下几种。

（一）样品派发

样品派发是在确定的时间、地点，将新产品样品免费派发给目标消费者。样品派发是最有效也是最昂贵的介绍新产品的方法，直接实现消费者对新产品的初次尝试。

活动适用范围和前提：新产品有"创新性"，容易被消费者接受，如产品有新用途、特殊目标消费群、全新品牌等，上市铺货时就应考虑进行样品派发。

（二）折价券

厂家通过邮寄或在外包装及平面媒体中附赠折价券，持有折价券的消费者在购买产品时可享受规定的价格优惠。

折价券及附赠品是刺激消费者对新产品进行初次购买的促销方式，但是二者的目的各有不同。

（1）折价券对价格敏感度高的产品比较有效，而且主要目的是刺激重复购买。

（2）附赠品促销主要针对一些有特定消费群体的产品，为了提升产品的"价值感"。

活动目的：提供"可量化"的价格刺激，诱导消费者对新产品的早期使用。

（三）集点赠送

集点赠送是指告知消费者在一定时间内购买一定数量的新产品后，可以凭购买凭据兑换相应奖品。

集点赠送的适用人群必须有较强的投机心理，并且愿意"认赌服输"，即使没中奖也总期望有下一次。此类人群在中年男性中的比例很高。

活动目的：鼓励消费者持续性购买。

活动适用范围和前提：

（1）新产品上市后其利益点没有让消费者充分认知，初次使用者已足够，但回头客及客户购买频次偏低。

（2）产品适合重复性购买。

（四）免费打样

免费打样是针对有购买行为的消费者进行的试用、试样活动。

活动目的：吸引消费者购买，促使客户做出购买决定，一般情况下有比较强的促销效果，但是成本比较高。

活动适用范围和前提：

（1）化工产品半成品，最终效果不好体现，通过试样让消费者体验最终效果。

（2）消费者人群对学习产品知识很感兴趣。

（3）消费者需要慎重做出购买决定的产品。

（五）订购促销

订购促销是消费者一次订购一个月的用量，取得厂家给予的赠品奖励，随后每日或不定期领取产品，直到领完后续订的促销方法。目的在于短期内快速形成销售订购，培养新产品的固定消费群。

（六）围墙标语下乡

当新产品的主要市场集中在县城及乡镇时，围墙标语下乡就是一种最直接有效的广告宣传方式。选择县城及乡镇的铁路、公路两侧较为醒目的围墙，粉刷广告标语。其目的在于利用围墙广告，针对二、三级市场目标消费群直接宣传新产品，并长期反复提示，营造上市气氛。

活动适用范围：新产品主力市场在二、三级市场，经销商及批发商均已完成进货，但在二、三级市场的销售仍未启动。在此背景下，围墙标语下乡便可及时跟进。以农药等农资产品为主。

三、使用者（施工者）促销

一些化工产品，如胶水、油漆等，其使用者（施工者）一般有一定的技术背景，对消费者有直接的影响力。

（一）使用者（施工者）在消费者购买过程中的作用

施工者是产品的使用者，而非购买者，一般情况下不是直接决策人，但是他们是购买行为的主要影响人，尤其是对单一渠道销售产品。表 3-5 是产品品牌的营销渠道策略和使用者（施工者）促销政策强度之间的关系。

表 3-5　营销渠道策略和使用者（施工者）促销政策强度

品牌定位	营销策略	使用者（施工者）政策强度
高端	专卖店，短渠道，多渠道渗透	弱
	特色产品，差异化	中等
	服务差异化	中弱
中端	混合渠道模式	中
	特色产品，差异化	中强
	密集分销	中弱
低端	单一渠道	强
	低成本	强
	混合渠道模式	中强

（二）使用者（施工者）促销活动

使用者（施工者）促销政策还需要考虑以下因素：当地使用者（施工者）收入、竞争品牌使用者（施工者）政策、一线品牌渗透程度。

使用者（施工者）促销活动与消费者促销活动相比有很多特点：时效性较长，促销的目的不仅是提高销售量，更重要的是要保持长久合作关系；价值一般比较高，具有一定吸引力。以下是几种典型的使用者（施工者）促销活动。

（1）颁发证书：为销售量好、技能达到厂家培训水平的施工人员颁发证书。

（2）抽奖活动：一般用刮刮卡等形式，刺激带动短期销售量。

（3）消费积分：建立使用者（施工者）固定账户，按照消费积分返利。

（4）组织旅游：年终或者消费淡季对上一年度使用者（施工者）给予旅游奖励。

（5）培训技能：采取经验交流方式，提供新技能培训。

（6）赠送彩票：刺激短期销售量。

四、促销方案的拟订

一份完善的促销方案主要有 12 个部分，以下是各个部分的基本内容。

1．活动目的

此部分对市场现状及活动目的进行阐述。例如，市场现状如何？开展这次活动的目的是什么？是处理库存，还是提升销量，抑或是打击竞争对手？是新品上市，还是提升品牌认知度及美誉度？只有目的明确，才能使促销活动有的放矢。

2．活动对象

此部分应说明：活动针对的是目标市场的每一个人还是某一特定群体？活动控制在多大范围内？哪些人是促销的主要目标人群？哪些人是促销的次要目标人群？活动对象确定的正确与否会直接影响到促销活动的最终效果。

3．活动主题

本次促销活动的主题是降价、价格折扣、赠品、抽奖、礼券、服务促销、演示促销、消费信用，还是其他促销工具。选择什么样的促销工具和促销主题，要考虑到活动的目标、竞争条件和环境及促销的费用预算和分配。

在确定了促销活动主题之后要尽可能艺术化处理，淡化促销活动的商业目的，使促销活动更接近于消费者，更能打动消费者。

4．活动方式

（1）确定伙伴：是厂家单独行动，还是和经销商联手，抑或是与其他厂家联合促销？和政府或媒体合作，有助于借势和造势；和经销商或其他厂家联合可整合资源，降低费用及风险。

（2）确定广告投入：要想使促销活动取得成功，就必须进行宣传，必须根据促销实践经验的总结，并结合客观市场环境确定适当的费用投入。

5．活动时间和地点

促销活动的时间和地点选择得当会使促销活动事半功倍。促销活动应在适当的季节、时间、地点举行。

6．广告配合方式

一场成功的促销活动，需要全方位的广告配合。选择什么样的广告创意及表现手法，选择什么样的媒介，意味着不同的受众抵达率和费用投入。

7．前期准备

前期准备分为 3 个部分：①人员安排；②物资准备；③试验方案。

在人员安排方面要做到"人人有事做，事事有人管"，既无空白点，也无交叉点。谁负责文案写作，谁负责现场管理，谁负责礼品发放，谁负责顾客投诉，各个环节都要考虑清楚、明确职责，否则就会临阵出麻烦，顾此失彼。

在物资准备方面，要做到事无巨细，大到车辆，小到螺丝钉，都要罗列出来，然后按单清点，确保万无一失，否则必然导致现场的忙乱。

8．中期操作

中期操作主要是活动纪律和现场控制。

纪律是战斗力的保证，是促销方案得到完美执行的先决条件。促销方案应对活动参与人员的纪律做出细致的规定。

同时，在促销方案实施过程中，应及时对促销范围、强度、额度和重点进行调整，确保对促销方案的控制。

9．后期延续

后期延续主要是对促销活动将采取何种方式在哪些媒体进行后续宣传做出决策。

10．费用预算

费用预算是对促销活动的费用投入和产出做出预算。

11．意外防范

每次促销活动都有可能出现一些意外事件。例如，消费者投诉、天气突变导致户外促销活动无法继续进行等。企业必须对各种可能出现的意外事件做必要的人力、物力、财力方面的安排。

12．效果预估

此部分是预测这次促销活动会达到什么样的效果，以利于活动结束后与实际情况进行比较，从刺激程度、促销时机、促销媒介等各方面总结成功点和失败点。

思考与讨论

1. 经销商促销和消费者促销有什么不同？
2. 化妆品新产品上市促销方式有哪些？

课后实训

背景资料：

"五一"是我国的法定节假日，商家往往借机进行产品推广，开展各具特色的促销活动。假设你现在从事"家庭装修油漆"产品的销售工作，试组织一次以新产品推广为主题的"五一"促销活动，拟订促销方案。

内容包括：活动的时间、地点、组织方式，活动针对的目标人群，活动的目的，活动的目标，活动的内容。促销活动的执行内容：物料准备清单、计划时间表、人员安排、费用预算、促销活动的宣传等。

实训目标：

（1）培养促销策划的能力。
（2）培养产品的推广定位能力。

实训内容与组织：

（1）学生分组讨论，然后拟订促销方案。

（2）制作 PPT 文件并在全班学生面前进行讲解，相互评价。

（3）总结讨论。

成果与检测：

（1）各组提交促销方案。

（2）评价标准：①活动目的是否明确，是促进销售还是产品推广；②活动对象、活动内容、组织形式等是否定位一致。

 **课外阅读**

整而合之时代——莱卡"我型我秀"

1．一根叫莱卡的纤维

一个橘子只是一个橘子，除非它正好是新奇士。

一根纤维只是一根纤维，除非它正好是莱卡。

莱卡的官方网站这样定义这一产品：

- 改变针织物性能。
- 能够提高所有针织物的自由动感与持久保形性能。
- 能极大地提高经编织物各方向的弹性与延伸性，赋予纬编织物绝佳的合身性与均匀感。
- 能避免横编织物松垂抽丝及起包等问题，提升织物的质量与寿命。

简单地说，莱卡是一根弹性纤维。

与大部分 B2B 的工业产品不同，莱卡介入了消费者的生活，从他们的欲望着手，讲述品牌故事，就像固特异、英特尔所做的那样，而消费者对他们的投资，也总给予慷慨回报。

2．他山之石可以攻玉

品牌行销是一件费钱的事情。花在广告上的钱，无外乎以下两种结果：

第一种，有一半被浪费了。

第二种，全部被浪费了。

莱卡当然不希望陷入这两种情况，它和所有有钱人一样，算盘打得水清。

2001 年，莱卡在中国举办了第一届"风尚大典"，投资 1000 万元人民币，之后每届的都投入几百万美元。第一届"风尚大典"后，莱卡的品牌知名度已经超过了 70%。4年下来，莱卡品牌知名度达到了 87%，品牌偏好度 91%。如果将这几千万元的钱用于广告投放，按照以今天的媒介成本推算，实在太划算了。在中国流行了 20 年的广而告之时代，看来终于要被新的王朝——整而合之时代逐步终结。

当 1954 年 10 月 17 日第一条电视广告在英国播出时，刚刚起床的英国人吃惊得连牙膏都咽下去了，所有的国家媒体展开了强烈的、连篇累牍的讨论："前所未有、闻所未闻的伤风败俗"；"人类所遭受的最肮脏、最丑陋和最令人作呕的噩梦"。在当时的英国人看来，兜售行为是世界上最不光彩的行为，电视广告比起挨家挨户推销的推销员显得更加无耻，不请自来，在毫无防范的私密起居室里，高声叫卖。

英国人花了好多年才学会忍受广告。

中国人对广告的态度，则是随着时间的累加而愈加厌恶。广告从业人员面临的现实是，大部分消费者都是忙碌而疲劳的——太忙碌而不想去听，太疲劳而对一切漠不关心。操劳和压力使他们不具备耐心，很容易被陈腐之词和愚蠢无意义的事物激怒。就像猫和老鼠的游戏一样，消费者手里拿着遥控器以逃避广告，广告商则使出浑身解数留住他们，两边都疲惫不堪。

商场挥金如土，消费者无动于衷。为了应付这种局面，新的推广模式——资源整合越来越受到商家青睐。莱卡在中国的品牌建立，就采用了这种讨巧的方法。

无论是莱卡"风尚大典"，还是莱卡"我型我秀"，观众之所以待在电视机前几个小时，并不是因为莱卡，而是它所牵手的合作伙伴。换句话说，可以是娃哈哈"风尚大典"，或者金汇火腿肠"我型我秀"。开玩笑，观众的感情还是要考虑的，到底有个接受的底线。优秀的整合营销方案，就像搭积木一样，取长补短，又好像瞎子背着瘸子过河，最大限度地优化资源。

莱卡的营销策略是"上游带动下游"，而它的品牌目标则是要将自己从工业品牌延伸为时尚领域品牌，在消费者心目中成为时尚先锋的象征。莱卡"风尚大典"和"我型我秀"，都是在这个战略目标下策划出来的。其成功之处在于品牌内涵和活动性质完美契合，在整场演出中的身份把握恰到好处，既不是一个干巴巴的赞助商身份，也没有喧宾夺主，商业味过浓。虽然琦琦作为我型我秀的评委，时不时要出来点评两句"你的服装和我们莱卡'我型我秀'的定位不是非常符合"云云，但也因为她超模的身份和莱卡的特性得到了大家的原谅。而在"超级女声"的现场，蒙牛就没法给自己推销"你的衣服和蒙牛酸酸乳的定位不符合，请你回家重新穿过"，或者"你的笑容完全不够酸甜，请喝完12包酸酸乳体会一下再来"。

莱卡通过"风尚大典"把自己和最时尚的晚会、最耀眼的明星整合在一起，高调进入时尚领域。而"我型我秀"的推出，则是在品牌认知已经确立的情况下，针对市场的特点和需求，进一步缩小目标群，强化行销，将电视媒体业、娱乐唱片业、服装原料商等多个产业跨领域整合，资源共享，各有所得。

3．"我型我秀"与"超级女声"的比较

说到"我型我秀"，就没法不说"超级女声"。事实上，即便不说"我型我秀"，也还是要说说"超级女声"。这档节目实在是太红了。回首往事，1998年我们有《还珠格格》，2001年有"F4"，2002年有"野蛮女友"，2003年有周杰伦，到2005年，只有"芙蓉姐姐"和"超级女声"。

如果仅以火爆程度比较，"超级女声"当然要胜过"我型我秀"，且无疑是2005年最大的赢家。但如果从赞助商的角度评价，则莱卡要比蒙牛做得漂亮，几乎可以称得上是国内整合营销中品牌内涵和活动性质契合度最高的一个案例。评价一个赞助活动是否成功，有以下几个指标。

（1）是否达到了预定目标。

（2）投入产出比。

（3）对销量的影响。

（4）对品牌资产的价值。

综合来看，两者互有长短：在对品牌资产这一核心性的投资中，莱卡堪称模范。环球唱片香港及内地区董事总经理洪迪对两档节目做了质的区分："性质不同。'超级女声'是以现场观众投票进行选秀的一种综艺节目，而莱卡更多是为唱片公司选择歌手。节目风格会比较重视专业。"潜台词就是，"CK"内衣和"三枪"内衣是不能放在一起对比销量的。这似乎是两个不具备可比性的东西，虽然看上去是那么相似。

无论如何，平民化的"超级女声"和专业化的"我型我秀"在2005年夏季的末尾都先后落下了帷幕。一时之间，媒体怅然若失，一夜成名的湖南卫视、人气飙升的环球唱片，眼泪汪汪的"超女"和"莱卡小子"，在2005年秋季的第一场雨水之后，都成为历史。

（资料来源：伏虎，2005. 整而合之时代：莱卡我型我秀策划全程回顾［J］. 中国广告，12：41-43.）

学习情境四　演示产品与说服客户

**导入案例**

专卖店的店面导购

小魏：老板，来选油漆呀？

顾客：嗯，随便转转。

小魏：您在哪里置办的豪宅呀？

顾客：哪里哪里，你真爱说笑，我们这种穷人哪买得起豪宅，就在二环边上买了个小房子，嘉仑台二期。

学习情境四教学课件

小魏：嘉仑台呀！您还说没钱，那边起价就一万多元。能住那里的可都是"白骨精"呀！

顾客：什么？"白骨精"？

小魏：白领、骨干加精英呀。

顾客：哈哈，你真会说话。什么"白骨精"，都是可怜的上班族呀！

小魏：您在嘉仑台买的房，是朋友或者邻居介绍来我们店的吗？

顾客：不是，我自己溜达过来的，为什么这么问？

小魏：是这样，嘉仑台有好多业主用了我们的墙漆，一期四座楼300多户，我们起码做了120多户。所以您一说是嘉仑台的，我以为是老顾客介绍来的。（点评：让顾客留下一个印象，产品很畅销、很流行。）

顾客：哦，是吗？我怎么不知道我们小区有这么多人用这个牌子墙漆。

小魏：您还不信，等一下，我去给您拿销售记录。

小魏拿来销售记录。

小魏：您看，不但是嘉仑台，就连心海假日、帝景豪庭这些楼盘都有很多客户用我们的墙漆。

顾客：好像是有不少，现在买你的墙漆有什么说法吗？

小魏：嘉仑台的业主大多数是在外资公司上班的白领，对环保要求很高，我们针对这些客户推出了两款推荐产品，购买这两款产品现在能够享受特价优惠和超值服务。您看一下，就是这两款产品。

顾客：样板做得不错，看上去清新淡雅、很有档次的样子。

小魏：您真是有眼光，这款产品卖得最好，我们80%的客户选用了这款产品。这款产品没有残留气味，手感特别细腻。

顾客：什么价格？

小魏：这款乳胶漆是我们针对高档社区推出的五合一产品，原价368元一罐，您是嘉仑台的业主，可以享受团购价八八折，也就是个中档偏上的价格。

顾客：哇，这么贵。隔壁看上去花色差不多的墙漆标价才198元，砍砍价估计还能便宜点儿，你打完折还要比人家贵一半，这个价钱也太离谱了吧？你们的品牌很一般。

小魏：您看，这是一支油性笔，您在这片样板上随便写几个字。

顾客按照小魏的要求在墙漆上写了几个字，小魏拿起一块抹布轻轻地将字迹擦去。

小魏：为什么说我们这款是针对高档社区专门推出的呢？就是因为它拥有顶级的防污能力。这款产品从配方到选料，全都采用从意大利和西班牙进口的机器设备和高档原料，应用纳米技术生产。您想想，当您不小心把茶呀、油呀、墨水呀这些东西洒在墙面上的时候，只要用抹布一擦，就还您一个干净的墙面。

顾客：隔壁店里的墙漆也能擦掉污渍呀！

小魏：我知道，不仅仅是隔壁，现在很多品牌都做这种防污演示。但是请您注意，能够擦掉水性笔留下的痕迹是所有乳胶漆基本的防污能力，我们这里用的是油性笔，油墨的附着和渗透能力远远胜过水墨，只有能够擦掉油性笔痕迹的才是真正防污的好墙漆。我把这支笔和这块抹布都借给您，省得您以为我们在笔和抹布上做了手脚，现在您去其他的店里照我们刚才的样子做一遍，看看是不是还能擦掉。

顾客：好，我不去别的店里试了。就算我信你说的，你们的防污能力好，可是也贵不了这么多呀！这样吧，220元一罐。你要是觉得能给，我就交定金。不行的话，我就再去别家。

这个时候，店里的另外一个导购小刘急匆匆地跑过来，对着小魏说：魏姐，昨天订购墙漆的业主打电话来了，你昨天跟人家说的是280元。小票上没写，现在送货的小李非要按368元收钱，你赶紧给小李打个电话说一下，人家业主生气了。

小魏：好的。老板，您稍等一下，我马上就过来。

小魏走开后，顾客好像很无意地问小刘：你们这款油漆卖得好像不错呀？

小刘回答：是呀，这款产品质量好，又是现在最流行的环保墙漆，有自我清洁功能，卖得很快。除了市里几个高档小区的团购以外，平常对散客一分钱都不打折的，昨天那位顾客是我们会计的朋友，请示了经理，才给了低价。

两人正在聊着，小魏走了回来，说：这样吧，老板。看您是诚心想要，我这边还有点事，咱们干脆点。我填个特价申请单，就说您是嘉仑台二期的业主，同意做样板间，要求享受优惠。我填个280元，不过估计批不了，我尽量努力吧。

顾客：好的，你给多说说好话，争取批得低一点。七楼是楼中楼，面积大，用的墙漆多，装修效果好。

小魏：好的，请您稍等。

小魏当着顾客的面认认真真地填完特价申请单之后，表情凝重地走进了办公室。过了10多分钟，正在顾客等得心急的时候，小魏挥舞着申请单兴冲冲地跑了出来。

小魏：老板，这次您要请我吃饭。我好说歹说，经理居然批了个260元，比一期的那个样板房还便宜。估计他是忘了，您赶紧去交定金开单，把事情定死。

顾客拿过申请单，上面龙飞凤舞地写着：充分利用样板间，加快对嘉仑台二期的小区推广进度，同意260元。刘总。

顾客：好的，那真是太感谢你了，我现在就去交定金。谢谢你了。

销售人员传统的销售行为和客户的购买行为之间存在很大的差异，这种差异来自于认识问题的角度不同。正因为如此，如果使用传统的销售技巧，将很难迎合客户的购买需求，而顾问式销售技术则可以有效克服传统销售技术的弱点，配以迎合客户的产品展示和说服技巧，能够使销售情况越来越好。那么，怎样才能成为顾问式销售人员呢？

任务一　演示产品

知识目标

☞　了解演示产品的技巧。

技能目标

☞　能够应用沟通技巧介绍产品特性。

教学拓展：产品演示技术

🔁 任务引入

小王是某品牌化妆品的销售员，在接受一段时间的产品知识培训后，她被安排到一个大商场的专柜从事促销工作。一见到顾客前来询问，她都会礼貌地上前与顾客交流。

小王：这是我们最新款的化妆品系列，它有防皱、保湿、增白的作用，对皮肤温和不刺激，效果很好。

顾客：哦，这个品牌好像没有听说过。

小王：它是国际名牌，刚刚在本地开设专柜。

顾客：多少钱？

小王：每套500元。

顾客：太贵了！

小王：我们今天有促销活动，会有一定优惠，要不您先试用下……

顾客：谢谢，下次有机会再试吧。

几天下来，小王虽然工作态度积极，但是对自己的表现感觉很不满意，她该如何有效地介绍自己推销的产品呢？

⤬ 知识链接

一、产品介绍的基本要点

（一）建立信任

介绍产品的过程就是客户对产品建立信任的过程，销售人员通过详细的介绍，打消客户心里可能存在的疑惑，使其对产品信任的部分加强，怀疑的部分减少，以评估自己购买以后会不会后悔，或者评估自己是不是值得花时间和精力去测试产品。

客户对产品的接受顺序会是多方面的,如店铺销售,客户对产品接受的顺序是店铺形象—销售人员形象—产品—品牌;如果是工业产品,客户对产品接受的顺序是销售人员形象—公司—产品。由上可知,销售人员的形象会影响产品形象,客户首先是先看到销售人员,然后才是产品。很多时候,客户会将销售人员当成公司和产品的代表。

1. 良好的个人形象

一般来说,客户不喜欢形象不佳的销售人员。销售人员基本形象要求:头发整齐干净,服装整齐,适合环境;身上不可以有太多的异味或者过浓的香水味,时刻保持精神饱满,面带微笑。这些要求有助于销售人员建立"值得信任"的形象。销售人员穿工装或者以技术人员的打扮去拜访客户有利于提升信任形象。对于店铺来说销售人员的一个点头、一个眼神、一个微笑,都有利于建立彼此的信任。

2. 创造事件,增加接触客户机会

中国人常说的一句话是:"路遥知马力,日久见人心。"一年内拜访客户 40 次的效果与一年拜访 10 次的效果是不一样的,销售人员要想在短时间内拉近与客户的距离就要提高拜访频率和效率,这就要求对每一次拜访都进行认真的设计,甚至"无中生有"地制造事件。经过精心设计的这么多事件,客户会慢慢"感觉"自己已经"了解"你而信任你。大多数中国人比较感性,不相信别人的语言,而相信自己的感觉,所以要让客户不停地去"感觉"你,直到他"了解"你,信赖你。接触次数远比一次接触的时间更重要。

3. 扩大与客户的人际接触点

销售人员如果与客户始终停留在产品或者公司的层面,那么客情关系是很难有所突破的。中国有句古话:"公不如私,私不如结。"借用在客情关系上,我们把与客户关系划为"公"——公开的业务关系,"私"——私下有来往,"结"——结成好友。"结"的关键是多点接触,这个点可以是利益点,也可以是情感点,还可以是爱好等。

(二)销售介绍前的准备工作

1. 自己要成为产品专家

不同的销售人员有不同的表现,有的业绩很好,有的业绩平平,其中一个重要原因是对产品的了解程度不同。在向客户介绍产品的过程中,销售人员一定要比客户更加了解产品,熟悉客户使用的工艺情况、客户的主要需求。例如,销售化妆品就要让自己成为美容顾问,销售工业产品就要让自己成为产品应用工程师。最好的销售不在于通过技巧说服客户,而是依靠专业知识提出有利于客户的建议。所以,销售人员在向客户正式介绍产品的时候,需要清楚以下问题。

(1)如何使用产品达到最好效果?为什么?理由是否充分?

(2)客户使用产品的流程是怎么样的?

(3)客户使用产品的动机是什么?

(4)产品与替代品和竞争品相比最有优势的特性是什么?

销售人员成为产品专家的途径有很多,主要是要依靠自己努力学习。

首先,要积极向同行学习。从同行优秀业务人员身上可以获取经验,少走冤枉路,这是一种比较快的积累经验的途径。

其次，可以从客户那里学习。好处是最具有说服能力，在以后的销售过程中，客户很容易将你当成一个行家。

最后，产品知识可以从书本上学习。销售人员要不断提高自己的理论水平，在给客户介绍产品时增强信任度。

2. 将产品销售给自己

销售人员要很好地说服客户，首先要说服自己，要从心底里热爱自己销售的产品。在正式销售介绍以前，请先换位思考："如果我是客户，我会不会在听了介绍以后有购买或者使用产品的意愿？"如果连自己都说服不了，试想怎么会说服客户。如果不是发自内心地推介产品，当客户提出质疑的时候，就会对产品的缺点形成共鸣，不自觉地表露出来，这种心理变化通过眼神、语气、肢体语言等反馈给客户，就会加强客户的不信任。

销售介绍前的准备工作还包括准备对最刁钻客户提出问题的回答，这样有助于消除销售人员的紧张情绪，在面对客户的发问时从容不迫，对产品做出完美的解说。

（三）沟通技巧

1. 主题明确

销售人员在介绍产品的时候一定要做到主题明确，一次不超过两个主推的产品。有的销售人员喜欢在介绍产品的时候，花大量时间介绍公司规模、成长历程、新产品等，在一定程度上可以增加客户对企业的了解，增强信任感，但是要切记：不可以偏离主题。客户可能觉得公司什么产品都好，都想测试，对产品及很多概念性产品更是兴趣很大。这样的沟通虽然可以激起客户对公司的兴趣，但是会将与客户的接触后退到初始阶段，让客户对大量的非主要需要的产品感兴趣。除非销售人员希望客户将公司定位成尖端产品解决者。在这种情况下，他推销的系列必须是用量少但价格高昂的产品。大多数情况下，销售人员会给客户推荐一两种符合他需要的产品，让他在其中做出选择。

2. 从对方角度出发

销售人员和客户之间往往存在对立思想，原因在于客户希望用最少的钱买到最大的效益，销售人员则相反，将价格看成一个标杆势必造成双方的对立。作为工业产品的销售者，尤其是化工产品的销售者，我们有很多潜在的利益可以和客户在价格上进行交换，但是这一切都需要从对方的角度出发，去思考如何让客户获得最大的利益。

例如，小王的客户是一家大企业。小王想：这个客户用量应该很大，价格应该还不错。他会对客户说："像贵公司这样的厂家，应该使用性能优良的产品，虽然价格要高些，但是还在可以承受范围内。"或者说："这种产品的价格很便宜，完全在你们承受的范围以内。"这种产品介绍方式是以自我为中心的，客户会感觉到你在和他争夺利益，将他推到对立面。如果换一个角度，从客户的角度去思考这些问题，客户的接受程度就会大大提高，如"这种产品性能优良，最主要的特点是可以使产品的良品率大幅提高，据我了解，××厂使用以后，良品率提高了 5%，虽然这种产品在价格上不具备优势，但是综合考虑，企业生产出来的产品不但品质更加稳定，综合使用成本也会降低。"通过站在客户的角度，强调良品率、品质稳定性（一般客户会有心理预判，价格高的产品稳定性可能会更好）、综合使用成本低等客户利益，达到淡化单价的目的，这样客户自然会对产品产生认同感。当然这些介绍需要建立在客观事实基础之上，与销售人员对产品专业知识的积累是分不开的。

3. 从不同角度探测需求

有时候，销售人员在介绍产品时，对客户的需求需要从不同角度进行探测。一般而言，客户的需求来自于产品本身或者客户的心理需求。对于第一种，销售人员可以对产品的特性、功能、利益等进行解说。对于第二种，销售人员需要挖掘、培养，甚至满足客户实现自我价值的需求，从中找到突破口。例如，客户并不了解现有产品使用存在的潜在风险，销售人员让他意识到这个风险，他就会产生新的需求以减少风险带来的不安。

4. 注重肢体语言

在给客户介绍产品的过程中，无论是销售化妆品还是工业原料，都需要客户的参与。客户的参与方式就是肢体语言，尤其是眼神。若客户的眼神闪烁不定，表明你的论据不够真实可信。若客户正眼注视产品，表明他由怀疑转变成相信。若客户的眼睛闪出光芒，表明他对你的话很有信心，已经被产品吸引。当客户表现不感兴趣的时候，销售人员应降低语速，或者让他自己观察，提出问题。当客户表示感兴趣的时候，销售人员要主动提问，让他参与到对话中。

二、FABE 销售法

（一）FABE 销售法的含义

FABE 销售法是由台湾中兴大学商学院院长郭昆漠总结出来的。该方法是非常具体、操作性很强的利益推销法。它通过 4 个关键环节，极为巧妙地处理客户关心的问题，从而顺利地实现产品的销售。

F 代表特点（feature），即产品的特质、特性等最基本功能，以及它是如何满足客户各种需要的。特性，毫无疑问就是自己产品所独有的特征。每一种产品都有其功能，否则就没有了存在的意义。对一种产品的常规功能，许多销售人员有一定的认识。需要特别提醒的是：销售人员要深刻发掘产品的潜质，努力去找到竞争对手和其他销售人员忽略的、没想到的特性。当你给了客户一个"情理之中，意料之外"的感觉时，下一步的工作就很容易展开了。

A 代表由这种特性产生的功能（advantage），即销售人员所列的产品特性究竟发挥了什么功能。销售人员要向客户证明购买的理由，列出比较优势。

B 代表这一优点能给客户带来的好处（benefit），即产品的优点带给顾客的好处。利益推销已成为推销的主流理念，一切以客户利益为中心，通过强调客户得到的利益、好处激发客户的购买欲望。

E 代表证据（evidence），包括技术报告、顾客来信、报刊文章、照片、视频等。证据要具有足够的客观性、权威性、可靠性和可见证性。

简单地说，FABE 销售法就是在找出客户最感兴趣的特性后，分析这一特性产生的优点，找出这一优点能够带给客户的利益，最后提出证据，证实该产品确能给客户带来这些利益。

（二）FABE 销售法的实施过程

FABE 销售法就是将产品分别从 4 个层次加以分析、记录，并整理成产品销售的诉求点。

首先，应该将商品的特点详细地列示出来，尤其要针对其属性，写出其具有优势的特点，将这些特点列表比较。销售人员应充分运用自己掌握的产品知识，将产品属性尽可能详细地列示出来。

其次，说明产品的功能。也就是说，你所列的商品特性究竟发挥了什么功能？它能给使用者提供什么好处？在什么动机或背景下产生了新产品的观念？这些也要根据上述产品特性详细地列示出来。

再次，阐述带给客户的好处。如果客户是零售店或批发商，其利益就可能有各种不同的形态。销售人员必须考虑产品的利益是否能真正带给客户好处，亦即要将产品的利益与客户需要的利益结合起来。

最后，保证满足消费者需要的证据，亦即证明书、样品、商品展示说明、录音、视频等。

（三）FABE 销售句式

针对不同客户的购买动机，结合最符合客户要求的产品利益，向客户进行推介。最精确有效的办法是利用特点（F）、功能（A）、好处（B）和证据（E）。其标准句式是："因为（特点）……，从而有（功能）……，对您而言（好处）……，您看（证据）……"

1. 特点
（1）描述了产品的款式、技术参数、配置。
（2）是有形的，这意味着它可以被看到、尝到、摸到和闻到。
（3）回答了"它是什么"。

2. 功能
（1）解释了特点如何能被利用。
（2）是无形的，这意味着它不能被看到、尝到、摸到和闻到。
（3）回答了"它能做到什么"。

3. 好处
（1）是将功能翻译成一个或几个购买动机，即告诉客户企业将如何满足他们的需求。
（2）是无形的，如自豪感、自尊感、显示欲等。
（3）回答了"它能为顾客带来什么好处"。

4. 证据
（1）是向客户证实你所讲的好处。

（2）是有形的，可见、可信的。

（3）回答了"怎么证明你讲的好处"。

（四）更好地运用 FABE 销售法

1．恰当使用"一个中心，两个基本法"

"一个中心"是以客户的利益为中心，并提供足够的证据；"两个基本法"是灵活运用观察法和分析法。

2．3＋3＋3 原则

3 个提问（开放式与封闭式相结合）："请问您购买该产品主要用来做什么？""请问您还有什么具体要求吗？""请问您的预算大概有多少？"

3 个注意事项：把握时间观念（时间成本）；投其所好（喜好什么）；给客户一份意外的惊喜（赠品）。

3 个掷地有声的推销点（应在何处挖掘）：质量、价格、售后附加价值等。

例如，以环保作为卖点的涂料，按照 FABE 销售法可以做以下介绍。

（特点）您好，这款产品最大的特点是环保安全，它有机挥发物为零，也就是没有有害物质向外排放。

（功能）以前的涂料虽然也有绿色标志，但是有机挥发物在一定的范围内是存在的，很难做到完全没有。

（好处）有机挥发物里面有甲苯、甲醛等物质，对身体危害很大，尤其是对儿童的发育。一般材料中的有机挥发物很难在短时间内挥发掉，这款产品完全没有有机挥发物，不需要很长时间通风就可以搬进去住。

（证据）这款产品为什么可以做到呢？

（利用说明书）您看它的是采用德国著名原料公司的专利原料生产的。

（利用销售记录）这款产品销量非常好，您可以看看我们的销售记录。和其他款产品价格差距不大，但是大家现在都更加注重健康安全。

（利用证明书）上面有国家权威检测部门的证书。

三、产品演示基本要点

（一）产品演示的安排

客户对产品产生兴趣以后，有时候需要销售人员演示给他看。产品演示可以是化妆品的试用，也可以是复杂的汽车涂装系统的测试，根据产品的复杂程度，销售人员在其中扮演不同的角色。

对于简单的产品，销售人员在掌握基本操作要领以后，自己操作，观看演示的客户大多不具备专业知识。例如，化妆品产品试用，产品演示一般由销售人员自行完成，在给客户试用的过程中，结合客户的感受，加以适当引导，加强其购买信心。

对于复杂的产品，观看演示的客户大多是专业人士，最好的策略是让客户的技术人员参与产品演示，自己的技术人员负责指导，调动客户技术人员的积极性，也可以得到使用者的评价。在工业客户测试样品以前，一般需要做的工作是，模拟客户的测试条件，自己先完成初步的测试工作，在所有技术参数达到客户要求以后，再给客户做演示性测试。这个时候需要特别注意以下几点。

（1）客户和本公司的测试方法是否一致。

（2）不给出很确定的结果，以便测试结果有偏差的时候，有调整方案的机会。

（3）强调产品方案是可以调整的，调整的方向需要通过测试来决定。将产品演示看作为客户提供方案的一个环节，而不是最终检验环节。

（二）辅助工具的应用

1. 目录

最常用的销售工具就是产品目录。销售人员在使用产品目录时要注意以下几点：第一，目录是不是有你要给客户介绍的产品，有没有及时更新里面的参数；第二，产品目录是不是有利于客户保存；第三，客户看见产品目录是不是可以想到你，有没有你的联系方式。

2. 样板

使用样板的优点在于展示产品应用真实的效果，而不需要使用产品测试。缺点是，大量样板的派发成本比较高。样板可以体现产品特性，如产品的光泽、硬度，将产品的品质通过样板表现出来。在客户观察样板的时候，销售人员还可以给客户灌输产品的评判标准。尤其当客户发现你提供的样板和他的产品很接近的时候，会大大加强你们之间的亲切感。

3. 证书

产品证书和检测报告在产品演示过程中可以起到直接证明的作用。销售人员要注意提供的产品检测报告是否和客户要求的标准相一致。

💡 **思考与讨论**

1. 销售人员在介绍产品时需要做什么样的准备工作？

2. 写出比以下话语更好的介绍语言：

（1）我们这种产品质量很稳定，批次之间的产品品质差异很小。

（2）贵公司如果使用我们的产品，基本上可以通过各种性能和安全测试。

（3）供货不成问题，一般我们在收到订单两天内可以交货。

综合实训：电话营销

📋 **课后实训**

1. 协助"任务引入"案例中的小王，利用 FABE 销售法，针对产品的防皱、保湿、增白的特性，拟订几段产品介绍对话。

2. 利用 FABE 销售法改写自己的简历。

任务二　成为顾问式销售人员

知识目标

☞　了解购买行为和销售行为的差别。

☞　掌握 SPIN 技术。

☞　掌握顾问式销售人员的基本要求。

技能目标

☞　能够利用 SPIN 技术说服客户。

教学拓展：专业技术销售

任务引入

请看下面一段销售对话：

S——销售代表；C——客户。

S: 请问您是否用过防晒霜？

C: 用过。

S: 都用过哪些牌子的产品？

C: 有几个吧，记得不是很清楚了。

S: 有没有听过我们的品牌？

C: 没有。

S: 我们公司的防晒霜效果相当的好，你可以试用一下吗？

C: 哦，我还是再看看吧。

以上是一段不成功的销售对话。怎样才能成为一个优秀的销售人员，在面对客户的时候打动对方，让客户主动与自己合作？下面将详细介绍顾问式销售技术。

知识链接

一、销售行为与购买行为概述

（一）顾问式销售的基本概念

简单地说，顾问式销售就是销售人员要在销售过程中采取顾问的工作态度和从客户角度出发的工作方法。所谓顾问，通常是指具备专业技术的人，其工作态度并不以赚钱为目的，而主要是帮助客户解决问题。所以，顾问普遍受人们欢迎。中医有一句成语叫"抱楚为痛"，意思是把病人的痛楚当成自己的痛苦，只有设身处地地从病人角度出发，并通过望闻问切等手段提出恰当的治疗方案才能更好地帮病人祛除病痛。

顾问式销售是建立在 SPIN 技术基础上的实战销售模式。SPIN 技术是英国辉瑞普公司经过 20 年，通过对 35 000 个销售对话及销售案例进行深入研究并在全球 500 强企业中广泛推广的一种销售技术。它包括状况性询问（situation question）、问题性询问（problem question）、暗示性询问（cimplication question）和需求确认询问（need pay off question）。

顾问式销售主要用来解决大客户销售的问题：①它可以使你的客户说得更多；②它可以使你的客户更理解你说的是什么；③它可以使你的客户遵循你的逻辑去思考；④它可以使你的客户做出有利于你的决策。

以上这4点从表面上看起来很简单，但是辉瑞普公司却围绕这4点建立起一整套称为"销售行为研究"的科学体系，并且使其成为销售领域的一个核心的技术支撑点。

要想深入了解什么是顾问式销售技术，就需要首先认识销售行为和购买行为及其关系。

（二）销售行为与购买行为

1．销售行为

表面上看，销售行为是一个混沌的过程，很难具体化，但是，可以运用质量控制的

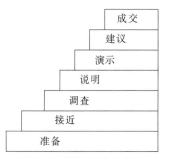

图4-1　销售行为七步法

基本方法，使其量化、程序化和可监测化。图4-1所示的销售行为七步法看起来虽然都是非常主观性的方法，但是，该方法在销售管理和销售行为上既具有非常积极的作用，又具有很强的实用性。

2．购买行为

如果只是单纯地研究销售行为而不去研究购买行为，销售人员就会发现整个销售行为无法和客户的购买行为相对应，而这种对应无论是在客户的决策中还是销售代表的决策中都是非常关键的。所以，了解销售行为七步法之后，接下来就要认识购买行为的7个阶段（图4-2）。

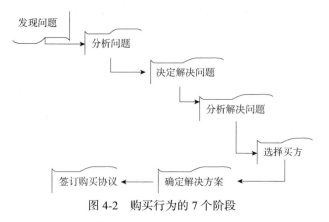

图4-2　购买行为的7个阶段

购买行为的7个阶段都是围绕客户心理进行的，辉瑞普公司以这项研究的结果建立起 SPIN 技术的另一个基础，即客户决策指导。

3．销售行为与购买行为的差异

传统的销售行为和客户的购买行为之间存在很大的差异，这种差异来自于认识问题的角度不同。正因为如此，如果销售人员使用传统的销售技巧，将很难迎合客户的购买需求，只会一步步陷入一种想当然的销售误区，而不利于提高销售水平。顾问式销售技术可以有效克服传统销售技术的弱点，使销售情况大为改观，越来越好。

1）差异一

（1）销售行为对购买行为的影响是有限的。很多销售经理认为只要销售人员努力去做，或者销售人员把个人掌握销售技巧发挥到极致，就可以产生很高的销售效率，并取得很多订单。这种说法在某些情况下是可以理解的。但是，对于新产品、新市场，或者面对全新的市场变化，传统的销售手段和行为就存在很大的问题，会直接造成成本提升和市场机会的丧失。

（2）购买行为决定销售行为。很多销售人员过分地依赖于销售技巧，他有可能在某个行业、某个产品或某个阶段成功，当他转行之后，一般会很不适应新的行业，因为原来的许多销售技巧无法在新行业中使用。这是一种比较普遍的现象。

2）差异二

（1）销售人员关心的是产品和服务的明显性特征。在销售过程中，很多销售人员习惯在客户面前介绍产品的特点、优点或者产品可能带给客户的一些简单利益。但是，30分钟的会谈通常很难打动客户或者让客户理解销售人员话语的真正内涵。同样地，对于一种新产品或者一家新公司的产品来说，很多销售人员受到了很多有关产品特征的培训，所以，在具体销售过程中，这些销售人员总是力图利用产品的特征与客户建立联系。

（2）客户关心的是目前所用的技术和将要更新的技术的关联性，而销售人员关心的则是产品和服务的特点。这是二者非常重要的区别。销售人员热衷于介绍产品特点，而客户关心的却是他现有的产品，以及这些现有产品如何与新产品关联的问题。成功的销售在于能够将客户关心的问题引导到他未来会关心的问题上，这是一种质的跳跃。实际上，只有10%的销售人员才能完成这种跳跃。这里介绍的顾问式销售人员恰恰就能完成这种有效的引导工作，而大多数销售人员无法做到。

3）差异三

（1）销售人员关心的是如何解决销售中的障碍。为什么销售人员会关心销售过程中遇到的障碍，而不是客户在选择或是理解他的过程中的障碍呢？这是一个主动性或者是主观性的问题，受环境所限。试想一位销售人员和他的经理更多讨论的是客户的情况，还是他在销售过程中遇到的阻碍？通常是后者。

（2）客户关心的是如何解决目前面临的问题。在销售过程中，经常能看到以下现象：如果你是销售经理，去观察销售人员的整个销售过程，他会告诉你客户在考虑什么。当你直接和他的客户接触以后，你却会发现客户实际关心的并不是销售人员向你描述的那样，客户关心的问题有可能是连他自己都意识不到的一些问题。

4）差异四

（1）销售人员关心如何将产品向客户说明。产品说明演示是许多公司对其销售人员的销售技巧考评内容之一。在产品演示会上，每位销售人员都按照一个统一的模式很刻板地去描述产品。其实，在产品演示会上拿 100 分的销售代表，在销售产品的时候，其成交率比那些在产品说明会上只能拿到 20 分或者 40 分的销售人员的成交率低得多。这正是传统的销售技巧遇到的一个很直接的挑战。

（2）客户关心的是如何理解产品对解决自身问题的意义。信息时代的到来，使越来越多的产品以更短的周期、更大的冲击力进入市场。销售人员讲清产品对于客户的意义比讲清产品的特点显得更有意义。尤其是对于客户影响非常大的网络产品和信息化产品，这一点更是至关重要的。因为在引入这样的产品以后，客户部门的职能、界限及新产品的定位都要引用这些产品，这些产品对客户的意义格外重大。

（三）关于销售机会点

在销售过程中，普通销售人员通过一定的经验积累就能发现销售中存在的困难和抱怨，同时马上解决。顾问式销售人员的做法如下。

1. 顾问式销售的关键点

在客户开始抱怨的时候，顾问式销售人员会停顿一下，因为他要去考虑购买流程、使用 SPIN 技术等，总之，他要将所谓的隐藏性需求转化为明显性需求，为客户建立优先顺序，同时根据购买流程循环不断地引导客户去决策及回到销售的原始点，这些都是顾问式销售技术的一些关键点。

2. 普通销售与顾问式销售的主要区别

普通销售和顾问式销售的主要区别在于，顾问式销售人员必须了解客户产生抱怨的真正原因，以及解决这些问题的手段。

当客户在销售人员面前陈述自己的问题的时候，意味着销售人员找到了问题点，同时销售人员也了解了客户的抱怨和不满，如果客户的现实状况和销售人员假设的状况正好一致，对于一般产品的销售来说，它是非常有效的，尤其是那些低价值的产品。这就是为什么市场上存在 90%的或者更高比例的普通销售人员，却很难找到非常专业的顾问式销售人员的原因。

3. 顾问式销售人员的首要工作

顾问式销售人员的首要工作就是为客户分析现状和明确现状，将客户的一系列问题当作自己的销售问题来解决，不把问题留给客户。完成了整个过程的时候，顾问式销售人员才能 100%地成交。

4. 将客户的隐藏性需求转化为明显性需求

如果销售人员仅仅完成了发现问题点、了解客户的抱怨及帮助客户分析现状，其成交率只能达到 30%。这是辉瑞普公司通过 35 000 个顾问式销售案例得来的一个相对科学的统计。如果销售人员继续帮助客户确认问题，并且让客户明确地表态来支持销售人员的观点，成交率就会提升，达到 70%或者更高。所以，销售人员一定要将客户的隐藏性需求转化为明显性需求（图 4-3），这样才能真正掌握销售的机会点。

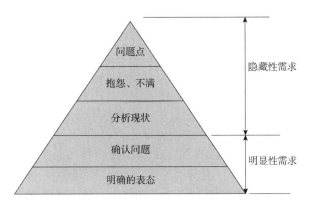

图 4-3 销售机会点与需求关系

二、SPIN 对话策略

（一）状况性询问

请看以下对话：

S——销售员；C——客户。

S: 你们工厂主要生产什么类型的油漆?

C: 我们主要生产木器漆和金属烤漆。

S: 哦，那流平剂有没有用到?

C: 我们主要使用 BYK306、310、333 等型号的流平剂。

S: 哦，都是一些成熟的产品，现在原料价格都在降低，BYK 产品价格一般都很稳定，这样助剂占成本的比例就上升了吧?

C: 是有一定的压力，不过还好，品质比较稳定。

S: 估计下半年的市场价格依然会下跌吧?

C: 应该是的。

S: 市场价格如果在十来元的时候，助剂占成本的比例就接近 10% 了，可能比纯利润还高了。

C: 嗯，是的，那对利润影响很严重。

在这段对话中，销售人员用了非常有效的状况性询问，由状况性询问引出了客户隐藏性的一个问题点，而一个隐藏点的最大需求通常也是多数客户所关心的，在这段对话中就是"成本"。

销售过程中的准备阶段就是为了有效地提出状况性询问，同时针对状况性询问设计好几个问题点，这些问题点包括明显性问题点和隐藏性问题点。明显性问题点指的是由销售人员设想的问题点，而隐藏性问题点则是由客户说出并确实存在的问题点。明显性问题点与谈话方向有密切关系，当销售人员确认了客户有一个明显性问题点的时候，他们的谈话方向一般就有两个：一是印证这种问题点是否存在；二是直接引导客户向这个问题点前进。

上述对话中的明显性问题点就是成本问题，销售人员的谈话方向就是解决成本问题。

另外，由于市场预期价格走低，还可以假定以下 3 个谈话点：提早规划低价市场竞争、降低运作成本、更加出色的效果。这 3 个问题点对于客户来说是否真的存在，只能在销售对话中去印证。

1. 问题点

问题点是隐藏在客户谈话中，可以引导销售人员的客户拜访向深度发展的线索，是依赖于销售人员提供的产品或服务解决的问题而定的。

明显性问题点会引起很多的反论，而隐藏性问题点基本上能规避反论。隐藏性问题点与谈话的方向有密切联系。例如，在上面的对话中客户提到他们公司主要采购 BYK 系列产品，如果销售人员想探寻这个客户的隐藏性问题点，其谈话方向首先是要了解市场整体价格走势；其次是产品价格走势和原料成本哪一个关系比较大。客户告诉销售人员原因是为了维持产品稳定性，使用别的产品是否可以维持稳定？在维持产品稳定和产品盈利之间哪一个更加重要？这些都是留待以后销售代表和客户进行深层次探寻的。但不是每位客户在销售人员发现他的问题时就马上主动交代清楚。例如，销售人员说"这样做会带来很大风险"，有的客户就会回答"这个行业就是这样"；如果销售人员说"市场需求波动会给您带来成本压力"，还是会有客户说"市场总是一年好做一年不好做"。所以，销售人员一定要设法挖掘客户最大的隐藏性需求，而不是简单的需求，因为简单的需求必然会造成反论。

隐藏性问题点一般不会引发反论，因为它是直接去探寻客户的隐藏性需求，不会引起太激烈的反论，引起反论最大的可能在于客户根本不了解产品，而反论可以引导销售人员从全新的角度认识客户，实际上是给销售人员一个机会去重新认识自己对产品的管理，去和客户探寻这个产品如何在市场上有效定位。明显性问题点实际上就是一般性的需求或者普通的需求，真正的隐藏问题点对每一个客户而言都是不同的，这就要求销售人员要去挖掘潜在的隐藏性问题点，这样才能够顺利地将自己的销售逻辑与客户的购买流程结合在一起。

2. 有效地使用状况性询问

1）选择好状况性询问，精简提问的数量

销售人员要想有效地使用状况性询问，首先必须选择好状况性询问，关键在于要精简问题。销售人员在拜访客户之前可能会列出 20 个问题，这 20 个问题，首先要在公司内部回答出 18 个，剩下的一定是销售人员实在无法回答的问题，是留在拜访客户时要询问的问题。

2）简洁描述状况性询问，便于帮助客户将销售人员看作问题解决者

简洁地描述状况性询问，能帮助客户发现谁才是问题的解决者，因为有人在询问一种状况时常常包含五六种因素。例如，销售人员同时问了 5 个意向，5 个问题可能有 5 种箭头、5 种方向，对于这样的提问，客户很难决定到底要先回答哪个问题和怎样回答；客户也很难从这种状况性询问中发现销售人员是在帮助他。所以，销售人员一定要学会简洁描述状况性询问，使其具体化。

3）正确的状况性询问可以很顺利、很自然地介入要讨论的潜在问题

有效地使用状况性询问，首先要正确地、很自然地、顺理成章地介入潜在的问题。例如，在任何一位客户的机构中，看到任何一种现象，销售人员都要有效地与客户关联起来，有效地与产品关联起来，也就是建立销售人员与 SPIN 技术的关联。

3．选择合适的状况性询问

1）要关心客户关心的业务

状况性询问是把握谈话方向的关键，要求销售人员关心客户所关心的业务和关心客户所关心的东西。关心客户意味着在正式销售之前，销售人员事先要做好准备。另外，销售人员还要对客户有很透彻的了解。只有做到了这两点，销售人员才能把握好谈话的方向。

2）把握好谈话方向

谈话方向在销售过程中十分关键。一个有效的谈话方向要求销售人员注意两个概念：一个是明显性问题点；另一个是隐藏性问题点。销售人员想要了解与产品特性基本符合的状况时，就尽可能地问一些与明显性问题点相关的问题，这是需要明确的一个谈话方向。在这种情况下，销售人员肯定会遇到反论。而当销售人员觉得自己通过状况性询问已经基本了解了客户的状况，而且客户愿意跟销售人员进一步沟通的时候，销售代表必须学会从客户的回答中去探索隐藏性问题点，这就是另外一个谈话的方向。

（二）问题性询问

1．问题性询问的概念

问题性询问是将销售人员与客户的会谈或者隐藏性问题点引向深入的一种很好的方法。其最重要的作用就是将产品的特性和客户的问题做第一次关联。在客户很难理解产品特性及在现实状况中如何应用这种特性的时候，对销售人员来说最有效的手段就是提出问题，而且是一个隐含隐藏性问题点的问题，然后探寻这个隐藏性问题点。在这个过程中，顾问式销售人员经常会遇到销售中断的情况，也就是指在某个点上，买卖双方都无法取得进展的情况。这种销售中断不止一次，后一次总是在前一次的基础之上。经过几次销售中断，顾问式销售人员最终会跟客户建立一个很好的、可以使旧产品和新产品相互关联的桥梁。

2．提出问题性询问的必然性

为什么必须提出问题性询问呢？因为每一个销售人员都期盼自己的思维模式与客户的思维模式最终能逐渐靠近。要想实现这个目标，就要使用问题性询问，它将得到大家共同关注、确认、定义、认同、解释和完善的一个个的问题点。

3．思维模式

销售人员和客户在一个问题点上进行关注、确认、定义、认同、解释、完善这样的沟通，实际上体现出一种专业性，而且这也是一种思维模式。在谈一个问题的时候，最好先确定一种思维模式，否则很难沟通。当销售人员有意识地按照一种思维模式不断地去影响客户的时候，他就是在不断向前推进。影响销售的思维模式由 3 个部分组成：第一个是隐藏性的前提假设；第二个是明显的现实的前提假设；第三个是推出的结论。

（1）要重视隐藏性的前提假设。隐藏性的前提假设经常会被忽略，对于销售人员来说，他的意识深处有可能隐藏着"我作为销售人员就必须推销，见了客户的反论我就必须去克服"这样的假设；明显的现实的前提假设就是当客户提出反论的时候，销售人员马上提供一种证据给客户，证据就是一种明显的现实的前提假设，最终会推出结论。

（2）要寻找隐藏性前提条件的假设方法。一般而言，高级销售人员都能看到明显的现实的前提假设，据此也同样可以进行有效的结论调整。但是，了解隐藏性的前提假设是一个难点。在一种思维模式中，越是推销新产品，销售人员越要去探寻什么是隐藏性的假设前提。寻找隐藏性前提假设的方法就是要和客户做充分的沟通，进行深度会谈。深度会谈就是要让人们发现从前没有意识到的一种隐藏性的前提假设。

（3）要强调问题的关键性。在销售过程中，当客户没有确认销售人员的问题点的时候，销售人员一定不要轻易下结论，这样只会让销售人员和客户用不同的语言对话；同样，当客户没有真正理解销售人员的解释，销售人员觉得自己向客户推荐的是一个非常完善的方案，但是客户还是不能接受的时候，销售人员就要从思维模式上找原因。当销售人员有了合适的思维模式和意识以后，他们的销售对话就会很流畅，销售人员就会知道哪个点是断点，就知道怎样回到这个点。同样，在销售人员提出问题性询问的时候，他就已经知道问题性询问之间的关联性。尤其需要强调的是，很多人在进行问题性询问的时候，总是不强调问题的关联性，但是顾问式销售人员就一定会去强调问题的关联性。也就是说，当销售人员探寻到一个明显性问题点的时候，他就要再连续探寻 3 个明显性问题点，这个时候，最好不要继续探寻第四个明显性问题点，因为那样会引出反论，而是必须去探寻隐藏性问题点。而隐藏性问题点的深入层次肯定是在明显性问题点之下，这就是为什么顾问式销售人员要不断强调一种意识上的沟通，而不是单纯强调一种技巧。

顾问式销售人员在有意识地跟客户寻找对一个问题点的共识，而且在找到问题点后试着去做更深入的探讨。虽然销售人员已经意识到客户有可能在某个地方存在一个问题点，但是客户却表明已经用一种替代的方法解决了这个问题。既然问题点连接了产品特性和客户问题，那么在客户的问题点和产品特性不能连接的时候，销售就很难继续进行了。

（三）暗示性询问

1. 暗示性询问与隐藏性需求

暗示性询问和隐藏性需求有着密切的联系。一般来说，销售人员与客户的对话路线是这样的：首先，销售人员会使用状况性询问来了解客户的一般情况。然后，通过问题性询问确认问题点，这个被发现的问题点必然直接关系客户的隐藏性需求，而且这种隐藏性需求往往是客户的抱怨和不满。为了使对话进一步深入，当销售人员发现客户的隐藏性需求以后，也就意味着产品的特性在某种程度上可以和客户的需求相关联了，如果真是这样，销售人员就必须通过一种更有效的提问，也就是暗示性询问真正实现这种关联。暗示性询问可以使困难和抱怨都明确化。

通过暗示性询问将隐藏性需求逐渐转化为明显性需求，接下来才能使用需求确认询问把明显性需求转化为利益，这就是销售对话的一种合理路线。

从这个路线来看，暗示性询问与隐藏性需求可谓密切相关，只有通过暗示性询问才能将隐藏性需求转化为明显性需求，也只有实现了这种转化才能推动销售的继续进行。

2. 暗示性询问的目的

暗示性询问的第一个目的是扩大难题的结果，将现有的难题与潜在的难题联系，开发客户对难题认识的透明度和力度。

通过以下场景,可以了解顾问式销售人员如何在交流过程中通过暗示性询问弱化自己产品的弱点,强化优势,从而达到推销自己产品的目的。

背景:某塑料公司工程师李×准备寻找新的原料来替代现有的原料,以降低成本;业务员王×,有很丰富的销售经验、产品知识和技术知识。

王×:请问贵公司为什么要使用再生料替代原装料?

李×述说公司成本压力。

王×:如果贵公司客户是做玩具或者餐具的,这样的产品,客户能不能接受?

李×:不能。产品应用行业不同,对原料的要求也不一样,区分用途使用原料可以降低公司成本。

王×:如果客户发现原料不一样,问题大不大?

李×:客户一旦发现用再生料制造产品,后果还是很严重的,我们会严格分开操作。

王×:生产车间会不会按照要求去生产,出现失误后会对技术部门有什么影响?

李×:很难说。

王×:我们的产品肯定不是再生料,价格还比一线品牌要便宜。

在上述案例中,销售人员采用暗示性询问和问题性询问交互结合的方式,充分掌握了这次面谈的主动权,并且调整了客户采购过程的优先顺序。也就是说,通过暗示性询问,销售人员最终将难题的结果扩大为潜在的问题。

暗示性询问的第二个目的是帮助销售人员将隐藏性需求转化为明显性需求。一个隐藏性需求要想转化为明显性需求需要经过以下几个阶段。

(1)发现问题点。

(2)发现客户的抱怨、不满,以及客户说出很多销售人员根本没有想到的有关他自己的秘密。但是,客户的抱怨和不满并不能告诉销售人员,自己产品就能满足他的需求。在这个阶段,销售人员一定不要过早推出解决方案,否则容易引出很多反论,从而导致销售的中断。

(3)面对客户的抱怨和不满,销售人员要采用暗示性询问的方法扩大这种抱怨和不满,并将这些抱怨和不满引向深入,也就是要向隐藏性问题点的更深层次发展,直到客户说出他需要你的解决方案,否则就别无他途。这就表明销售人员已经让客户将自己的隐藏性需求自主地表述为明显性需求。这就是暗示性询问的第二个重要目的。

(四)需求确认询问

1. 需求确认询问的目的

需求确认询问的第一个目的是通过提高对策的吸引力来促进销售。具体来说,就是通过状况性询问了解客户的状况,用问题性询问确认客户的问题点和谈话方向,依靠暗示性询问为产品的特性和客户的问题驾起一座有效的桥梁,并且让客户逐渐认知产品特性对于解决自己问题的价值。需求确认询问就是将客户的注意力从问题、对策的细节逐渐延伸到对对策本身的意义和未来的关注。

需求确认询问的第二个目的是突出对策的重要性和意义。销售人员必须使用需求确认询问才能突出对策的重要性和意义，因为对策的重要性和意义对于后期销售，尤其是对于成交阶段的销售非常重要。成交阶段销售人员的主要工作就是如何提供给客户一套完整的方案建议书，尤其是在给客户销售人员提交了方案建议书以后，如何有效地将方案建议书的价值和重要性展示给客户，比单纯地再去强调产品可以解决的问题及产品特性要重要得多。

需求确认询问的第三个目的包括 3 个方面的内容：使客户注重对策的效益，而不是难题；使客户说出对策的利益，而不是对策的细节；让客户解释对策，而不是由销售人员自己来说明对策。

2．使用需求确认询问的时间

一般而言，需求确认询问只要避免两个误区就可以很成功地使用。

1）需求确认询问不要使用得太早

当客户没有意识到他的问题，同样也没有意识到问题的严重性，以及解决问题会给他带来的价值的时候，销售人员使用需求确认询问往往是无效的，甚至会起反作用。也就是说，当销售人员没有提出问题性询问，也没有提出暗示性询问，就直接使用需求效益询问时，问题的威力就会很低，而且会直接造成反论。

2）需求确认询问指向有限的需求

因为客户的明显性需求是有限的，所以，当销售人员使用需求确认询问过多地暗示客户的时候，客户有可能会感到糊涂，从而失去问题的重点。

3．大生意没有完美对策的原因

需求确认询问可以帮助客户理解对策的价值、帮助客户构想对策在未来的使用情况，但是需求确认询问也可能遭到客户很多的反论。这充分反映出一个事实，那就是任何大生意都没有完美的对策，也就是没有完美的方案。

在使用需求确认询问之前，销售人员一定要意识到每一个需求确认询问都将产生一个潜在的、不可预想的反论。应对这种反论有一个简单的解决模式，而且这种解决模式可以广泛运用。这个标准模式包括以下对话。

（1）"设想你需要产品具有一种什么样的性能？会对你有什么帮助呢？"销售人员可以这样去询问客户，这是一个典型的需求确认询问模式。

（2）"是的，我明白有几种因素，你能解释它是如何帮助你的吗？"

（3）"这值得你去做吗？"

（4）"还有哪些方面对你有帮助呢？"

背景：以销售环保型油漆为例，当你提出这样一个问题的时候，你的客户提出了反论，认为油漆的黏附度和油漆的成本很重要。你可以采用标准模式的对话来解决反论。

你可以问："设想你有一种环保型油漆，那会对你有什么帮助呢？"

客户有可能回答："是的，环保型油漆当然非常受市场欢迎，尤其是我的经销商每次向我订货的时候，也不断强调说他的客户需要环保型油漆，但我不是最终用户，我的客户不仅要考虑环保性，同时要考虑油漆的成本，还要考虑油漆黏附程度，因为它要常年涂刷在室外的墙壁上。"

下面是销售员传统的标准式回答："是的，你刚才说的这种成本，你能解释一下为什么成本对于你也很重要吗？如果成本降低对你有什么帮助呢？"

客户有可能回答："如果成本低，又加上环保等，这对我的销售和批发来说是非常有益的，而且我可以强于竞争对手，市场份额会增加。"

你接着说："是的，我明白，成本和黏附度确实是关键因素，但是，你能否就我们讨论的这个环保性话题详细解释一下，在你原先批发的过程中，环保性对你的批发有什么帮助呢？"（一定要记住这句问话）

客户回答："如果没有环保型油漆，可能我的经销商也不会进货，因为他的终端客户有可能非常强调环保。"（客户又被你拉回到环保这个概念上）

你接着说："这值得你去做吗？"或者"这一点是必需的吗？"

客户肯定说："当然这是必需的。"

你又问："你觉得环保标准非常高对你还有什么帮助？"

客户回答："如果环保标准非常高，现在市场……"

实际上，从上述对话可以知道，销售人员首先要承认在大的生意中没有完美的解决方案；其次，要坚持在销售过程中尽可能地使用标准模式，包括语言模式、逻辑模式，以此来引导客户向适合销售人员解决方案特性和优点的方面来设想或是进行讨论。

4. 需求确认询问的意义

需求确认询问最关键的用途在于制造客户内部的销售逻辑。在一笔非常复杂的大生意中，一个人无法真正地决策购买、预算或制定整个方案，它是用一种复杂的、群体交错的思维方式来完成的，也就是客户自己内部的销售方式。例如，一个信息中心要采购一套信息设备，在一个比较庞大的系统里，它首先要跟信息设备的使用者沟通，要跟信息设备的支持者和供应商沟通，要与决策这件事的上层沟通，同时也要跟财务部门沟通，实际上这就变成了销售人员向信息中心销售信息产品，同时信息中心要向内部成员销售这套方案。

需求确认询问能够有效地组织客户的内部成员来帮销售人员进行销售，使销售人员的销售更加有利。假设销售人员向一个信息中心推销一台高速数据处理服务器，信息中心使用这台服务器的目的是处理大量与信息中心相关的卫生、文教、体育方面的相关数据，然后将这些数据一部分面向市场，一部分面向政府的决策部门。同时，信息中心不仅自己要用这套系统，而且要用它达到商业盈利的目的。虽然信息中心本身对这套系统非常有兴趣，但是信息中心自己没有预算，同时这样的项目必须逐层申报。在这个项目中，很容易发现管钱的人和做出决策的人都不在信息中心。为了有效地通过信息中心去向管钱的人和做出决策的人进行销售，销售人员必须有效地挖掘信息中心内部的销售力量，也就是说必须使用需求确认询问。

三、顾问式销售人员

（一）销售导向和客户导向

20世纪八九十年代以前的销售工作多是销售导向式的，这种方式以销售产品为单一目标，只要将产品推销给客户就算是完成了销售的全过程，能够最终达成交易的销售人员就是优秀的销售人员。但是，随着市场竞争越来越激烈，销售工作面对的困难和挑战也越来越多，如何吸引客户并留住客户，成为摆在销售人员面前最大的问题。

在这种情况下，就诞生了客户导向的销售方式。这种销售方式不再是以产品为中心，生硬地向客户推销，而是以客户的需求为中心，只将最能够满足客户需求的产品推荐给客户。

销售导向的销售方式是销售人员利用个人的能力和说服力向客户介绍产品的特性和好处，无论产品是否适合客户，都尽量地推销给客户。客户导向的销售方式是通过鼓励性地与客户交流来寻找客户的真实需求，产品的推广方向和目标都是围绕客户进行的。它的指导思想是"把正确的产品卖给正确的客户"。

客户导向的销售原则包括以下几个方面。

（1）愿意花时间了解客户所需和所缺。

（2）重视客户的时间。

（3）讨论客户关注的东西。

（4）向客户出售其所需。

（5）关注自己的产品怎样帮助客户取得成功。

（6）赢得客户的信任。

（7）为客户提供长期服务，确保双方的利益。

（8）关注客户的长期事业。

（二）顾问式销售人员的特征

简单地说，销售人员如果采取客户导向的销售方式，将客户的需求放在首位，追求和客户的共同发展，那他就是一名顾问式销售人员。顾问式销售人员扮演了客户的顾问和伙伴的角色，追求双赢，注重互利性。

与传统销售人员相比，顾问式销售人员的特征如表4-1所示。

表 4-1 传统销售人员与顾问式销售人员的特征比较

项目	传统销售人员	顾问式销售人员
定位	企业的代表	既是企业的代表，也是客户的代表
方式	常常夸大宣传，重在压服	实事求是，以良好的形象和服务取信客户，重在说服
侧重点	卖产品	树立销售人员和公司的形象
目的	追求"佣金最大化"	追求"客户满意最大化"
个人素质	简单培训，掌握基本的产品知识和销售技能	系统培训，掌握丰富的产品知识和专业的销售技能
销售流程	短，商品卖出即结束	长，强调良好售后服务

（三）成为顾问式销售人员的途径

在企业的营销策略从原来的产品销售向顾问式销售转型时，为了适应新的变化，销售人员要转变观念，坚持以客户为销售导向，成为客户的顾问和伙伴。前面说过，衡量一个销售人员是否优秀有一个"ASK"模式，在态度（attitude）、技能（skill）、知识

（knowledge）3个方面的不断学习和提升是打造顾问式销售人员的法宝。

1．态度、技能和知识

1）态度

能否成功首先取决于态度而不是能力。顾问式销售与过去的产品销售相比更需要销售人员保持积极的态度，不断激发自身的热情，并始终贯彻在与客户的交往中。积极的态度不仅是解决问题的前提，也是建立长期客户关系的保障。心态积极与否有先天性因素，也受到外在环境和自我激励的影响。销售人员只有热爱销售工作，才会满怀热忱地与客户相处，并积极为客户提供个性化帮助，最终让客户获益，也成就了自己。

2）技能

毫无疑问，计划与判断能力、人际沟通技能、资源协调与整合能力、时间管理与控制能力等，都是优秀销售人员必须具备的。顾问式销售人员还必须具备项目管理能力，能够对项目的总体策划与实施进行管理，如项目规划、项目融资、进度管理、质量管理、风险识别与规避等。他们还需要具备与各种层次的人员特别是高层主管沟通的技能，具备对变化的快速感知与应对能力，以及不断学习的能力。

另外，顾问式销售还需遵循一定的原则和指导思想。这些要求与过去的产品销售相比要高一些，这也是顾问式销售人员需要较高个人素质的原因。

3）知识

这里的知识主要指客户知识、本公司产品技术应用知识、相关行业知识及对竞争市场的认知，很多情况下这种知识是个人的。销售人员不仅要深入了解本公司产品的应用，还要跟踪国外相关产品、技术在本行业的应用及发展趋势，收集业内正在酝酿的业务发展趋势的前瞻性信息。现在的市场竞争，关键在于建立客户对自己的长期信任，为客户增值，为客户带来信息与价值。

广泛而深入的专业知识是推进顾问式销售的有力武器，而销售人员因人而异的智慧与执着的学习精神，是获得这种武器的保障。

2．顾问式销售的原则

（1）坚持以需求为中心，树立客户导向。顾问式销售人员必须做到注重调查研究，了解客户的现实需求和潜在需求；搞好信息的传递和反馈，成为企业和客户沟通的桥梁；制定商品的推销策略，促进商品销售；搞好销售服务，免除客户的后顾之忧。

（2）树立创新意识，开展创意销售。但凡推销，无非是满足需求和创造需求两种方式。对于客户已经表现得很明显的需求，销售人员要设法满足；而那些客户自己都没能够发觉的隐性需求，就需要销售人员仔细地去发掘并加以满足了。只有做到创新，从他人没能想到的地方、从他人没有做过的事情中找到方法和出路，销售人员才能够出其不意地战胜竞争对手，获得销售生涯的辉煌业绩。

（3）诚实守信，坚持公平。不管推销什么，首先要把自己给推销出去，赢得了别人的信任，别人才会购买你的产品。在一次成功的销售拜访中，40%的时间用来建立客户对你的信任感；30%的时间用来了解客户的需求；20%的时间做产品介绍；剩下10%的时间结束销售（图4-4）。可见，建立信任对销售的成功有多么重大的影响。所以，销售人员要注意在

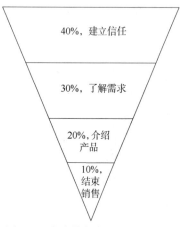

图 4-4　成功销售拜访的时间安排

销售过程中树立良好的企业形象和个人品牌，做到诚实守信、坚持公平。如果在客户还没有信任你之前就贸然推销产品，必然会以失败告终。

 思考与讨论

1. SPIN 技术适用于工业产品的销售吗？为什么？
2. 销售行为和购买行为有哪些差异？

课后实训

学生两人一组分为若干组，运用 SPIN 技术，以"向一位女士推销适合男士用的面膜"为主题做推销训练，并且记录对话，分析是否含有 4 个要素的问题。

课外阅读

产品陈列基础知识

产品陈列无论是理念还是实操都以形成焦点为主导，用最简单、明了的手法展示公司的产品。

1. AIDCA 陈列原则

AIDCA 陈列原则由下列 5 项原则组合而成：①引起其注意（attention）；②使其产生兴趣（interest）；③使其产生欲望（desire）；④使其确信（conviction）；⑤使其下定决心购买（action），如表 4-2 所示，每项原则都有对应的应用目的。

表 4-2　AIDCA 陈列原则

原则	目的
引起其注意（attention）	① 重点商品 ② 优先于其他商品 ③ 变换摆设 ④ 使其注意
使其产生兴趣（interest）	① 产品易见、易触摸 ② 强调产品的特点和优点 ③ 使其感兴趣
使其产生欲望（desire）	① 表现出吸引力 ② 拓宽重点商品的空间 ③ 配置关联商品 ④ 唤起购买欲望
使其确信（conviction）	① POP 广告（明示商品说明与价格） ② 活用小道具 ③ 诉求魅力 ④ 使其确信自己需要
使其下定决心购买（action）	① 产生购买欲望 ② 表示购买意愿

2．易见易触的陈列（图 4-5）

1）有效的陈列范围（60～180 厘米）

黄金带（80～120 厘米）最容易看见、接触的空间，陈列主力商品、重点商品、季节商品。黄金带以上（120～180 厘米）及黄金带以下（60～80 厘米）是次于黄金带易见、易接触的空间，用来陈列准主力商品及一般商品。

2）有效陈列范围以外的空间

（1）库存空间（0～60 厘米）：陈列低频度商品和补充库存品。

（2）准库存空间（180～210 厘米）：陈列补充库存品。

（3）气氛空间（210 厘米以上）：陈列样品或调节色彩。

图 4-5　易见易触的陈列（单位：厘米）

3．陈列的步骤

货品陈列是店铺货架、货品、平面广告等物料的有效整合的总称，能起到很好的促销作用，有利于提升品牌形象，吸引消费者注意，增加营业额。视觉化的货品推销立足于推销第一线，是一个"无声的推销员"。好的陈列是推动货品销售的第一途径，陈列是品牌留给顾客的第一印象。

整个货场的陈列摆放按以下几个步骤进行。

1）分类别

按产品的类型分开，如油漆店铺将水性漆和油性漆、底漆和面漆分开，润滑油将不同标号的产品分开，也有按照使用用途将产品分开的。

2）分颜色

将同一类别的产品按颜色搭配摆设，将主打产品在黄金带摆设。摆设的时候注意包装颜色的搭配。

3）产品搭配

将产品包装外观和使用说明按照正反两面的一定比例展示给客户，尤其是化工工业品，需要阅读包装上的使用说明。

学习情境五　利用技术流程销售产品

看客户的"脸色"行事

某钛白粉企业销售经理小王在参加培训时，有点伤风感冒。晚上小王正在房间里整理作业，培训中心的服务人员端着一碗姜汤进来了，并关切地问："需不需要加被？要不要拿药？"小王感动之余，吃惊地问："你们怎么知道我感冒了？"服务人员微笑着说："从你的脸色上就看出来了！"

学习情境五教学课件

这件事对小王的影响很深。几天后，小王在与某外用塑料制品公司洽谈时，对方经理一直在强调一个问题：钛白粉的耐候性如何？通过这样一个信息，小王了解到对方可能特别注重钛白粉的耐候性功能。

于是在晚上的方案准备工作中，小王把钛白粉的耐候性作为重点推介，重点说明公司的钛白粉产品是金红石钛白粉，在耐候性方面与其他公司的产品相比具有绝对优势。

在第二天的推介中，这一部分内容引起了对方的极大兴趣，他们提出了很多这方面的问题，小王给予了充分的解释。后来对方经理问小王："你是怎么知道我们公司对耐候性有特殊要求的？"小王笑了笑，说："我不知道，这是因为我们产品的个性化功能多。"其实小王心里明白：其实这是因为我们看客户的"脸色"行事。

化工工业品促销方式不同于消费品促销方式，需要销售人员成为客户的顾问和伙伴，引导、教育客户购买产品。在化工工业品市场营销过程中，"技术引导"的作用要比消费品市场营销更重要、更突出，为客户提供方案型销售，解决客户存在的问题，这是由化工工业品的技术性与应用的狭窄性决定的。通过设计人性化、生动化的销售工具，辅助销售人员的上门拜访，创造良好的谈判、沟通氛围，促进成交；帮助客户，降低对技术型产品的认知壁垒，提高客户内部不同对象对工业产品的一致认同。

根据化工工业品的特点，我们总结出了化工工业品技术销售流程的八大基本步骤：市场开发——寻找目标群；客户开发——寻找客户群；拜访客户——传递企业信息；提交方案；方案演示与技术交流；需求分析与正式方案设计；商务谈判；成交促进。在上述八大基本步骤中，设计销售方案，为客户解决当前存在的问题是化工工业品技术销售的核心。

任务一　开发化工工业品市场

知识目标

☞　了解化工工业品市场开发的方法。
☞　掌握化工工业品市场开发的步骤。

技能目标

☞　能够根据化工工业品市场开发的步骤，有效开发化工工业品市场。

⟳ 任务引入

小张是某知名油漆厂家 A 公司的业务人员，该厂专门生产家具和建筑油漆。经过几年的发展，该公司虽然在国内民用市场有一定的占有率，销售量也不错，但是在化工工业品市场上几乎是空白。A 公司地处珠江三角洲，面对蓬勃发展的电子工业，公司高层决定准备开发塑料涂料、UV 涂料、金属油漆等 3C 涂料产品。经理让小张收集市场信息，撰写市场分析报告，确定公司的主要细分市场。

⟳ 任务分析

小张要撰写出一份成功的市场分析报告，首先要对 3C 涂料在珠三角地区的使用情况进行市场调研，并对市场的发展趋势做出判断，用化工工业品市场开发方法开发珠三角地区市场。市场分析报告包括目标客户企业的特点，对产品的要求，对开发时间、开发价值、开发效果的评估。

⤨ 知识链接

一般来说，寄样册、送少量试用品、登门拜访是客户开发的三大法宝，但很多公司把它混同于市场开发。所谓的市场开发，就是寻找以下问题的答案：怎样开发一个大的区域市场？通常我们有哪些招数？效果如何？这个市场中几类用户的特点如何？市场的总体开发价值有多大？市场开发预计需要多长时间？

一、化工工业品市场开发的方法

化工工业品市场开发有 4 种方法：行业杂志广告、新品推介会（行业展销会）、建立当地潜在客户分类目录、寻找有特殊关系的人或组织。

（一）行业杂志广告

化工企业都清楚行业杂志广告的好处，但问题在于只有多年经营，才会有效果。门户网站的泛滥使化工企业瞄准客户困难重重，而机场和公路广告花费颇大，所以研究目标市场中用户的特点就很有意义。例如，某些行业的科技人员多来自于某几所高校，某些行业的厂商热衷于相互排斥；某些地方的技术人员很推崇某个国际厂商，很难介入等。

每个区域或每个行业都有不同的特点，营销人员要主动去发现并利用它，不能照搬旧的经验。

（二）新品推介会（行业展销会）

为新品召开专门的推介会意义深远，但很少有企业会这样做，理由是：花费大、不一定有人来捧场、领先程度不值得推介、不一定有订单……其实，让营销人员日复一日地开发，销售业绩成长缓慢且不说，有时可能贻误商机，因此，举办新品推介会是必要的。如果确实因为某种原因而无法单独召开新品推介会，那么也一定要使新品频频出现在行业展销会上。这样做可以达到展示自我、扩大知名度、捕捉行业信息的目的。

（三）建立当地潜在客户分类目录

客户目录应包括：本公司其他地方的几类主力客户在本地的目录和档案；本地几类发展快、材料用量大的客户的目录和档案，并确定相应的研发计划；未来可以用其他材料满足的一些客户；拜访当地相关的龙头企业，并收集其需求。

（四）寻找有特殊关系的人或组织

这种方法的关键在于：关系网的重心在哪里？可否找到这种很有影响力的人或组织？如何与其合作（公司应有一些合作框架和原则）？竞争对手在这方面是怎么做的？效果如何？如何效仿和替代它？

市场开发工作的重心是：对整个市场进行催熟，布下未来业绩发展的大棋局，准备一些特殊资源支持未来的业绩成长，选择目标区域和目标行业，选择进入的时机。

二、化工工业品市场开发的步骤

产品要销售出去，就必须有市场。化工工业品的市场开发一般有四大步骤：营销调研—市场预测—产品计划—营销策划，如图 5-1 所示。

（一）营销调研

市场是瞬息万变的，营销信息也总是在变化之中，营销调研是营销人员的重要工作之一。营销人员应以科学的方法，系统地收集、记录、整理和分析与市场营销有关的情报资料，提出解决问题的建议，使市场营销更加有效地进行。化工工业品市场的营销调研一般要经过以下几个步骤。

1．确定调研目标

确定调研目标，即确定调研应该或需要解决的问题。

2．确定调研项目

根据调研目标，营销人员要从不同的角度、层次来确定需要进行的具体的调研项目。

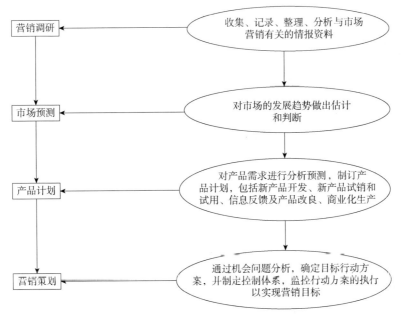

图 5-1　市场开发流程

3．调研前的准备工作

（1）拟订调查方案。

（2）明确调查对象和调查单位。

（3）拟订调查提纲，设计调查表。

4．组织实施调研

首先，要收集二手资料，进行案头调研。然后，要深入营销实践，现场收集材料和实地调研。

5．资料分类整理

（1）分类，是资料具有科学性的基础。

（2）校核，即剔除调查资料中的错误部分，清除含糊不清的内容，使资料达到准确的目的。

（3）列表，即将资料制成各种系统的统计表。

6．资料分析

在资料整理的基础上，还要运用某些统计方法，对资料进行检验和分析。具体方法有多维分析法、因素分析法、回归分析法、判断分析法、群体法和因差法等。

7．撰写调研报告

通过分析资料，对所调查的问题得出结论，并提出实现调查目标的建设性书面意见，供领导决策。

（二）市场预测

市场预测是根据过去和现在的已知信息，运用已有的知识、经验和科学方法，对市场的发展趋势做出估计和判断。

1．市场预测的基本原理

（1）惯性原理。市场是不断变化发展的，未来的市场是在过去和现在的基础上延续而来的。因此，可以建立各类时间序列预测模型，收集过去和现在的市场资料，推测未来市场的发展变化。

（2）类推原理。市场的结构和发展存在着相似性或类同性，掌握了某一类事物的发展规律，可以类推出其他类似事物的发展规律。

（3）相关原理。市场的发展变化存在着各种互相联系、互相依存和互相制约的因素，因此，在了解了相关因素的变化趋势后，就可以预测市场需求量的增减。

2．市场预测的内容及方法

（1）市场潜量预测。市场潜量是指一个行业在某个市场内可能达到的最大销售量。销售潜量是指某一产品的最大销售量。市场潜量的预测方法主要有市场潜量累加法、购买力指数预测法、抽样调查预测法、类比预测法等。

（2）销售预测。它是对今后一定时期内最接近的销售水平进行衡量。销售预测的方法主要有德尔菲法、指数平滑法、因果分析回归法等。

（3）产品预测。它包括对新产品开发的需求量分析、同类产品比较预测、产品计划预测和产品生命周期预测等。

（三）产品计划

通过营销调研，进行产品需求量的分析预测，即应制订产品计划，包括新产品开发、新产品试销和试用、信息反馈及产品改良、商业化生产等。

1．新产品开发

新产品开发是指从产品构思到完成产品工艺、工程设计或配方设计的全过程，包括产品构思、资料收集、研究开发、性能试验、成本核算、中试等。新产品开发是满足新的需求、优化产品组合的途径，是企业寻求新的利润增长点的方法，也是企业具有活力和竞争力的表现。

（1）产品构思。根据用户或市场的需求，从性能、质量、价格、包装等方面对即将研制的产品进行整体规划，同时对市场上现有产品不能满足用户需要的方面做到心中有数，构划出理论产品。

（2）资料收集。查阅专利文献、期刊资料等，收集所需资料，并进行筛选、分类。

（3）研制。备齐所需仪器设备，进行工艺、配方、结构等设计，做出样品和试样。

（4）性能试验。对样品或试样进行全面的性能测试，检查其能否达到预期性能。

（5）成本核算。对能满足性能要求的几种样品进行成本核算，筛选出满足预定要求的制造工艺、结构或配方等。

（6）中试。将筛选出的样品进行扩大，在模拟实际生产工况的条件下做进一步的试验，以求生产及产品的稳定性和可靠性。

2．新产品试销和试用

选择有良好合作关系的典型用户，在其生产现场进行试用或采取一定的途径进行试销，坚持进行详细、准确的观察，记录相关理化参数。

3．信息反馈及产品改良

根据用户试用的结果或记录的理化参数，进行全方位的分析研究，论证产品的性能、可靠性、适用性、使用成本等，对产品的不良方面或用户不满意的方面进行改善。

4．商业化生产

经过现场试用并改良后，对能满足市场需求的产品以标准化的方式进行生产。

（四）营销策划

在市场经济条件下，任何产品要销售出去，或者更快、更好地销售出去，就必须进行科学、周密、创新的营销策划，通过机会问题分析，确定目标行动方案，并制定控制体系，监控行动方案的执行，实现营销目标。

1．机会问题分析

分析市场上与新开发的产品性能相似、成本相似的产品的种类及其市场占有率，分析相关企业和产品的优势与劣势、营销能力和技术实力，分析自己产品的市场机会和竞争能力、自己产品及相关资源的不足之处，采取相应的对策，制定适用可靠的营销方案。

2．确定目标

确定目标包括确定财务目标和市场营销目标。

（1）财务目标，即公司要达到的长期投资收益率、投资回收期、利润及应收账款和呆账等。

（2）市场营销目标，即将财务目标具体化，如该种产品每年的销售额和增长率、市场占有率、利润率等。

3．确定行动方案

（1）确定由哪些人组成该产品的营销小组，如技术专家、销售骨干、营销人员的组合。

（2）选择在哪些区域进行，如是工业发达、人均收入较高的上海、深圳、广州等一线城市，还是工业欠发达，人均收入较低的西部地区城市。

（3）确定在哪些行业、哪些企业进行营销活动。

（4）确定营销活动的最佳时间，如年中或年底的产品配套订货会。

（5）采取的行动方式，如广告、展销、宣传及其他促销手段，并对以上活动进行资金预算以控制市场开发成本。

（6）准备销售工具，如产品说明书、使用手册、性能对比数据、使用成本对比数据等。

4．制定控制体系

要制定控制体系监控和调整行动方案的执行情况，以及营销目标和财务目标的实现状况。

思考与讨论

1. 如何开发工业涂料市场？
2. 化工工业品市场开发的流程是什么？试举例说明。

综合实训：如何调研立项

课后实训

利用所学的化工工业品市场开发知识，撰写一份手机涂料产品市场分析报告。

任务二　寻找客户群

> **知识目标**
>
> ☞ 掌握客户分类跟进方法。
> ☞ 了解大客户开发策略。
>
> **技能目标**
>
> ☞ 能够根据客户开发相关知识，做好客户规划，有效开拓新客户。

教学拓展：工业
客户管理

任务引入

A 公司由于在化工工业品市场有比较高的品牌知名度，这让小张他们在市场拓展上容易很多。公司的产品系列逐渐完善起来，小张也更加忙碌了，不断拜访客户，积极为客户服务，一天下来几乎没有放松的时间，总是电话不断。但是几个月下来，小张发现客户发展了不少，准客户发展得更多，但是业绩却不是很理想。看来小张需要做好客户规划，开拓有价值的新客户群。

任务分析

如何做好客户规划，如何定位客户的价值，是小张需要了解的内容。小张要做的事情有寻找客户，建立基础客户档案，做好客户规划工作，重点开发大客户。

知识链接

进行客户开发、寻找和研究客户势必会遇到以下问题：我们的客户在哪里？从哪些渠道把他们找出来？新的潜在用户在哪里？一般来说，行业内部会议、黄页号码簿、展览会等涵盖了企业 60% 的客户，但问题是这些渠道是众所周知的，客户资源的竞争很激烈，那企业的优势何在呢？

寻找客户、建立基础客户档案是一项基础工作，对营销工作的支持影响深远。下面的问题需要引起营销人员的注意：你的主力客户是哪几类？你建立客户目录了吗？你每个月新开发多少个客户？这在你的业绩考核中占有多大比重？建立了主力客户的分类目录及相应档案吗？为什么？这些问题事实上是一切化工工业品营销问题的根源，后面所有的问题都从它衍生出来。

营销人员要认真研究客户，回答以下问题：我们的产品具有不可替代性吗？客户目前的供应商的优势何在？能否成交？价值多大？要分配多少精力？如何成交（如让利、服务、协助、工艺试验等）？我们带给客户的价值何在（如成本、材料性能、工艺、供货方式、服务、长期合作等）？

寻找和研究客户的重点是：新客户的寻找与客户的研究，新客户类型的发现与开发，客户的研究、过滤及锁定目标。管理学有一个著名的"鱼骨头"理论，即当你画一条鱼的时候，你是选择从头、尾、鳍等细枝末节开始着手呢，还是从鱼的主要骨干等粗线条开始着手呢？如果你选择前者，有可能画着画着就会走样，根本不像鱼，或者由于时间等外界条件的限制而完不成整条鱼的绘画，结果你可能得不了 60 分；如果你选择后者，只要画出鱼的骨架，一条鱼的基本结构也就呈现在眼前了，虽然需要花费精力去完善和美化你所要描绘的鱼，但至少在把鱼的主要骨架描绘出来的时候，因为形似，你已经得到 70 分了。

客户开发也存在这个道理。假设你的全年销售目标是 1 亿元，那么你是把精力花费在一些订货 5 万元、10 万元的小客户身上呢，还是把精力更多地花费在订货 300 万元、500 万元这样的大客户身上呢？把精力放在前者，你会感觉很忙，工作夜以继日，而且琐碎的事情很多，使你应接不暇，然而当你盘点业绩的时候，可能只完成了两三千万元的销售额。如果把精力转移到大客户身上，你只要抓住十多家大客户，就基本可以保证实现全年 1 亿元的销售目标。

因此，对企业而言，深刻领悟并系统运用"鱼骨头"理论，把更多的精力投向开发和管理大客户上，对于自身的成功具有举足轻重的作用。也正因为如此，许多大型化工工业品企业设立了大客户部、大客户经理等部门和岗位，有针对性地进行大客户开发。

一、大客户开发策略

化工工业品企业往往由几个关键客户或者大客户支撑着，大客户的变动将直接影响化工工业品企业的经济效益，可见大客户对化工工业品企业是何等重要。大客户业务的开展需要企业建立由具有丰富营销经验的人员组成、其他部门给予支持的大客户部或者大客户发展部。该部门应该是灵活性和统一性的组合体，并具有极强的战斗力，甚至有可能会派相关人员长驻所服务的企业，与客户一起办公。

大客户开发要做好以下几件事。

（一）构筑大客户营销平台

为更好地开展大客户开发和服务工作，化工工业品企业可成立大客户部或者大客户发展部，组建高效、富有经验、高素质的大客户营销团队，以在组织建设和人力资本上有切实的保障。建立以客户为导向的大客户营销平台，整合企业内部资源，满足目标客户的需求。这就要求大客户营销人员有卓越的市场感知能力，强大的市场开发、维护能力，对企业的知识、信息十分熟悉。

为了让目标客户了解公司所在行业、公司及公司的产品，企业形象画册的印制、行业和企业形象宣传视频的制作、企业形象平面和软新闻稿的撰写、广告片的拍摄等是很有必要的。同时，应建立完善的大客户营销政策和服务标准，制定相关产品的折让价格、销售佣金等。

（二）了解大客户的真实需求，为大客户创造价值

化工工业品的最终用户主要是企业，购买需求专业、理性、明确，主要是为满足再生产需要，这种需要是比较客观的，基本不以人的意志为转移，受人的喜好、习惯影响较小。所以，对于化工工业品来说，了解大客户需求主要就是了解化工工业品使用项目的需求。例如，该客户为什么要购置产品？对产品有什么样的要求？使用到什么项目？项目的规划是怎样的？该客户期待达到什么样的预期效果？计划投入多少费用？

同时，为了成功开发大客户，营销人员还应了解：该客户以前是否接触过该类产品？其购买决策人有哪些？购买决策过程是怎样的？有哪些竞争对手参与竞争？竞争对手的优劣势有哪些？

（三）选择重点客户进行重点突破，为其他大客户开发树立样板

化工工业品企业客户的行业聚集性比较好，或者行业集中程度比较好，选择重点客户进行突破，在行业中可以起到样板作用，能在其他大客户的开发过程中起到广告作用。

在大客户开发过程中，营销人员需要了解对方决策标准，最大限度地使自己的方案可以感知地满足决策标准。一般而言，大客户评估备选方案会有一个心理过程，如图5-2所示。

阶段	客户行为	战略营销目标
明确差异	客户建立标准，以进行备选方案的选择	发现已存在的标准，建议其他更为合适的决策标准
明确差异的相对重要性	在评价体系内，客户确定不同指标的相对重要性	● 增加公司产品优势指标的权重 ● 降低公司产品劣势指标的权重 ● 向大客户展示公司的产品和服务最适合的标准 ● 用标准向大客户说明公司的独特优势
用差异来评选备选方案	客户比较备选方案，并最终确定较好地满足标准的方案	
确定最佳方案		

图 5-2　大客户评估备选方案的心理过程

二、客户规划与电话邀约

客户的内部采购流程开始于客户发现自身存在的问题，并确认需求的存在。那么，营销人员应该做些什么才能够介入客户的内部采购流程呢？

营销人员要了解客户的内部采购流程，并做好客户规划、电话邀约。

（一）客户规划的目的

客户规划就是通过搜集市场及客户的信息，并对客户的基本信息进行整理，形成客户信息管理系统的基础资料。

（1）每个企业都有自己的目标客户群。在这一庞大的群体中，不同的客户能给企业带来的收益可能会有极大的差异。通过客户规划，营销人员对客户进行划分，将销售精力主要放在能给企业带来最大收益、最低风险的客户群上。

（2）客户的基础信息和潜在销售机会。认清企业的主要客户群，不代表营销人员能够直接与他们进行接触。如果营销人员的销售毫无计划，连客户可能有什么样的问题需要解决都没有弄清楚，只是盲目地与客户联系，除了给对方留下不好的印象外，营销人员不会有任何收获。因此，通过客户规划，搜集客户的信息，并对其进行分析，是营销人员在项目型销售中所要完成的一项必要的、基础性的工作。

（3）电话邀约。通过客户规划，营销人员已经确定了企业的主要客户群，以及对企业主要客户群的基本情况和可能需求有所了解。问题是，营销人员应该如何与主要客户群进行初步接触并参与到他们的采购流程当中呢？在项目型销售推进流程的第一阶段，通过电话邀约，营销人员与潜在客户进行初步接触，使项目型销售顺利开展。

（二）对客户进行电话邀约的目的

对客户进行电话邀约的目的包括以下几个方面。

（1）品牌宣传，广而告之。电话邀约从现实的方面考虑，是为了与客户开展销售项目。从长远的方面考虑，是进行品牌宣传的一种手段。通过电话邀约，让你接触到的每个客户知道你是干什么的、你所代表的企业是干什么的、企业的行业地位如何等。

（2）激发并引起客户的兴趣。与客户的第一次沟通，不要期望能够马上让客户对企业的产品和服务产生兴趣，与客户建立良好的信任关系，激发并引起客户的兴趣，为下一次客户感情维系打下基础，这是营销人员在电话邀约阶段应该完成的主要任务。

（3）筛选并发现潜在客户。在客户规划阶段，营销人员只是确定了目标客户群，但是对于具体哪些客户会为企业带来利润并不清楚。通过电话邀约，确定客户对企业的产品和服务的需求程度，从而做出判断，从客户名单中筛选出 A 类客户，使存在销售机会的客户转变为企业的潜在客户。

（4）为上门拜访做预约。电话邀约是项目型销售推进流程的第二阶段，要想成功实施项目型销售，只有电话沟通是远远不够的，还需要进一步的会面访谈。电话邀约的目的之一就是与客户对会面的时间、地点、主题、参加人员等内容进行确认，为上门拜访做好准备。

三、客户分类跟进与客户关系维护

（一）客户分类跟进

找到客户之后，营销人员还需要对客户进行分类跟进。客户分类的原因：营销人员时间有限，不可能在每个客户身上花同样时间；企业的业务费用有限，不可能在每个客户身上都投资；企业的产品有其特性，对不同客户来说价值感不同、重要性不同；企业有其营销目标，需要先集中精力做出一些业绩支持企业的长远发展；企业的研究成果领先程度有限，需要在最短时间内推广给最需要的客户；企业的管理能力有限，需要把管理对象分出轻重缓急。

既然要对客户进行分类，就一定要有分类的标准，如营业额、利润额、商誉及支付能力、原料消耗量、发展潜力、对企业的依赖程度、在行业中的影响力、预计成交额、成交的难易程度、地理距离的远近程度等。通常，我们把客户分为 A 类、B 类、C 类。

对于客户分类管理，营销人员必须明白：即使你的工作很到位，你的 A 类客户也会有 10%～30%的流失；100 个基础客户经过筛选，最后成为你的客户的不到三成，A 类客户、B 类客户、C 类客户比例为 1∶3∶6；要不断促进客户升级，预备客户升为 C 类客户、C 类客户升为 B 类客户、B 类客户升为 A 类客户，否则用不了多长时间，你的业绩就会大幅度滑坡；即使意向很低的 C 类客户变成预备客户，也不能轻言放弃，立即问候、寄资料、拜访；不要轻信他人的分类，要不断更新资料，不断调级，才不至于半途而废；如果有的客户被你列为 A 类客户，却没有持续的订单，你必须进行检讨；营销人员的眼前业绩在于他的 B 类客户的质量，而未来业绩则取决于 C 类客户的质量；每个月要调整 20%的各类客户，了解相关情报，重新定级；不同区域市场的客户分类标准不同，不同行业的客户分类标准也不同。

营销人员要对自己的 A 类客户了如指掌，对 A 类候补客户也要做到这样，如果能进一步了解自己的 B 类客户，就会有丰厚回报；确定影响每年（月）营销目标达成的重要指标；存在大数原理，即你规划的营销目标很可能达成，但有的该成的没成，不该成的成了，意外和惊喜抵消，目标达成了；营销管理不是一个确切数字，一定要相信增长率管理，如订单总额增长率、利润增长率、A 类客户增长率、个人业绩增长率、单月回款增长率、拜访次数增长率。只有做好营销管理，才能做好化工工业品营销，所以必须有管理会计来协助营销人员做业绩增长数据的统计和分析。

由于化工工业品的特殊性，化工工业品购买时表现出理性、专业性，购买决策过程复杂、决策时间长，有的甚至长达数年，在如此漫长的等待时间里，影响客户购买决策的因素都可能在发生变化，这既是机会也是挑战。如果此时营销人员认为可以高枕无忧，那就大错特错了。随时对客户进行跟进是十分必要的，建立良好的客情关系，进一步做好项目型营销的公关工作尤为重要。

当然不是所有的项目都要跟进。虽然化工工业品项目不如消费品多，但每个项目都进行跟进是不现实的，所以营销人员应对自己跟踪的项目进行分类。根据有关分类标准，将客户分为以下几类。

A 类客户：购买额度比较大，是企业营销业绩的主要完成者，而销售成本却相对不高，为企业创造了大量的利润。这类客户通常是行业大型企业，或者是排名在前的知名企业。这些企业实力强、信誉度高，在行业内有一定的号召力，往往起着"领头羊"作用，对这类客户开发好了会有事半功倍的效果。

B 类客户：这类客户购买量不是很大，也不是行业领军企业，但他们是行业的新生力量，对技术和服务都有特别要求，一般从事订单式加工，有利于企业技术和服务水平的提高，但为此花费的人力、物力较多，为企业创造的利润往往不高。

C 类客户：一般的大众客户，一次购买量不大，服务需求少，但购买次数往往比较多。这类客户是企业的主要客户，也是企业销售业绩的主要来源，为企业创造了大量利润，对企业非常重要。

在化工工业品营销实践中，企业可根据当月的营销项目进展情况，以及客户对当月销售指标的贡献或影响程度，将客户分为 A、B、C 三类；A 类客户为当月指标确保的客户；B 类客户为当月指标弥补的客户；C 类客户为当月开发的客户，以此编制每个月的客户动态分类表，如表 5-1 所示。

表 5-1　＿＿月度客户动态分类表

类型	客户名称（编号）	销售贡献/影响程度		主要措施	责任人
		项目	销售额		
A					
A					
A					
B					
B					
B					
C					

表 5-1 的编制要紧密围绕当月的销售指标。营销人员可以此表来规划自己的精力与投入；营销经理通过这张表整体掌握并及时跟踪当月销售指标的完成情况，并对出现的异常情况给予高度关注。但无论怎样，化工企业都应该将重点放在对当月业绩指标影响或贡献较大的 A 类和 B 类客户上。

（二）客户关系维护

客户开发成功之后，就要进行持续的客户关系维护。客户关系维护和客户开发在原理上完全相同。客户关系维护的难度相对较小，因为营销人员已经和客户建立了初步的信任，需要做的是强化和稳定这种信任。

客户关系维护之道包括：深入掌握客户资料并投其所好；提供软性利益，帮助客户成长；定期组织一些交流活动；树立"大服务"概念，进行服务创新；做好客户的满意度调查。

思考与讨论

1. 客户分类标准有哪些？
2. 如何进行客户关系维护？

课后实训

小程是某化妆品原料公司的业务员，该公司正在寻找意向客户。在收集了大量的营销数据以后，小程要对准客户做出规划，以决定客户跟踪的时间和频率。

试用客户购买能力、客户用量大小、购买紧迫性、购买频率4个标准，将客户划分为 A、B、C 三个级别。

任务三　传递企业信息

知识目标

☞ 掌握拜访准备的内容。
☞ 掌握客户进入途径和方法。
☞ 了解行动反省的内容。

技能目标

☞ 能够成功拜访客户，并与关键人物接触。

任务引入

小张经过客户规划，将精力逐渐集中在 A 类、B 类准客户上，即那些可能大量购买的客户或者近期就有可能成交的客户。有一天，小张从其他渠道得知一家位于顺德的家电生产企业，这个准客户应该属于 A 类准客户。虽然小张知道不可能一次拜访就完成销售任务，但是他还是做了精心准备，去拜访这个企业。

任务分析

小张首先要确定首次拜访客户的目标及行动计划；然后做好拜访准备工作；最后应及时反省初次拜访客户的情况，发现不足之处，及时改进。

一、客户拜访的任务

化工工业品企业的营销人员一般要分管几个地区、一个省甚至几个省的市场，每个月要走访大量的客户，对每个客户拜访的时间很短。一些营销人员每次拜访客户都是 3

句话：上个月卖了多少货？这个月能回多少款？下个月能再进多少货（或者有多少订单）？这无助于销售的达成。拜访是达成销售的面对面阶段，必须做好准备，带着目的去拜访。营销人员拜访客户的任务有以下几个方面。

（1）销售产品。这是客户拜访的主要任务，营销人员要向客户介绍公司的情况与产品。

（2）市场维护。没有维护的市场是昙花一现的市场。营销人员要处理好市场运作中的问题，解决客户之间的矛盾，理顺渠道间关系，确保市场稳定。

（3）建设客情。营销人员要在客户心中建立个人形象和公司形象。这有助于获得客户对营销人员工作的配合和支持。

（4）信息收集。营销人员要随时了解市场情况，监控市场动态，掌握客户需求。

（5）指导客户。营销人员分为两种类型：一种是只会向客户要订单的人，另一种是给客户出主意的人。前一种类型的营销人员获得订单的道路将会很漫长，后一种类型的营销人员则会赢得客户的尊敬，从而迅速成交。

虽然拜访不等于成交，但要做好拜访工作，实现以上五大任务，营销人员在拜访客户前就要做好"功课"。

二、拜访准备

失败的准备就是准备着失败。营销人员在拜访客户之前，就要做大量的拜访准备工作，为成功拜访打下基础。

（一）掌握资源

营销人员要掌握本公司的基本情况、产品知识、产品策略、销售政策、价格政策和促销政策等。尤其是在公司推出新的销售政策、价格政策和促销政策时，营销人员更要掌握新的销售政策和促销政策的详细内容。当公司推出新产品时，营销人员要了解新产品的特点、卖点。除此之外，营销人员还要准备好拜访资料，如公司宣传册、广告片、产品资料手册等。

（二）明确销售目标和计划

营销人员要为实现销售目标工作。成功销售的准则就是制订销售计划，然后执行销售计划。营销人员每次拜访客户都要明白：自己拜访客户的目标是什么？如何去做才能实现目标？客户拜访目标分为销售目标和行政目标。销售目标包括要求老客户增加订货量或品种、向老客户推荐现有产品中尚未经营的产品、介绍新产品、与新客户建立客户关系等。行政目标包括催收账款、处理投诉、传达政策等。

那么，首次拜访新客户的目标是什么呢？

拜访新客户首先要考虑的是客户希望在会面中得到什么。本阶段对应于客户内部采购流程的第二阶段：研究可行性，确定预算。客户目前要做的事情是：提出解决问题的思路，讨论该思路的可行性，并制定预算。

对于客户来说，他们已经深切地体会到自己面临的问题了，希望营销人员能够协助他们解决这些问题。但是，一方面，他们对于这个问题是否存在解决的可能性还没有明确的判断，对于如何解决这个问题也并非心中有数，因此，他们期望在会面中找到答案。另一方面，客户对营销人员所在公司的实力还不是特别清楚，他们希望通过会面能够对公司进行考察。

由此看来，营销人员进行客户拜访的目的在于以下几个方面。

1. 宣传公司的优势

通过向客户介绍公司的品牌、技术优势、客户见证、发展方向等信息，增进相互的了解，使客户建立对公司的信任感。第一，在案例挑选上，应当特别介绍同行业中的类似案例，或者大型项目，这些都能提高客户对公司综合实力的评分。第二，向客户介绍行业技术发展的大概情况。这不但能够带给客户一些新的知识，使客户乐于与营销人员进行交流，也显示出公司的技术实力，使客户对公司更有信心。

2. 提交草案

客户希望公司能够帮助他们解除困扰，最好的办法就是给他们指引方向。根据客户面临的问题，营销人员提出一些建议，帮助客户针对问题进行立项，使客户明确问题可以解决和如何解决。客户对解决这一问题有了信心，销售流程才能够向下推进。营销人员向客户提供建议，也能够体现出公司的实力，增强客户对公司的信心。

在整个销售流程中，能够使销售顺利向前发展是营销人员拜访客户的出发点。一方面，营销人员要促进销售流程向前发展；另一方面，还要为销售流程的后续阶段做充分的准备，如建立客户关系、收集信息等。

3. 建立客户关系

客户关系的建立应该从销售流程的一开始就着手进行。客户关系并不只是与客户企业中的某个人建立关系，而是与销售项目相关的所有人员建立关系，因而是一个长期的过程，必须从一点一滴做起。与客户建立良好的关系，也就是使客户对公司产生信任感，这种信任可以在项目的关键阶段为公司争取加分，保障销售的成功。

4. 确认必要信息

营销人员与客户探讨其目前面临的问题，了解客户的需求，一方面可以帮助公司和客户建立和谐的合作关系，增强客户与公司进行合作的愿望；另一方面也在为项目型销售流程的后续阶段做准备。除此之外，营销人员还应当了解客户内部的采购流程，客户内部的角色和职能分工，分析项目的负责人、决策者。

在最初的阶段，营销人员已经通过市场调查，对客户信息有了一定的了解，但是这些信息相对于销售项目而言过于宽泛。通过与客户的会面，营销人员可以了解到一些从外部不能获得的重要信息。

（1）了解客户的需求。每一次客户拜访都会有目的，而大多数客户拜访的目的就是为了了解客户的需求，可能最后一次客户拜访是为了索要订单，但是在这之前的多次客户拜访都是为了不断了解客户的需求。客户的需求是千差万别的，不了解客户的需求，就无法提供有效的服务，就难以提高客户的满意度。只有尽可能广泛、准确地判断客户对产品、服务、价格等方面的需求，才能针对客户的需求，提出合理的、易于让客户接受的方案。

（2）发现潜在的销售机会。或许在电话邀约阶段，营销人员已经与客户探讨了客户面临的某个问题，客户希望与营销人员进行面谈，进一步讨论怎样解决这个问题。但是实际上，营销人员能为客户做的不止这些。通过调研，营销人员能发现其他潜在的销售机会。

（3）发现客户的关键决策人。通过外部市场调查，或许可以了解到客户内部的组织结构，也可以据此推测与销售项目有关的关键人员。但是，不同客户之间的情况是千差万别的，通过客户拜访，营销人员能够发现客户的关键决策人，有利于制定营销公关策略。

（三）掌握专业的营销方法

营销人员要掌握销售技巧，以专业的方法开展销售工作。营销是一门学问，也是一门艺术，是有章可循、有方法可用的。成功的营销人员除了具有天赋还需掌握一定的营销方法和客户管理技巧等。营销方法一般可以分为以下两种。

（1）以销售产品为导向的高压式推销。营销人员通常在推销前准备好介绍词，推销时尽量夸大自己产品的优势，批评竞争对手的产品，提出诱人的条件，最后做出友好的让步，争取当场拿下订单。这种营销方法基于假定客户没有购买的需求，通过强势的推销手段不断地诱导、激发客户的购买欲望，使其在较短时间内做出购买决定。这种营销方法对产品价值不是很高、客户对产品比较了解、容易做出购买决定的产品比较有效。

（2）以客户需求为导向的说服型推销。这种营销方法基于对客户需求的了解。营销人员要学会利用倾听和提问去识别客户的真实需求，了解客户的特点、动机和行为，帮助客户制订购买计划，同时推介公司的实力、产品优势、优质服务等，打动客户，使其产生购买欲望，做出购买决定。

没有一种营销方法能适应所有的销售情况，营销人员要在实践中熟练掌握、灵活使用。

（四）整理好个人形象

营销人员要通过良好的个人形象向客户展示品牌形象和企业形象。

（五）带全必备的销售工具

我国台湾企业界流传一句话："推销工具犹如侠士之剑。"其意思是说，凡是能促进销售的资料，营销人员都要带上。调查表明，营销人员在拜访客户时，利用销售工具可以降低50%的劳动成本，提高10%的成功率，提高100%的销售质量。销售工具包括产品说明书、企业宣传资料、名片、计算器、记录本、笔、价格表、宣传品、样品、有关剪报、订货单等。

三、行动反省

营销人员要及时将自己拜访客户的情况进行检讨、反省，发现不足之处，及时改进。营销人员有不同的类型：做与不做的，认真做与不认真做的，工作完成后总结与不总结的，改进与不改进的，进步与不进步的。结果，有的营销人员成功了，有的营销人员失败了。营销人员的反省工作可以围绕下面几个方向开展。

（1）上级指示是否按要求落实了。营销人员的职责就是执行、落实上级的指示。营销人员在拜访客户前都要检讨自己：上次拜访客户时，有没有完全落实领导的指示？哪些方面没有落实？今天如何落实？

（2）未完成的任务是否跟踪处理了。

（3）对客户做出的承诺是否兑现了。一些营销人员常犯的错误是"乱许诺，不兑现"。营销人员一定要做到"慎许诺，多落实"。

今天的客户拜访是昨天客户拜访的延续，又是明天客户拜访的起点。营销人员要做好路线规划，统一安排好工作，合理利用时间，提高拜访效率。

四、比较客户价格

我国企业市场运作的经验说明，市场的混乱是从价格的混乱开始的，价格的混乱必定导致市场的混乱，因此管理市场的核心工作就是管理价格。营销人员要管理价格，首先要了解企业价格政策的执行情况。具体来说，就是要了解以下几个方面的情况。

（1）不同客户的实际销售价格。将当地市场上几个客户的销售价格进行横向比较，考察不同客户的实际销售价格。

（2）同一客户不同时期的销售价格。将同一个客户的销售价格进行纵向比较，了解价格变动情况。

（3）了解竞争品的价格。竞争品的价格如有变动，要及时向上级反馈。

五、客户进入的路径与方法

成功的营销人员通常会找到一个客户内部的关系人，以帮助自己寻找客户的决策者。成功寻找客户内部关系人的方法是关注那些愿意倾听的人、关注那些对现状不满的人和关注那些拥有决策权的人，如图5-3所示。

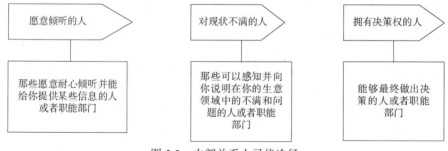

图5-3　内部关系人寻找途径

营销人员要形成自己的进入计划。

（1）确定谁是最可能愿意倾听你介绍产品和服务的人。

（2）接近愿意倾听的人，并且要求见面。

（3）搜集自己需要的信息。

（4）运用 SPIN 技术准备一些问题，以发现客户的隐性需求。

（5）找到几个对现状不满的人，完成类似工作，确认客户的隐性需求。

（6）为了找到真正的决策者，你需要会见更多的人。

（7）经过充分挖掘客户需求、提供富有价值的系统解决方案，与决策者见面后，营销人员可以一举成功。

思考与讨论

1．营销人员应该从哪些方面入手做好拜访准备工作？

2．客户进入的路径与方法是什么？

课后实训

学生两人一组，分为若干组，演练：在没有预约的情况下拜访客户，如何突破门卫这一关？

任务四　探求客户需求并提供产品方案

知识目标

☞ 了解化工工业品的采购流程。

☞ 掌握探求客户需求的方法。

技能目标

☞ 能够通过与客户的深度交流，了解客户的真正需求，并据此为客户提供产品方案。

教学拓展：工业涂料销售流程

任务引入

小张有很多有交易记录的小规模客户，其中一个客户是从事金属工艺品加工喷涂表面处理的。这个客户订货量很小，一般通过采购员王某直接传真订单，没有固定的订货周期，由 A 公司统一安排送货。客户每次订货后小张会通过电话和采购员王某沟通一次。这时，王某都会提出降价和付款时间的问题。

一次偶然的客户拜访，小张发现这家工厂有 1000 多人，除了金属工艺品加工车间，客户还有金属和塑料制品电镀车间。

小张决定对这家工厂增加销售量，他认为客户一定需要更多的电镀产品保护涂料。小张与采购员王某进行了一次沟通。小张通过这次沟通知道，客户和现有的供应商合作很长时间了，除非在价格和付款条件方面有大的优惠，客户才有可能考虑替换供应商。王某介绍工程研发部门主管工程师丁某与小张认识。

丁某最近正在为新产品开发头疼，刚好想找合适的厂家。小张通过丁某知道，该客户的主要涂料供应商有好几家，目前都很稳定，不想更换。其中一个供应商是外地的厂家。该客户目前需要 UV 光油样板，明年会有需求。在第二次拜访时，丁某介绍了生产部门经理卫某和小张认识，主要还是谈新样品的操作问题。卫某告诉小张，目前他们使用的电镀涂料性能还可以，就是对一些要求严格的客户，个别产品的稳定性较差。现在经常加班，已经满负荷运作，很多产品都不可以按期交货，工作压力很大。产量难以提高的原因主要是目前使用涂料需要烘烤 40 分钟以上。

小张认为这是一个机会，他向丁某提出，公司可以提供一种用时短且性能可以达到要求的涂料。丁某又介绍他与喷涂主管方某认识。方某没有反映什么新的情况，只是说，他需要及时的服务，有时候要加班出货，出现问题希望厂家能够及时解决。

小张又和采购员王某联系，王某说，主要供应项目由采购经理马某决定试用与否。

马某告诉小张，先送样品吧，让卫某和丁某去测试，满足使用条件再说。

小张接下来该怎么做？

🔄 任务分析

小张在提供产品方案以前，一定要仔细分析客户的需求，找到适合的销售机会。在设计出适合客户的技术指标后，再向企业研发人员提供产品方案，最后接受客户对样品的评价。

✖ 知识链接

一、客户需求分析

营销人员要根据客户的购买决策程序制定营销策略，包括产品方案、价格、供货方式及公关策略。营销人员对客户购买决策程序的了解过程，也是销售策略形成和调整的过程。

（一）了解客户需求概况

了解客户需求，大致可分为 3 个阶段，如图 5-4 所示。

图 5-4　客户需求三阶段

在确认是否有购买需要阶段，营销人员最有效的方式就是人员访问，拜访客户，获得新信息。例如，"任务引入"中的小张就是通过上门拜访发现客户有新的购买需求。

确认客户确实有需求，在了解数量与总体要求阶段，营销人员要帮助客户了解产品的价值和使用量。在这个阶段，营销人员需要提供更多的技术服务，以对抗竞争者。

在了解详细技术指标阶段，营销人员如果可以与关键人物接触，参与详细技术指标的制定，就可以发挥公司产品各项指标的优势，为客户提供性价比最优的产品方案。这个阶段，营销人员需要采用适当的公关策略，制定针对关键人物的工作行动方案。

（二）客户集体采购决策角色分析

化工工业品的采购，尤其是新产品或者新替换产品的采购决策，通常不是由一个人决定的，而是由购买机构的成员共同做出决定和承担风险。他们在购买环节中分别扮演使用者、影响者、决定者、购买者、守门人等角色。一般情况下，一个人可能担任多个角色，越简单的产品采购，参与人数越少；越复杂、风险越高的产品采购，参与的人数就越多。上述 5 个角色是依据决策权限和影响力来划分的。

（1）使用者：客户企业中使用产品的人员。在很多情况下，购买需求是由使用者启动的。

（2）影响者：客户企业中直接或间接参与购买活动、影响购买决策的人，如技术人员、总经理助理等。

（3）决定者：客户企业中有正式或者非正式权力、做最终决策的人。在常规采购活动中，购买者就是决定者。

（4）购买者：客户企业中有权选择供应商、提出购买条件的人。

（5）守门人：客户企业中控制信息传递给其他成员的人。

对于集体采购决策，关键在于辨明采购决策角色。

（三）确定关键人及个人痛苦链分析

营销人员在前期已经与客户进行了多次接触，对客户的采购要求也有较深入的了解。其设计的产品方案必须符合两个方面的利益：一是客户的组织利益；二是采购过程相关人员的个人利益。

对于采购过程涉及的相关人员，首先要确定关键人，再对关键人的个人利益点进行分析。营销人员要找出每位关键人员面临的痛苦或重要的业务问题，以及不同层面人员痛苦之间的关系。例如，采购负责人面临的痛苦是不断被要求压低价格、延长支付款项时间和及时供货；技术负责人面临的痛苦是不断被要求开发新产品、新产品开发速度缓慢；生产人员面临的痛苦可能来自于产品稳定性差，以及生产效率低下、员工流失率高等；总经理的痛苦可能在于目前的市场前景不好、新的领域一直没有合适产品切入、利润率下降等。不同层面的人员，其面临的工作压力是不一样。所以，当营销人员面对采购员提及价格的时候，单价的高低对采购员来说就很敏感，但如果和总经理谈论公司产品在新市场中的应用的时候，价格问题就没有那么敏感了。营销人员在设计提供给客户的产品方案的时候，务必做到组织利益和关键人个人利益相结合。

二、产品方案设计

（一）内部技术交流

在了解客户的技术指标以后，营销人员要分析公司现有的产品是否有合适的型号，如果需要定制开发，则必须针对技术指标与公司的产品技术人员进行沟通，了解开发的难度和效率。这个过程需要营销人员搜集准确、全面的信息，并与公司的产品技术人员分享。如果公司在技术上达不到客户的要求，营销人员要坦诚地和客户沟通。

（二）技术参数选择

在了解客户关键人的内部痛苦链后，营销人员应对技术参数做出评估和分类：重要且关键的、重要但不是关键的、只要达到就可以的、超出预期越多越好的、不是关键性的。在集体购买决策中，客户选择的侧重点是不一样的，但是提供给客户的产品应很好地照顾到决策过程中的每一个人的需求。例如，工程师往往希望得到稳定、可靠的产品，生产人员希望得到易操作、高效率的产品，两者在一定程度上是矛盾的，营销人员就要评估二者在集体决策中的重要性，然后做出权衡，对设定参数的次要一方要采取其他销售促进策略予以弥补，以确保他在产品评价阶段不提出不利的意见。

（三）提供可以选择的方案

在无法达到客户要求的情况下，营销人员要提供可供替换的产品方案。有时候，本公司的产品确实没有办法达到客户的要求，营销人员可向客户提供性能接近或者类似的产品。

公司产品有时候具有技术优势，可以提供性能比客户预想更好的产品做备选方案，营销人员应提高客户兴趣，配合产品报价。

三、技术交流

（一）技术交流的意义

技术交流是化工工业品营销的一个重要环节，目的在于明确了解客户需求和企业产品之间的差距，如技术指标的差距。这个过程要在客户工程部或技术部与公司技术部门之间做及时的沟通。通常，在第一次送样测试后，针对技术指标的差距，营销人员要安排双方技术人员做一次技术交流。这可以起到以下作用。

1. 让客户明确自己的需求

通过技术交流，使客户发现技术指标不切实际的地方，促使其适当调整需求，引导其向有利公司产品的方向发展。

2. 发现客户最为关心的内容，即关键采购标准

如果能够在客户的关键采购标准上获得高分，将使公司产品的竞争优势大大加强。在技术交流过程中，营销人员要仔细观察客户对哪些方面最为关注。

3. 争取客户内部更多关键人员对己方的认同

在客户采购过程中，既存在硬性标准（客户基本需求），也存在软性标准（客户关键人员的认同）。通过技术交流，展示公司的实力，消除误解，使客户内部人员，特别是关键决策人员（主要是技术人员）认同产品方案及公司实力。

4．建立信任感，发展和深化彼此关系

通过在技术交流会上的接触和信任感的建立，发现客户内部关键人员的个人特点，便于制定客户公关策略，发展和深化与关键决策人员的关系，争取支持。

5．完善解决方案

技术交流能够进一步指明改进技术方案、配方方案的方向，为下一次样品改进做准备。

（二）进行技术交流的时机

1．客户开发新产品时

在客户开发新产品的时候，进行技术交流，可以在技术指标的构建上，提供公司的意见，突出公司的强项。对于新产品开发，客户通常有比较宽泛的技术要求，双方技术人员之间的交流比较有影响力，能够改变客户技术人员对技术指标的偏见，或者引入新的技术指标，使其重视。这两个方法都是技术交流过程中常用的策略。

同时，考虑关键技术指标是否可以实现，如果本公司难以实现关键技术指标，则应提早放弃此次供应机会。

在这个时期进行技术交流的好处是，可以准确地了解客户的需求：是为了成本节约而开发新产品，还是为了追求高附加值开发新产品。在技术交流过程中，如果公司可以给客户提供独特的有排他性的技术方案，则更有利于长久地保持彼此关系。

2．送样后需要改进时

客户在收到初次提交的样品后，经过测试，认为主要技术指标有需要改进之处，此时，有必要进行技术交流。客户在测试样品以后，认为与技术指标有差距，一般会做出3 种产品评价：①虽然有差距，但是基本接近自己的预期；②有差距，和预期相差比较大，但是还没有更合适的供应商；③有差距，改变了使用此技术方案的想法。

在这种情况下，召开技术交流会可以很好地管理产品评价。在召开技术交流会之前，营销人员需要明确以下的问题：客户提出的技术指标是不是关键性的？客户希望达到的程度如何？样品的测试过程都有哪些环节？竞争对手的产品会不会改变客户评价样品的标准？

这个阶段的技术交流会，可以是在客户处，也可以邀请客户技术人员来公司坐谈，后者更有利于建立关系和交流技术指标。对于测试结果和预期有差距但基本接近的产品，营销人员应了解客户可以接受的最低标准，和公司技术人员一起评估达到客户要求的可能性。对于与客户预期差距比较大的情况，营销人员可以在技术交流会召开以前，给予客户技术人员合理的心理预期，提供备用的产品技术方案。

（三）技术交流会的参与人员工作

参加技术交流会的人员，除了营销人员、公司技术人员和客户技术人员外，新产品开发还需工程部人员参与，老产品替换还需技术中心或品质部人员参与。在技术交流过程中，营销人员应该明确公司参会人员的分工和职责。

营销人员的主要职责是联络组织，在会议中的主要沟通对象是对方的经理等非技术人员。对于技术指标的交流，应该交给公司技术人员和客户技术人员。这样做的好处是，可以将产品评价的主导权交给技术人员，充分尊重他们。

参加交流技术会的公司技术人员要针对本公司产品制定技术修正方案，提供替代产品方案，与客户技术人员建立联系。

思考与讨论

1. 如何创造客户测试样品的机会？
2. 新产品开发和老产品替换的化工工业品采购流程有什么不同？

课后实训

以"任务引入"中的小张的名义向经理提交一份工作报告。内容必须包括：客户跟踪进展情况；客户对样品提出的具体指标；下一步开发客户的策略及行动计划。

任务五　开展谈判与促成交易

知识目标

☞　了解谈判的基本策略。

☞　掌握产品报价技巧。

技能目标

☞　能够完成化工工业品供货谈判。

任务引入

小张经过一段时间的努力，终于有了一位准客户，成功地完成了产品试样、性能测试，就要到产品评价阶段了。由于客户开发了一种新产品，所以对采购产品的价格还没有固定的参考标准。怎样给客户报价呢？报价过高会不会引来新的竞争者？如果报价过高，以后再大幅度降价，对公司形象和个人形象都会造成损害。价格报低了，如果日后后续服务很多，客户订购数量不是很大，就会亏本。小张该如何展开合作谈判？

任务分析

小张要完成合作谈判，首先需要确定谈判策略，明确自己在谈判过程中的地位，确定适合的报价策略及让步措施。

知识链接

一、谈判的意义

（一）谈判是利润来源

客户提高利润的途径：①卖出更多的产品。这意味着要与竞争对手一决高下。②开发新产品来开拓新市场。这是很有风险且代价高昂的事情。③削减运营成本。这可以通过裁减冗员或购买生产效率更高的设备实现。④同供应商进行谈判，压低供货价格。这是提高利润的最直接的手段。

谈判是供需双方参与的过程，对营销人员来说，谈判也是自身利润的来源。

汤米发明了一种高效、安全的家庭清洁剂，经过邻居、同事的试用，大家都觉得效果很好，建议他开办公司，生产产品，向零售店推销。

汤米说："约翰，我们的这种清洁剂高效、安全，比市面任何一种清洁剂效果都要好。"

约翰说："是吗？可是你看看我的货架摆得满满的，要个你们每天付我 10 元的摊位费。"

"10 元？这一瓶产品才值 4 元。"但是汤米还是决定尝试一下。他贷了一些款，开始穿梭于超市和便利店，推销他的产品。出乎意料的是，汤米发现把产品摆上商店的货架付出的代价太高了。首先，他得跟店主谈占地费。店主说："我的货架是要花钱的。如果想让我摆上你的产品，你得付给我 5000 元的柜台费。"汤米还发现，如果清洁剂卖不出去，他不仅要重新买回这些存货，还要向零售商支付一笔"损失费"，以补偿占用柜台的损失。如果让商店为他的产品设个专柜，他就得跟商店谈判，支付进场费。除此之外，他还要跟店主谈判，补偿商店在报纸或印刷品上做广告的费用。总之，汤米要花费比卖清洁剂更大的精力来通过谈判购买商店的柜台。

由此可见，对于某些产品，谈判就是创造利润的过程。对于化工工业品，由于供货数量较稳定且数量大，所以谈判的意义就更加重大，直接决定营销人员给公司带来了一头"金牛"，还是一只"瘦狗"。谈判的过程对营销人员要求很高，即营销人员要具备一定的产品知识、灵活运用知识的能力，以及高超的谈判能力。

（二）买家力量的变化

营销人员的谈判对手是产品的买家。化工工业品买家的力量发生了以下变化。

1. 买家获得的信息更多、传递更快

在集体决策购买的过程中，购买者虽然不会影响产品性能评价、技术参数等方面，但是他可以找到大量的竞争者信息做对比。在互联网高度发达的今天，客户会同时与众多供应商保持联系，信息传递速度也更快。

2. 采购谈判更需谈判经验

客户往往将谈判看作重要的利润来源。客户的谈判执行者，往往接受了专业的谈判训练，其谈判结果是工作考核指标，如工厂经常要求采购人员在规定时间内将原料采购价格平均降低 1%等。在这样的压力下，买家比以往更加具备谈判经验。

（三）谈判的内容

化工工业品销售谈判通常涉及以下交易条件。

（1）价格：含税价格、含增值税价格、不含税价格。

（2）付款方式：现金、支票，月结还是批结等。

（3）运输：包装、运输责任、运费承担，以及小批量运输方式等。

（4）产品标准：产品安全保证方式、产品品质保证方式。例如，每批次供货是否需要提供第三方检验报告。

（5）技术服务：现场处理技术问题、响应时间等。

（6）订货数量和交货时间：最少订购数量和交货周期。

二、谈判策略

（一）谈判开局策略

1. 评估产品方案的接受程度

一般情况下，在正式测试产品前双方会开展谈判，但是这种谈判都是非正式的。只有在产品经过测试并得到认可后，开展的谈判才是有意义的。营销人员要评估样品测试的评价结果，提出谈判策略。

（1）新产品开发，独一无二：侧重商业谈判，暂时没有竞争对手。

（2）基本合格使用：侧重商业谈判，竞争对手对谈判结果影响比较大。

（3）可以使用，但是存在分歧：商业谈判和技术谈判都存在，需同时说服采购人员和技术人员。

2. 谈判开局策略的类型

1）改变谈判主导者的策略

这种策略一般适用于新产品开发或者有特殊技术要求的产品的销售谈判上，采购人员往往对技术上的分歧没有办法做出判断，这时就会引入技术人员参与谈判，实际上谈判过程由技术人员主导。

营销人员常常会提出一些新的技术参数，用以描述如果达不到可能产生的负面后果。与采购人员的沟通，举例子比谈论技术参数更有效果，如讲述另外一家工厂由于没有注意到这样的技术细节，而遭到巨额索赔。客户在这些隐患面前，往往会选择转移压力，交出谈判主导权。

2）利用产品组合开价策略

在设计产品方案时，营销人员务必给客户提供备用的或者用来对比的产品方案，以有利于产品报价。在化工工业品的销售中，营销人员的作用主要是保持良好的合作关系。经过一段时间的接触，谈判气氛一般比较和谐，这时讨论价格较为适宜。一般而言，首先出价的一方会比较被动，但是如果总是推拖出价或者不断试探对方往往会破坏谈判气氛，并对个人形象造成损害。所以，在谈判之前，营销人员一定要做好以下准备工作。

（1）尽量通过其他渠道了解客户可以承受的价格。

（2）确定自己的最低价格及合作条件。

（3）设定一个目标价格，一定要高出最低价格。

围绕谈判的目标价格，根据营销人员提供的产品方案，报出两个高于目标价格的价格，报价要有利于改变客户的期望。

3）报价和成交其他条件组合策略

为了避免报价过低或者过高而缺乏谈判空间，第一次报价时，营销人员要将报价和其他成交条件结合在一起。例如，营销人员报出一个目标价格，同时强调必须现金结算，不接受支票。在这个过程中，营销人员要在结算方式上表现出无能为力，申明决定权在上级。

或者，营销人员报出一个偏低的价格，并将这个价格和一定的订货数目相捆绑。这一策略往往是为了追求其他交易条件而提出来的，一般情况下应谨慎使用，毕竟低的价格报出去后，再想以提供小订单的手段推翻这个报价，难度就比较大了。这是一种防御性的报价策略，用以回击竞争者的低价竞争。

（二）谈判局中策略

1．积极控制谈判局面

双方不要由于"面子"问题而使谈判陷入僵局。营销人员的首要任务是保持良好的客户关系。营销人员要积极控制谈判局面，因为客户一般希望营销人员先出价。营销人员在报价时要充分将价格与其他条件捆绑在一起，以给谈判制造空间。

2．站在对方的利益点上说话

化工工业品，由于是集体采购，在采购谈判过程中，客户也承受了一定的压力，因为谈判不成功对双方而言都是损失。前期的报价如果太高，客户可能觉得与预期差距太大，采购决策团队将没有人敢主导谈判。所以，报价要比竞争对手高，但是差距不要太大，尤其是在产品没有技术优势的情况下。在谈判出现分歧的时候，营销人员要果断保护对方的基本利益点。例如，当客户提出必须以支票结算的时候，营销人员如果判断这个条件对己方无关紧要，而是客户面临较大压力，就可以果断给予支持。

3．强调产品利益和抱怨诉苦，创造对方取胜的气氛

在维护客户利益的同时，营销人员要不断强调自己的产品利益，并将自己的产品利益分层次地表现出来。每一次让步，都要让客户感受到你的努力。除此之外，营销人员在谈判过程中要不断地抱怨诉苦，以显示客户带给自己的压力，营造客户在谈判中大获全胜的假象。

（三）谈判后期策略

1．改变谈判地点策略

如果对方在一些关键问题上存在分歧，不妨在其他问题达成一致以后再解决。这个时候，营销人员可以试图改变谈判地点，如邀请客户进餐，或者邀请客户去公司参观等。在谈判地点变换后，谈判气氛也会改变，从而使谈判顺利进行。

2．黑脸/白脸策略

黑脸/白脸策略是给客户施加压力而又不产生冲突的最好策略，可以是两个人扮演不同的角色，也可以由一个人去完成。

营销人员在销售产品的过程中，经常使用这样的策略。在和客户最后的谈判中，故意强调"现在这个行业主要的大客户 A 公司和 B 公司，都在使用我们的产品"；"在这种产品的生产商中，我们是最有经验的，而且专门生产此产品的公司很少，大多不在本地区"；"只要是使用这类产品的客户，我们都有接触，他们如果针对高端市场开发产品，都可能与我们合作"。这是一种温和的威胁策略，在化工工业品营销中更加强调心理暗示，而不是真的使谈判破裂，合作终止。

三、促成交易

对于化工工业品，客户对供货商有一定的稳定性要求，一旦使用了某种产品，一般情况下，不愿意承担更换产品的风险。所以，对营销人员来说，促使客户订货并投入使用就显得尤为重要。常用的促成交易的方法有以下几种。

（1）首次合作成交策略：提出一些促使客户做出成交决定的让步条件。例如，第一次运费化工工业品企业承担、订货批量可以减少、上门测试服务等。

（2）免费试用策略：为客户打板送样，提供免费材料。这种策略适用于产品具有一定的独特性，竞争对手难以模仿，客户确认样板后，交易就很容易成功了。

💡 思考与讨论

化工工业品和消费品销售谈判的侧重点有什么不同？

📑 课后实训

将学生分成两组以表 5-2 所示情境进行谈判练习。假设双方均已经有初步意向合作，需要展开销售谈判，然后分析不同产品类型的谈判策略。

表 5-2　实训情境

谈判对象	推销的产品	产品的基本情况
油墨经销商	日本进口油墨	价格比国产油墨高 30%，产品品质有区别，但是不明显，质量稳定
塑料加工企业	一种工程塑料原料	为客户解决了强度、耐磨性等技术难题，但是操作起来良品率比较低，价格比较贵
油漆厂家	树脂	产品和其他厂家一样，品质差异很小，价格不具备优势

 **课外阅读**

2018 年中国 TDI 行业市场分析报告（节选）

1．产品介绍

TDI（toluene-2,4-diisocyanate，甲苯二异氢酸酯）是常用的异氢酸酯的一种，而异氢酸酯是聚氨酯（polyurethane，PU）材料和重要基础原料。聚氨酯工业常用的 TDI 是 2,4-TDI 和 2,6-TDI 两种异构体的混合物，主要用于生产软质聚氨酯泡沫及聚氨酯弹性体、涂料、胶黏剂等。

聚氨酯的应用领域十分广泛，主要有硬泡、软泡、皮革、鞋底、纤维、涂料等，下游行业有石化、建筑、电子、造船、航空、汽车、包装、家电、家具、纺织等。TDI 作为聚氨酯的原料，其需求也随之不断增长。

2．TDI 生产工艺

甲苯＋硝酸/硫酸—硝化—二硝基甲苯—（用氢气）还原—二氨基甲苯—光气化—TDI—改性水性聚氨酯。

苯胺—（甲醛/盐）缩合—二氨基二苯甲烷—光气化—二苯基甲烷二异氰酸酯（diphenyl methane diisocyanate，MDI）—聚氨酯。

在 TDI 生产过程中，二氨基甲苯通过光气化反应生成 TDI 需要专有技术，目前该技术只被世界 10 多家企业掌握，这些企业多为巴斯夫和拜耳的控股子公司，掌握技术的中国公司只有 4 家，由于光气化工艺十分复杂，其他企业进入壁垒较高。

3．全球 TDI 行业市场

根据嘉肯咨询统计资料，2017 年全球 TDI 产能供给为 207 万吨，比 2016 年度增长 11.29%。其中，亚洲市场供给能力为 87.3 万吨，欧洲为 62.1 万吨，北美为 44 万吨。

在需求方面，2017 年全球 TDI 产品需求为 229 万吨，亚洲已经发展成为最大的区域市场，需求量为 78 万吨；其次为欧洲，为 51 万吨；北美为 45 万吨，其他地区为 55 万吨。

4．国内 TDI 行业产能情况

由于 TDI 生产技术存在一定的技术壁垒，锦化氯碱生产装置还没有投产。2017 年我国 TDI 产能为 28.5 万吨。

由于需求量的增加，市场前景看好，国内 TDI 生产企业均积极扩充产能。市场竞争态势正在加大。

中国化工集团沧州大化 TDI 有限责任公司投资 12 亿元新建 5 万吨项目，由瑞典国际化工设备有限公司提供设备。

甘肃银光聚银化工有限公司 2018 年产能扩张到 17.5 万吨。

拜耳公司投资 31 亿美元的上海一体化化工项目中的 TDI 装置规模修改为 30 万吨，投产时间为 2019 年。

上海联恒异氰酸酯有限公司将其 TDI 产能由 16 万吨提高至 30 万吨。

5．国内 TDI 行业需求情况

我国目前 TDI 消费分散，需求增长快于供给增长，需求受益于消费升级和出口增长的驱动而持续增长。目前，我国已成为亚太地区最大的异氰酸酯消费市场，并且是世界上最具发展潜力的市场。由于 TDI 消费分散，石化、建筑、电子、造船、航空、汽车、包装、家电、家具、纺织和建材等行业对 TDI 需求不断增长，我国 TDI 进入高速发展时期，年需求增长率达 15%以上。

我国 TDI 主要用于聚氨酯泡沫材料（PU 软泡），其次是聚氨酯弹性体、聚氨酯涂料和聚氨酯胶黏剂等领域。2016 年，我国 TDI 表观消费量 33.7 万吨，2017 年上半年国内表观消费量约 19.7 万吨，相比 2016 年同期增长率仍高达 12%～13%。

据美国石油化工与炼制厂商协会第 32 届年度会议数据，中国 TDI 的需求量约是 35 万吨/年，在供应紧张的全球 TDI 市场中，我国每年约有 20 万吨 TDI 依靠进口解决。

目前我国 TDI 消费主要集中在华南、华东等沿海地区。2016 年，我国共进口 TDI 产品 16.26 万吨。其中，广东省进口量为 7.35 万吨，占 45.20%；上海市进口量为 4.01 万吨，占 24.66%；江苏省进口量为 1.82 万吨，占 11.19%；福建省和浙江省的进口分别为 1.02 万吨和 0.97 万吨，分别占 6.27% 和 5.96%。这 6 个省市总进口量达 15.17 万吨，占全国总进口量的 93.30%，其余地区总进口量只占不到 7%。

6. TDI 价格变化

2017 年，全国 TDI 生产因上海联恒检修、沧州大化爆炸实际产量不到 20 万吨，而全国需求量至少在 43 万吨左右，供需缺口在 20 万吨，直接推动了 TDI 产品价格上涨。

2018 年以后，TDI 的限运逐渐放开，价格也逐渐回归理性。随着通货膨胀的加剧，TDI 的生产成本也不断提高，TDI 的价格维持在 3.6 万元/吨，接近于 TDI 合理价格。

未来 TDI 产品价格趋势将稳中有降，一方面，整体经济发展趋势趋缓；另一方面，上游原料石油和甲苯价格下降和生产供应稳定。

7. TDI 需求前景分析

当前 MDI、TDI 需求比值已成为地区聚氨酯工业成熟的指标，比值越大表明聚氨酯市场越成熟，世界聚氨酯市场经过 30 多年的发展，MDI/TDI 需求比接近 2.0。目前，日本 MDI/TDI 比值为 4.2，西欧为 3.5，北美为 2.6。2011 年，我国 MDI/TDI 比值为 1.6，2017 年上升到 2.2，超过世界平均水平，并向发达国家水平迈进。

近年，一些跨国公司认为 TDI 必将被 MDI 淘汰，开始重点研究 MDI 替代 TDI 的技术，全球 TDI 产能有所下降，但 2011～2017 年，TDI 需求不但没有减少，反而大大超出了预期，全球 TDI 需求由 144 万吨增长到约 200 万吨，年均增幅 5.6%，其中亚洲需求增长率为 7%。预计今后几年世界 TDI 需求的年均增长率为 3.5%～4%，其中西欧为 2%，东欧在 10% 以上，亚洲为 8%。

8. MDI 与 TDI 之间的替代性

TDI 为 80% 的 2,4-甲苯二异氰酸酯加 20% 的 2,6-甲苯二异氰酸酯构成的混合物，常温下为黄色液体。纯 MDI 为 4,4-二苯甲烷二异氰酸酯，常温下为白色固体。纯 MDI 需要加入催化剂方能液化使用。

从 MDI 和 TDI 产品发展比较来看，目前聚合 MDI 生产软泡技术已完全成熟，但在模塑发泡产品中，全聚合 MDI 的密度、回弹性、撕裂性能等都逊色于 TM 体系（TDI 和聚合 MDI 的混合物）产品。由于全聚合 MDI 系统发泡的密度不够低，如果替代，则主要集中在中高密度方面。

但从生产成本来考虑，虽然聚合 MDI 市场价格远低于 TDI，但单位质量聚合 MDI 发泡体积仍不及 TDI，而在两者价格基本相等的情况下，TDI 被 MDI 替代的可能性很低。根据一些消息，MDI 通过工艺改进能够生产软泡和涂料，但技术要求苛刻，生产成本较高，同时 MDI 软泡性能也不及 TDI 软泡。

所以，只有全 MDI 体系单位体积泡沫的成本低于 TM 体系才有可能形成完全替代的局面。如果 TDI 没有因对环境有较大威胁性而被禁止使用的话，TM 体系在整个聚氨酯发泡系统中还是能够占有一席之地的。

另外从产品用途上分析，目前 MDI 也无法替代 TDI。MDI 在用途方面与 TDI 只有部分交叉，但不如 TDI 更能降低有机物挥发性。MDI 倾向于弹性体和发泡剂等，TDI 倾向于油漆涂料等。由于 MDI 与 TDI 分子结构不同，不能说 MDI 是 TDI 的替代品。纯 MDI 需要加入催化剂方能液化使用，而催化剂价格很高，故不能用纯 MDI 价格与 TDI 价格进行简单比较，进而说 TDI 比 MDI 昂贵。

虽然 MDI 光气化过程也需要较高的技术壁垒，但由于下游聚氨酯不如改性水性聚氨酯能够更多地降低 VOC（volatile organic compounds，挥发性有机化合物）含量，因此在产品用途方面 MDI 不如 TDI 前景更好。

从环保趋势来分析，水性聚氨酯的低 VOC 含量，给下游产业应用带来了绿色变革。水性聚氨酯在工业水性漆、工业建筑涂料、材料涂层、水性胶等方面拥有很大的发展空间，也将为生产工艺提供新的研究方向。

国外经过几十年发展，水性聚氨酯产品在汽车涂料、皮革涂饰剂、胶黏剂等领域已经接近或达到溶剂型产品水平。水性聚氨酯的合成技术已经比较成熟，未来发展趋势是增加水性聚氨酯的新功能，提高附加值，开发规模生产和应用领域，开发先进工艺技术。

因此，随着环保越加严格，TDI 下游改性水性聚氨酯需求大幅度上升。TDI 在改性水性聚氨酯领域突破性应用促使 TDI 需求增速远大于 MDI。

学习情境六　组织团队拓展区域市场

 导入案例

新园化工的成长之路

　　小型企业的营销工作只要有几个"能人"就行，新园化工在创办初期也是如此。这家生产香精、香料的小公司，在创办第一年，销售人员只有四五个人，销售区域也仅限于东莞地区。经过一年的发展，公司逐渐拓展外地市场，逐渐在周边城市成立办事处。第三年，在华东5个省市设立了10个办事处，经销商网点也达到了100多家，直营用户超过200家；销售额超过5000万元。这个时候，公

学习情境六教学课件

司销售业绩优良的业务人员逐渐流失，自己创立公司。往往哪个区域的业务人员离职，该区域的业务就会受到很大冲击。公司认为这样下去会很危险，整个公司的命运就系在一两个营销人员的身上。后来公司尝试建立体系营销，在这一体系中，公司起主导作用，营销人员依附于公司的管理而发挥才能，即使最优秀的营销人员离职也不会影响公司的销售业绩。

　　公司主要在以下两个方面建立稳定的营销体系：一是建立优秀营销人员的培养体系；二是建立标准化的营销流程。公司总结提炼了一套优秀营销人员的培养流程，公司不能保证招聘的每个营销人员都很优秀，但是能够保证新的营销人员经过公司的培训，并按照公司标准化的营销流程去做就能成为很优秀的营销人员。

　　销售部门的组织模式及管理模式是企业营销战略的重要内容。建立高效率的销售组织体系，是确保销售工作高效、稳定、高质量完成的前提。在工作过程中，组建并领导营销团队，是每个优秀的营销人员转变为管理者的必经之路，同时也是优秀企业发展过程之中的重要内容。如何设置基层销售组织，如何组建、管理、激励营销团队及组织内外部的沟通方式，都是我们需要学习的内容。

任务一　分析销售组织的组织形式

知识目标

☞　了解销售组织的内部分工。
☞　掌握组织结构类型。

技能目标

☞　能够区分不同化工工业品销售组织的类型。
☞　能够说明各种不同组织结构形式的特点。

教学拓展：组建团队
拓展市场

任务引入

小张从事化妆品销售已经 3 年了，随着市场规模的不断扩大，个人业务能力的提高，公司决定让小张在区域市场组建分公司。小张要在发展销售队伍、维护总经销商的同时，拓展新的销售渠道，培训当地促销人员，对分销店及零售商场做到精细化管理。最近两年，公司还成立了市场部门，分公司还要完成市场部门的品牌推广和广告活动。对小张来说，设计销售组织结构，是组建销售队伍的第一步。

任务分析

小张首先需要了解组织的类型及其优点、缺点、适用范围。

知识链接

一、销售组织的形式

化工工业品销售组织的形式多种多样，可按以下标准进行分类。

（一）按职能划分的组织形式

按职能划分的组织形式，起源于 20 世纪初法国组织理论专家法约尔在担任煤矿公司总经理时所建立的组织形式，所以又称为法约尔模式。它是一种按职能来组织部门分工的组织形式，通常称为职能制结构。

在职能制结构中，从企业高层直到基层，承担相同职能的管理业务和管理人员被组合在一起，设置相应的管理部门和管理职务。例如，将所有与销售有关的业务工作和人员都集中起来，成立销售部门，由分管市场销售的副总经理领导全部销售工作。

1．职能制组织形式的主要特点

1）职能分工

在职能制组织中，各级管理机构和人员实行高度的专业化分工，各自履行一定的职能，各职能部门开展的业务活动为整个组织服务。例如，销售部门为各个生产部门推销产品，技术服务部门则为它们解决各种技术问题，研发部门则根据客户要求设计新产品等。

职能分工有利于实现标准化和专业化。当工作任务要求的知识超出一个人的能力时，分工就显示出优势。恰当的分工可以提高工作效率，节约成本。职能分工有两种方法：第一种是根据管理职能来划分，如一家典型的制造业企业可以划分为经营计划、技术开发、生产制造、产品销售和财务管理等管理职能；第二种是按照所用的工序来划分，如上面提到的制造业企业的生产制造部门，可分为冲压、电镀、装配、油漆及检验等工序。不管职能分工的形式如何，按职能划分的主要目标在于尽可能使重复性的工作任务标准化和常规化。

2）直线-参谋制

职能制组织往往实行直线–参谋制。整个管理系统划分为两大类机构和人员：一类是直线指挥机构和人员，对其直属下级有发号施令的权力；另一类为参谋机构和人员，其职责是为同级直线指挥人员出谋划策，对下级单位不能发号施令，而是起业务上的指导、监督和服务作用。

3）管理权力高度集中

各个职能部门和人员都只负责某一方面的职能工作，唯有最高领导才能统领全局，所以，企业生产经营的决策权必然集中于最高领导层，主要是厂长（总经理）身上。

2. 职能制组织形式的优点

职能制组织形式的优点表现在以下几个方面。

（1）按职能划分的组织形式有明确的任务和确定的职责，并且由于从事类似工作、面临类似问题的人员在一起工作，相互影响和相互支持的机会较多。

（2）职能制组织形式可以消除设备及劳动力的重复，可以最充分地利用资源，这种形式也适合于发展专家及专门设备。

（3）各部门和各类人员实行专业分工，有利于管理人员注重并能熟练掌握本职工作的技能，有利于强化专业管理，提高工作效率。

（4）每个管理人员都固定地归属于一个职能机构，专门从事某一项职能工作，在此基础上建立起来的部门间的联系能够长期不变，这就使整个组织有较高的稳定性。

（5）管理权力高度集中，便于最高领导层对整个企业实施严格的控制。

3. 职能制组织形式的缺点

1）狭隘的职能观念

职能制组织形式鼓励了一种狭隘的观点，即只注重整体工作中的某个部分，而不是将组织的任务看作一个整体。通常，使一个部门的工作最优化（即亚优化）对组织整体来说可能不一定是最优的。

2）横向协调差

高度的专业化分工使各职能部门人员的眼界比较狭窄，他们往往片面强调本部门工作的重要性，希望提高本部门在组织中的地位和工作成绩，十分重视维护本部门的利益。所有这些都容易导致各部门主要关心本部门利益，常站在部门立场上考虑和处理问题，而不把企业当成一个整体看待，不太关心企业的共同目标。因此，容易产生本位主义，造成摩擦和内耗，使职能部门之间的协调比较困难。

3）适应性差

由于人们主要关心狭窄的专业工作，这不仅使部门间的横向协调困难，而且使彼此间的信息沟通受到阻碍。高层决策在执行中也往往被狭隘的部门观点与利益所曲解，或者受阻于部门隔阂而难以贯彻。这样，整个组织系统就不能对外部环境的变化及时做出反应，适应性较差。

4）企业领导负担重

在职能制组织形式中，部门之间的横向协调只有企业高层领导才能解决，加上企业经营决策权又集中在他们手中，造成高层领导的工作负担十分繁重。同时，对多个职能部门的管理又容易使他们陷入行政事务中，无暇深入研究和妥善解决生产经营的重大战略性问题。

5）不利于培养具有全面素质、能够经营整个企业的管理人才

各部门的主管人员属于专业职能人员，工作本身限制他们发展自己的知识、技能和经验，并且容易养成只注重本部门工作与目标的思维方式和行为习惯，使他们难以胜任对企业全面负责的高层领导工作。

4．职能制组织形式的适用范围

职能制组织形式在简单/静态环境中效果较好。在这种环境中，很少有意外事件发生，管理部门的主要作用在于确保已建立的一套常规工作和规章制度能坚持执行。在一个简单/静态环境中，如果有明确的分工、统一的指挥、较小的管理幅度，组织的效率可以达到最高。同时，在组织中增加专门化的参谋部门又可以使企业能应付较复杂的环境。参谋部门为生产部门提供专业的建议可以使高层领导对较复杂的问题做出合理决策。

因此，职能制组织形式主要适用于产品品种比较单一、生产技术发展变化较慢、外部环境比较稳定的中小型企业。具有以上特征的企业，其经营管理相对简单，部门较少，横向协调的难度小，对适应性的要求较低，因而职能制组织形式的缺点不突出，而优点却能得到较充分的发挥。

（二）矩阵式组织形式

矩阵式组织形式是把按职能组合业务活动以及按产品（或工程项目、规划项目）组合业务活动的方式结合起来运用的一种组织形式，即在同一组织内部，既设置具有纵向报告关系的若干职能部门，又建立具有横向报告关系的若干产品部门（或项目小组），从而形成纵向与横向管理系统相结合、形如矩阵的组织形式，如图 6-1 所示。

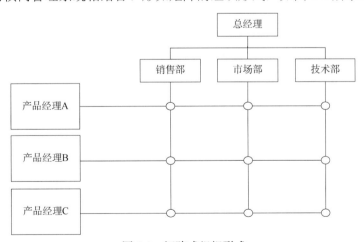

图 6-1 矩阵式组织形式

矩阵式组织形式反映了围绕产品线组织资源及按职能划分组织资源二者之间的某种平衡。单纯按职能设计组织形式可能会忽略独特的产品需要，而单纯围绕产品来进行组织又可能降低对所需职能的专业化要求。矩阵式组织形式解决了这两个方面的问题。

1．矩阵式组织形式的特点

矩阵式组织形式的特点主要有以下几个方面。

1）一名员工有两位领导

集权的职能制组织形式遵循的是一名员工（或一个部门）只有一个上级领导的管理原则，而矩阵式组织形式却突破了这一原则。例如，为开发某种新产品，从各职能部门调集有关的专业人员，组成产品部门（或项目小组），由产品经理领导。参加该项目的有关人员要接受双重领导：在执行日常工作任务方面，接受原部门的垂直领导；在执行具体规划任务方面，接受产品经理的领导。

2）组织内部有两个层次的协调

在集权的职能制组织形式下，职能部门之间产生分歧而无法解决时，要靠上级主管人员进行协调。在矩阵式组织形式中，为了完成某一特定任务，首先由产品经理同职能部门经理，以及产品部门内部各成员进行直接接触，达到彼此协调和配合。只有低层次的协调无法解决分歧时，才由上级主管人员进行高层次的协调。

3）产品部门形成的横向联系灵活多样

在时间上，产品部门可以是临时的，即完成任务以后就撤销，根据新的任务另行组织新的产品部门；有时也可以长期不变。在管理范围上，有的生产经营活动按矩阵结构组织，有的也可采取其他形式组织。

2．矩阵式组织形式的优点

矩阵式组织形式容许多个中心存在，这样，一方面可以迅速发展新产品，对技术质量的不断变化做出反应；另一方面又保留其产品组织形式及职能组织形式的优点。具体来说，矩阵式组织形式有以下优点。

（1）有利于加强各职能部门之间的协作配合。矩阵式组织形式通过具有横向报告关系的管理系统，把各职能部门的有关人员联系起来，这样有利于沟通信息、交换意见。同时，参加产品部门的职能人员，由于有着共同的任务与目标，整体观念得到加强。这些显然能够促进职能部门之间的协作。

（2）有利于顺利完成规划项目，提高企业的适应性。采用矩阵式组织形式，可根据完成某一特定任务的要求，把具有各种专长的人员调集在一起，做到集思广益、各尽其能，加之横向协调方面的优越性，有利于该项任务的顺利完成。当更换另一项新任务时，又可灵活机动地根据新任务，需要什么样的人员，就调集什么样的人员。因此，矩阵式组织形式能提高基层和中层管理的灵活性及工作效率，从而增强整个企业的适应性。

（3）有利于减轻高层管理人员的负担。由于矩阵式组织形式有两个层次的协调，这样就能够减轻高级管理人员的负担，有利于高层管理人员集中精力制定战略目标、决策与规划，并对执行情况进行监督。

（4）有利于职能部门与产品部门相互制约，保证企业整体目标的实现。由于市场竞争日趋激烈，企业获得成功的关键因素往往不止一个。例如，既要求质量好、成本低，又要求产品不断创新。组织结构要与这样的要求相适应，就需要能够保持平衡的权力结构。矩阵式组织形式下的职能部门，受其分工局限，注重产品质量、成本等因素，而产品部门则负有创新的使命，只要赋予它们相应的职权，通过沟通与协调，就能做到统筹兼顾，从而全面实现企业的整体目标。

3．矩阵式组织形式的缺点

矩阵式组织形式的缺点包括以下几个方面。

（1）组织的稳定性较差。按产品或项目成立的组织，其成员经常变动，人事关系不稳定。同时，小组成员来自各职能部门，任务完成后仍要回去，容易产生临时观念。这常常会给开展正常工作带来困难。

（2）双重领导的存在，容易产生责任不清、多头指挥的混乱现象。因此，职能部门、产品部门和下级单位的人员之间，需要花费大量时间进行沟通，致使频繁的碰头和过多的解决冲突的会议。这将在一定程度上抵消矩阵式组织形式带来的好处。

（3）机构相对臃肿，用人较多。

4．矩阵式组织形式的适用范围

矩阵式组织形式在复杂/动态环境中较为有效，但不是所有复杂/动态环境都需要采用矩阵形式，还有其他多种组织结构也可以用来应对这类环境。复杂/动态环境是最难管理的环境，在复杂/动态环境中工作的管理人员在进行决策时往往面临很多不确定因素，通常需要迅速处理一些新的、变化着的问题。这些问题需要多种类型的专业判断和技术知识，而矩阵式组织形式显然是帮助管理人员应对这类环境的手段之一。

除了复杂/动态环境之外，以下一些因素也会影响人们对矩阵式组织形式的选择，以及矩阵式组织形式的潜在效用。

（1）在解决问题时对于多种观点和专门技术的需要程度。

（2）对不同职能部门和产品部门进行高度协调的需要程度。

（3）对于组织环境变化做出迅速反应的需要程度。

具体来说，矩阵式组织形式适合应用于因技术发展迅速和产品品种较多而具有创新性强、管理复杂等特点的企业。例如，军事工业、航天工业企业采用这种组织结构形式，具有突出的优越性。一般工业企业中的科研、新产品试制和规划工作，也可运用这种形式。

案例分析

观察 ABC 涂料集团的组织结构（图 6-2），回答以下问题。

讨论：

（1）ABC 涂料集团是什么组织类型？

（2）ABC 涂料集团外派办事处的组织类型是怎么样的？

二、区域销售机构与相关部门的关系

区域销售机构是企业市场营销部门的重要分支，与企业其他部门有着广泛的联系。为了有序、高效地开展工作，区域销售机构与各部门之间要有明确的职、权、利划分，并在此基础上确定相互间的互动方式。下面仅就与之联系最紧密的销售部和市场部展开讨论。

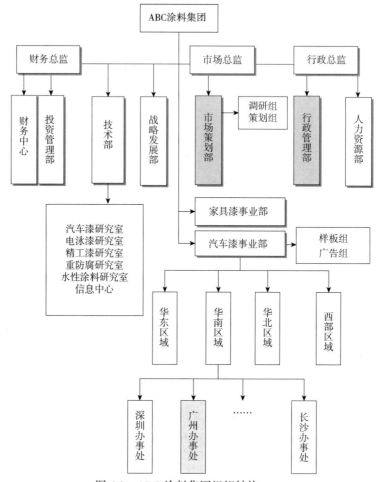

图 6-2　ABC 涂料集团组织结构

（一）与销售部的关系

销售部是企业的销售部门，是企业的龙头单位，其活动对企业的整体营销活动影响巨大。本质上，区域分支机构办事处、分公司是企业销售部的重要组成部分，主要行使地区市场营销职能。在隶属关系上，区域分支机构对总部（销售部）负责，受销售经理的直接领导和监督。区域经理由销售经理提名并报批后任命，向销售经理报告工作并受其监督。区域分支机构主要从事当地市场的产品销售、网络建设、市场调研、促销等各种市场营销活动，是企业联系当地市场的桥梁和纽带。销售部向区域分支机构（区域经理）下达年度销售目标和其他市场营销目标；销售部为区域分支机构提供必要的协助和资源；销售部为区域销售人员提供相关培训；销售部授权区域经理行使相关权力。

（二）与市场部的关系

市场部是随着企业的发展而诞生的重要职能部门，是决策层领导下的智囊机构。许多大企业建立市场部，目的是为了更好地参与竞争、规划未来。其主要工作是市场调研、营销策划（或市场策划）、广告宣传与公关促销。市场部可细分为信息、策划、广告和公关等职能部门。这一系列职能部门的有效运作大大提高了产品的市场适应力和影响力。所以，市场部已经成为现代企业组织机构中不可缺少的部门，它在市场策划、新产品开发等方面有"很大的发言权"。

销售部与市场部在职能上有明显的区别。市场部开拓未来的市场，销售部门经营今天的市场；市场部宣传企业形象和企业创新精神，并为把新产品推向市场做好舆论宣传，销售部门重点从事产品推销；市场部侧重揭示顾客的需求和利益，销售部门侧重维护厂家的利益。

当然，市场部并非完全独立的部门，它与区域销售部门有着密切的关系：市场部是销售与市场两大系统的融合部分。市场部应在促进两大系统信息交流的基础上谋划营销战略。具体包括以下几个方面。

（1）对区域市场进行分析研究，提出地区营销方案。

（2）针对市场竞争进行一系列工作，搜集情报，研究动向，提出对策。

（3）对市场的销售活动和售后服务工作提出指导性意见和改进方案，落实各项促销宣传活动。

（4）支援区域市场的促销企划及促销实施活动。

区域销售机构，如办事处或分公司往往在受销售部门直接领导的同时，也受市场部门领导，区域销售机构往往将这两个部门的职责都担当起来，这就需要在内部分工方面做好策划。

思考与讨论

1. 业务员和业务经理的职责有什么不同？

2. 销售部和市场部的关系是怎么样的？

课后实训

综合实训：拟订涂料经销商招商会议策划书

位于广东中山的 B 工厂生产清洁用品，现在为了拓展深圳市场在当地设立办事处，准备组建销售团队，负责个人清洁用品和家具清洁用品两大类产品的市场开发、品牌推广、区域销售人员管理、促销人员管理、超市大卖场管理。试分别设计各个岗位的职责，并用结构图表示。

任务二　招聘与培训区域销售人员

知识目标

☞ 了解人员招聘的程序。

☞ 掌握区域营销人员的基本管理制度。

技能目标

☞ 能够组织招聘活动。

☞ 能够组织区域营销人员培训。

教学拓展：区域市场人员的
招聘和管理

任务引入

经过一段时间的筹划，办事处终于成立了。这个时候经销商提出越来越多的服务要求，小张一个人跟进市场实在是忙不过来，总部经理同意了小张的团队组织规划，希望在当地聘用几个业务员组成团队协助经销商开展工作。如何开展招聘工作？如何面试和培训他们？成为小张面临的新问题。

任务分析

组织招聘活动，小张首先要知道招聘岗位的职责是什么，什么样的人适合这种工作，如何制定合理的薪酬福利，如何鉴别应聘人员，如何开展培训工作，以及用什么样的规章制度来规范区域营销人员。

一、区域营销人员的招聘

在招聘区域营销人员时应注意以下几点。

（一）确定工作岗位

营销人员转变为管理者，一项重要的工作就是招聘新的营销人员。与应聘者面对面地交流是检验他们的能力经历、物色合适人选的最佳时机。在做面试准备时，切记面试不仅要考核应聘者，而且要把工作岗位描述清楚，这样应聘者就会知道这份工作是否适合自己。因为你代表公司，能不能吸引优秀的人才加入公司，你起着关键的作用，所以需要做好各方面的准备，首先要先做好岗位描述。

（二）确定招聘计划

招聘工作应做好计划。首先，要确定招聘人数。招聘人数应大于实际需要人数，这样做有利于人员淘汰、提升人员及扩大组织。其次，要确定需要招聘多少人来从事基层销售工作，多少人可以在一定时间的锻炼后成长起来，成为合格的营销人员。

（三）确定招聘标准

首先需要确定岗位的技能要求。例如，是否需要有驾驶经验？是否需要有基础的专业知识？是否需要有相关产品的施工经验？是否需要具备本科及以上学历？是否需要工作经验？只有进行合适定位，才能避免较高的流失率，才会避免无效的培训工作。

一般来说，不管是零售覆盖，还是郊县拓展，或者商场促销，区域营销人员都应具备以下基本素质。

（1）积极进取，踏实肯干，吃苦耐劳。

（2）身体健康。

（3）学历：原则上高中毕业或以上。

（4）年龄：18～30 岁。

（5）掌握一定的沟通技巧。

以上 5 点是根据销售工作的艰苦性、挑战性，录用人员在培训时的接受能力和发展潜力而制定的。一般而言，营销人员应选择那些满足于工作并稳定工作的人，以及努力工作并在其中发展技能以适应更具挑战性工作的人。

（四）制定招聘政策

在确定好要招聘的人数和条件后，就要确定招聘政策。招聘政策主要是指给予招聘人员的工资福利政策，以及招聘活动中各种费用的控制政策。那么，如何制定工资福利政策呢？

（1）工资福利要参照当地同行业营销人员的工资水平，应略高于竞争对手。

（2）要考虑区域营销人员和当地经销商聘用人员工资差距不应该太大，避免对方在合作时产生不满情绪。

（3）各种福利政策。

（五）选择招聘途径

1．吸收内部渠道团队成员

吸收内部渠道团队成员，如零售店的优秀店长，这样做既可以调动员工工作积极性，又可以降低招聘费用。要注意，这样做有可能会引起经销商的不满，在聘用前要充分协调。同时，也要避免产生裙带关系。

2．通过报纸、杂志、电视、广播、媒体发布招聘广告

报纸、杂志、电视、广播等媒体的特点是传播覆盖面较广，可吸引众多的应聘者，其中报纸是最常见也较容易的一种途径。它比较适合大规模招聘，存在的主要问题是：费用较高；位置不醒目，篇幅内容千篇一律；应聘人员数量不稳定。为了解决以上问题，提高效率，需注意以下几点。

（1）选择刊登媒体。应尽量选择当地发行量最大的报纸。

（2）确定版面位置及篇幅大小。招聘广告一般刊登在分类广告版，其他版面的宣传效果较差，所以尽量不要选择其他版面，除非刊登在特殊的显著版面，但是费用可能相对较高。

（3）确定刊出日期。一般而言，在周五至周日刊出，宣传效果较好。因为国内报纸的周末版知识性、趣味性较强，而且在双休日，读者有更多的闲暇时间阅读。

（4）确定招聘方式和期限。首先要安排面试，所以一般要求应聘者先寄简历，初步筛选后再安排面谈，应聘期限一般以1～2周较好，而且应包括一个周末，因为有很多人是在工作中寻找更合适自己的工作，他们只有周末才有时间面试。此外，还应准备充分，各项工作井井有条，以免给应聘者留下不良印象。面试地点安排在公司经营部为好。

3．参加定期招聘会或人才交流会

各地区每年都要组织几次大型人才交流会。因为参加单位很多，所以规模较大、针对性较强，而且时间短、见效快。参加这种招聘会，应尽量安排醒目的招聘台，准备公司宣传材料，安排接待人员，解答应聘者提出的各种问题。

4．网络招聘

网络是企业招聘高校应届毕业生的主要途径。这对于某些区域市场定期补充人才很有帮助。企业可以向求职者详细介绍企业信息及岗位性质和要求，使其有充分了解和考虑。招聘网站可以是全国性质的，也可以是当地的，费用一般比较低，适合任何规模的招聘工作。企业通过网聘招聘一般可以得到大量简历，但部分应聘者投放简历有一定的随意性，应注意筛选。

5．通过职业介绍所招聘

这种方法的特点是简单易行，费用较低，适于小规模招聘。但招聘效果不很好，大多应聘者会以维持生活为目标，不利于长久培养。

6．其他

工作中接触的顾客、供应商、非竞争性质的同行及其他各类人员都可以成为营销人员的可能来源。

（六）应聘人员的挑选程序

应聘人员挑选程序如图6-3所示。

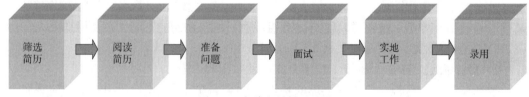

图6-3　应聘人员挑选流程

1．筛选简历

设定简历筛选的最低要求，确定为"可以面试"和"不可以面试"两类。一般情况下，可以在很短时间内完成对一份简历的评估，从而决定详细阅读或者直接放弃。

2．阅读简历

大部分求职者在写作简历时是诚实的，但有些人会隐瞒不好的方面，夸大自己的成绩。营销经理要仔细研读每份简历，选出面试对象，为每位面试者准备一些问题；标出简历中感兴趣的地方，面试时询问应聘者。阅读简历还需要注意以下几个方面。

1）分析简历结构

简历的结构在很大程度上反映了应聘者组织和沟通能力。结构合理的简历都比较简练，一般不超过两页。通常，应聘者会强调自己近期的工作，教育背景和工作经历往往采取从现在到过去的时间排列方式，相关经历常被突出表述。其实，简历并没有固定的规格，只要通顺易懂即可。

2）阅读信息

分析简历的结构之后，下一步就要看应聘者的专业资格和经历是否与空缺岗位相关并符合要求。营销经理要思考：应聘者是否掌握其他相关技能？简历中是否有关于应聘者性格的信息？自己能否大体了解应聘者职业发展的速度和方向？

3）留心简历中的空白时间和前后矛盾之处

简历中出现空白时间和经历之间的前后矛盾可能是应聘者的笔误，也可能是应聘者企图掩盖某些事实的故意之举。所以，营销经理必须仔细查看应聘者接受教育和参加工作的时间，注意其中的排列次序，是否有空白时间段。例如，一个工作结束到另一个工作开始中间是否有时间间隔？对这段时间间隔是否有合理解释？工作时间与受教育时间是否有重叠之处？但营销经理也不要对应聘者妄下结论，可以准备一些问题在面试时询问应聘者。

4）分析应聘者的工作经历

营销经理在决定是否面试一位应聘者之前，首先要看其工作经历是否符合要求。

3．准备问题

准备面试的问题和评估简历有关系。一般而言，首先要了解应聘者的背景，常见的问题如下。

（1）你为什么在此时换工作？

（2）你认为你的优势是什么？

（3）你与以前上级的关系如何？

（4）你在职业发展中的不足之处是什么？

（5）你在解决问题方面有何经验？

（6）你长期的发展目标是什么？你为什么认为在我们公司能实现这些目标？

营销经理可以针对简历中有兴趣或者有疑问的地方，提出问题。例如，什么时候毕业的？在第二家公司工作了多长时间？为什么离开这家公司？什么时候离开的？营销经理也可以设置一些情境问题，用于应聘者之间的比较："如果在……情况下，你作为……会怎么办？"营销经理还可以设置一些偏激的问题，以刺探应聘者的反应和情绪控制能力。例如，质疑他以前的工作成绩、工资待遇等。

4．面试

（1）事先仔细阅读应聘者简历或求职申请表，准备问题。

（2）要努力创造轻松气氛，开场可以问些轻松的问题。

（3）待应聘者适应后，按照事先规划的问题询问，但不要当场给出结论。

（4）评价应聘者的能力。对于区域营销人员来说，相关的工作经历特别重要，因为这表明应聘者已掌握相关技巧和能力。面试者的职责就是利用所有信息对应聘者的专业技能和实际运用能力做出全面的评价。

① 组织能力。应聘者是否表现出安排有序、有条不紊的办事能力？

② 分析能力。应聘者对市场形势的分析如何？是否能马上找出最好的对策？要求应聘者举例说明自己解决问题的能力。面试者可以为他们描述一个棘手的局面，请他们指出其中的关键环节并提出解决方案。

③ 交际能力。应聘者与以前上级、同事和下属的关系怎样？面试者可以询问应聘者的团队工作经历，了解应聘者喜欢独立作业还是团队作业，也可以要求他们描述如何与同事一起处理一个问题。

④ 沟通能力。应聘者的表达是否清楚？是否充满自信？通过面试可以了解应聘者的口头表达能力，然后考查他们的写作能力。例如，是否写过长篇幅的报告？能否让面试者看一看？

（5）评价应聘者的性格。应聘者的性格决定了他们对同事和工作环境的态度，也会影响他们与同事的关系和公司的工作氛围。判断应聘者能否适应公司的氛围，可以了解他以前所在公司的工作氛围。曾在内部竞争激烈的公司工作过的应聘者，是不适合到鼓励团队协作精神的公司工作的。另外，对现有人员进行分类，如性格内向的占多数，可以考虑招聘一些性格外向的营销人员，如性格外向的居多，可以招聘一些性格内向的营销人员，这样可以达到一种性格构成的平衡。

（6）避免一些面试者易犯的面试失误。例如，说话太多，无足够依据就下结论，暗示正确答案，不赞同求职者的观点，根据自己的经验提问题。

5. 实地工作

营销经理可将通过面试的应聘者带到零售店，让他们做简单的销售访问，这样可以进一步观察他们的主动精神、言语表达能力及发展潜力。同时，也使应聘者对自己即将开始的工作有感性的认识，让他们在真实的环境中做出抉择。

6. 录用

一旦录用就要开始履行下列手续。

（1）讨论工资待遇。

（2）由分销商、经销商或者厂家和应聘者签订劳动合同。

二、区域营销人员的培训

新入职的区域营销人员加入团队，首先需要接受各种培训。

（一）培训目标

区域营销人员需要从零售店面的拜访或者促销员或者销售代表做起。为了使新入职的区域营销人员能有良好的发展前途，同时树立良好的职业形象，需要通过培训达到以下目标。

（1）使新入职的区域营销人员认同公司的价值观，如诚实正直，用正确的办法做正确的事，用专业的方式、技巧做生意。

（2）使新入职的区域营销人员掌握店面销售基础知识、谈判技巧及区域网络维护的基本技巧。

鉴于新入职的区域营销人员的技能水平、培训接受能力及基础客户拜访工作要求，在设计员工培训课程时要按照先易后难的顺序，如公司简介、分销商介绍，公司的风格、品牌知识，产品知识，基本的沟通技巧，处理反对意见的基本技巧，市场竞争基本状况等。

（二）培训的重要性

具有丰富工作经验的营销人员负责培训新员工，是对自己的肯定和挑战，使培训者和被培训者可以更好地承担工作。对新入职的区域营销人员进行培训的重要性表现在以下几个方面。

（1）新入职的区域营销人员通过培训能够熟悉产品性能、特点及产品应用的专业知识。

（2）新入职的区域营销人员通过培训能够习得销售技巧，通过激励形成做好工作的意愿。

（3）培训有利于教学相长，使培训者和被培训者的销售技巧都得到进步。

（三）培训的基本内容

1．推销产品

通过对新入职的区域营销人员进行培训，使他们熟悉并掌握产品的特点，掌握产品介绍技巧，了解产品应用的领域及应用过程中的特点，从而达到独立推销产品、独立面对分销商介绍产品的目的。

2．建立良好的客户关系

培训还有一项重要内容，就是维持好与基层分销商和零售商的关系。一个优秀的营销人员如果将自己的业务经验很好地传授给团队的新成员，就可以大大提高整个区域的客户满意度，达到提升区域销量的目的。

3．高效率和经济地工作

培训可以让新入职的区域营销人员更加迅速地进入工作状态，熟悉工作流程，明确工作职责，提高工作效率。

4．加强市场信息反馈

新入职的区域营销人员应学习收集市场信息的方法，即通过哪些途径去了解市场信息和如何及时有效地反馈市场信息，让本区域市场的变化及时上达企业高层。

（四）在实地中进行培训

实地接触的目的是为新入职的区域营销人员创造一个真实的工作情境。老员工可以带他们一起拜访客户，进行实地培训，拜访的对象可以是工厂，也可以是经销商。

1．拜访演示的目的

拜访演示的目的是让新入职的区域营销人员认识到怎样去完成一个确定的任务。以下是拜访演示的步骤。

（1）讨论这次拜访的背景和目的。

（2）共同制订拜访计划，包括路线、时间、接触内容及谈话要点。

（3）实地拜访客户。

（4）做客户拜访后的总结。

2．拜访演示的要点

预先计划将要演示的拜访：选定合作的零售店作为拜访演示的目的地，共同安排拜访的路线、讨论拜访的目的。在拜访的过程中，营销人员要给新同事展示出开展业务的计划性、程序性；和客户在工作中发生的争议并不影响彼此良好融洽的关系；如何合理地安排拜访时间；客户拜访中良好沟通能力的重要性。

3．拜访演示的好处

拜访演示的好处是：展现个人的领导能力；给新同事展示怎样去完成一项任务；展示将来工作的具体内容，使其有直观的认识；使新同事有干好工作的动力，或者直接考查他是否真的适合营销工作；使他看到你对工作的热情，感受到工作动力。

4．拜访回顾

对于拜访回顾，营销人员要善于称赞新员工，并提出改进的建议，鼓励并动员他们积极工作。

（五）管理制度培训

1．工作制度

工作制度作为约束、指导营销人员行为的规范，虽然没有统一的规定，但通常包括以下内容。

1）考勤制度

（1）作息时间：规定上班、下班的时间，外出拜访客户时怎样处理考勤等。

（2）请假制度：请假的具体流程。

（3）缺勤处罚：缺勤的处罚程序。

2）日常工作流程

（1）工作安排：工作前准备、每日工作总结。

（2）销售工具准备：报表、客户沟通计划、对账单等。

（3）固定访问：每日访问家数、访问频率、目标成功率。

（4）需填写的各种报表。

3）检查制度

（1）检查队伍构成：零售商、经销商、区域销售经理。

（2）检查方式：电话回访、会议总结、实地拜访。

4）工资级别制度

（1）级别构成：工作技能和工作时间。

（2）级别评定办法：年终评定、月度评定、不定期评定等。

（3）级别升降条件。

（4）工资组成：基本工资、固定补贴、岗位津贴、工龄工资、季度补贴或福利、加班工资等，以及考勤奖惩金。

（5）工资形成：根据检查得分确定，覆盖店数、销量、本月拓展店数、报表真实性、工资纪律，以及突出贡献奖、合理化建议奖。

2. 激励制度

如果说培训是使新入职的区域营销人员具备工作技能，那么激励就是使具有工作技能的营销人员自愿努力工作。化工企业要设计合理的激励制度。激励制度一定要符合产品销售的特点。例如，以经销商为渠道销售的产品，就不适合使用高提成的激励方式，而适合采用低提成比例及专项奖励的方式；新产品或者新市场开发，就比较适合采用提高提成比例的方式。化工工业品销售比较适合低提成、高工资的激励制度，这类产品的销售周期一般比较长。对于现有产品进行深度分销的消费类化工工业品，适合高提成、低工资的激励制度，以激励营销人员尽快进入工作角色，创造新的业绩。总之，激励制度需要结合产品和渠道的特点设计。

1）了解营销人员的需求和需要

化工企业面对需要激励的客户——营销人员，同样需要进行"渗透"。营销人员对工作有一些共同的需要，如稳定、高工资、有发展前途等，但不同的营销人员，在不同的职业阶段常有着不同的需求和需求强度，这就要求化工企业对营销人员的需求有清楚的了解，从而制定合理的激励措施。

2）健全的激励机制

一般而言，对区域市场的营销人员可以采取的激励方式，除了传统的奖金、提成，还有以下几种形式。

（1）级别制定（金字塔结构）：按照工作技能确定级别，如销售代表、区域代表、区域助理、区域经理等。

（2）职业发展计划：给予个人成长空间。例如，区域营销人员可以成长成为销售总监，或者发展成为公司的经销商。对于经销商招聘人员，可以升级为厂商直接聘用人员。

（3）建立工作责任追究机制：对于特定的行为，给予解雇、降级等处罚。

（4）工资评定制度：拉开差距，多劳多得。

（5）额外的竞争机制：分销比赛、新产品竞赛。

（6）激励工作重在平时：及时地表扬、赞赏等。

思考与讨论

1. 如何进行区域营销人员招聘？
2. 如果你是某营销组织的管理者，你最注重哪些管理制度？试说明理由。

综合实训：组织招聘和组建团队

课后实训

为某装修涂料生产企业在某地区组织一场招聘活动，招聘2～3名区域销售代表、3～5

名促销人员。实训要求如下：

（1）部分学生扮演招聘者，其他学生扮演应聘者。

（2）具体过程包括发布招聘广告、筛选简历、面试及确定录用。

（3）最后总结经验，每个应聘者都要给出录用或者不录用的理由。

任务三　进行组织内部沟通

知识目标

☞ 理解沟通的类别和特点。

☞ 理解沟通的基本原则。

技能目标

☞ 熟悉各种情况下的沟通方式。

☞ 能够熟练应用书面沟通方式汇报工作。

教学拓展：精细化
学品销售组织的内部
协作管理

🔁 任务引入

经过一段时间的努力，渠道建设、经销商培训、区域销售团队等方面的工作进展良好。随着业务的拓展，小张发觉公司现有的产品线越来越不适应市场的需要了，价格也有需要调整的地方，经销商政策也有需要改进的地方。自己应该用什么样的方式向公司的有关部门反映情况呢？小张陷入了新的思考。

🔁 任务分析

要实现公司内部良好的沟通，小张首先需要了解沟通原则，以及主要的沟通方式及其适用情况。最后，小张还要考虑公司可能存在的沟通障碍，以保证沟通任务顺利完成。

🔀 知识链接

沟通，对于任何一个组织都是随时发生的事情，我们没有办法想象没有沟通的世界会是怎么样的。对于企业销售部门来说，市场不断变化，更加需要良好的沟通。区域营销人员本身就是一个沟通者，充当团队内部、区域营销人员和企业总部之间，以及和经销商等渠道成员之间、厂家与消费者之间的信息传播角色。其中，做好企业内部的沟通，直接关系到企业或者客户对区域营销人员销售政策的支持程度，以及对区域营销人员工作的认可程度。

为确保各项既定目标得以顺利实现，区域营销人员必须设法取得企业各部门和相关人员的支持：客户落实订单需要和销售助理联系，催客户的货物需要和发货部联系，客户要做促销广告需要和广告部或者市场部联系，客户需要调整配方、定制新品种需要和技术部联系，消费者投诉需要和售后部门联系等。

区域营销人员必须遵循以下3条基本的沟通原则：一是准确，即确保信息的准确性。市场信息必须真实地反映市场运行情况，只有这样，才能作为企业决策的依据。二是逐级。市场信息的汇报，应该遵循逐级汇报的原则。三是及时。市场信息的汇报，应该有一定的时效性，及时地反映情况，有利于企业高层及时地做出市场决策。

一、企业内部沟通渠道

　　企业内部沟通可分为两种类型：正式沟通和非正式沟通。正式沟通一般通过企业的组织架构或层级系统来进行，目前许多企业已发展出专门的管理信息系统；非正式沟通一般通过正式系统以外的途径来进行，如企业内的非正式组织。

（一）正式沟通

　　正式沟通是指销售经理在组织内部依据组织规定来传递信息并进行交流，其手段和形式有公函、文件、会议等。正式沟通一般分下向沟通、上向沟通、横向沟通3种类型。下向沟通是传统组织内最主要的沟通流向，一般以命令的方式来传达政策、计划、规定之类的信息。上向沟通指下属按照规定向上级报告工作。意见箱、建议、座谈会等是上向沟通的主要形式。横向沟通主要指与同层级不同部门之间的沟通。

　　正式沟通的约束力较强，效果较好且易于保密。通常，重要消息、文件、决策等都采用这种方式来进行发布。但是，正式沟通也有缺点，由于需要依靠企业的层级系统来层层传递，因此很刻板，沟通速度也较慢，并且存在失真的可能。

（二）非正式沟通

　　非正式沟通与正式沟通有所不同，它与企业内部的非正式组织有一定的关系。其沟通对象、沟通时间及沟通内容等一般没有计划性，且难以识别，其沟通主要借助于组织内的各种社会关系来进行，这种关系往往超越部门、单位及层级。

　　但是，过分依赖非正式沟通这一途径也有风险，因为这种沟通方式极易导致信息歪曲或出错，且无从查证，尤其在与员工个人利益关系较密切的问题上（如晋升、待遇等），常常容易产生"谣言"（这种不实信息的散布可能会对组织造成较大的困扰）。但是，任何组织都或多或少存在着非正式沟通，对于这种沟通方式，销售经理既不能完全依赖它来获取信息，也不能完全忽视它，而应当密切注意错误信息或不实信息产生的原因，并设法纠错或提供事实性信息。

二、企业内部沟通方法

　　企业内部沟通的方法很多，以下是4种常用的方法。

（一）下达（或接受）指示

　　在指导下级工作或接受上级命令时，指示是销售经理或上级常用的一种沟通方法。指示类似于指令，具有强制性，它要求下属在一定的环境下执行某项任务或停止某项工作。指示的方式或性质有多种。

1. 既可能是笼统的，也可能是具体的

上级对下级的指示既可以具体，也可以笼统。指示是笼统的还是具体的，主要取决于上级对企业环境的预见能力及下级的响应程度。对授权持有严格观点的上级倾向于做具体的指示，而在对实施指示的环境缺乏预见的情况下大多做笼统的指示。

2. 既可能是书面的，也可能是口头的

上级在给下级下达指示时既可以采用书面的形式，也可以采用口头的形式。究竟采用哪种形式，需要考虑上下级之间关系的牢靠性、信任度等因素。如果处理事情需要迅速，上下级之间信任感强，则不必采用书面指示；如果为了防止指令重复和避免争议，或为了对所有相关人员宣布某个具体任务，则应该以书面的形式下达指示。

3. 既可能是正式的，也可能是非正式的

上级在给下级下达指示时，可以采用正式的方式，也可以采用非正式的方式。究竟选择哪种方式是一种艺术，一般来说，采用非正式的方式来启发下级，用正式的方式来命令下级。

（二）召开或出席会议

1. 会议的作用

沟通的过程也是思想、情感交流的过程，会议为实现这种交流提供了机会和平台。会议是企业的日常活动之一，企业的运营和重大决策离不开会议这种形式。通过开会，可以集思广益，与会者可以通过交流达成共识，并拉近彼此之间的关系；可以使大家了解共同的目标及彼此之间的工作关系，从而可以更好地确定自己的目标及工作方法；通过开会可以发现未注意到的问题并认真考虑、研究。会议有工作汇报会、专题讨论会、员工座谈会等形式。虽然会议是管理者进行沟通的一种重要方法，但绝不能完全依赖这种方法，而且在召开会议或出席会议之前一定要有充分的准备，以免流于形式。

2. 销售会议的组织

销售会议是营销人员（包括销售经理、区域主管、业务代表）的会议，也叫业务会议，是企业营销工作中的一项重要活动。销售经理通过销售会议可以分配销售任务，可以掌控销售进度，可以及时发现存在的问题并提供建议或帮助，可以及时获取并反馈市场信息……销售会议可以不拘泥于形式，不限制人数，可以在任何地方以各种方式召开。需要提醒的是，明确会议目的很重要，销售经理开会时常犯的错误是未能把目的说清楚，有时甚至连自己也不清楚开会的目的。

（三）个别交谈

这种沟通方式建立在相互信任的基础之上，运用这种方式来沟通容易使双方产生亲切感，这对双方统一认识、体会各自的责任和义务都有好处。在交谈中，双方往往都愿意表露真实的思想，提出不便在其他场合（如会议上）提出的问题，从而使上级能准确掌握下属的思想动态，并争取在认识、见解等方面取得一致。

（四）书面报告

这种沟通方式通常表现为每月固定的汇报制度，也是常用的沟通方式之一。运用这种沟通方式容易使上级清晰了解下级的想法，可以深入分析市场状况，提出自己的解决方案，不受沟通时间的限制。不利的方面是，重要信息有可能容易被上级忽略，自己的疑惑不能得到充分的解决。

三、常见沟通障碍

销售经理在沟通中的常见障碍可以归结为主观障碍和客观障碍。

（一）主观障碍

主观障碍主要有以下几个方面。

（1）营销人员本人或上下级在性格、气质、态度、情绪、见解等方面存在差异，这会使信息在沟通过程中受个人主观因素的影响而扭曲。

（2）在沟通过程中，如果双方在经验水平和知识结构上差距过大，就会产生沟通障碍。

（3）沟通往往是根据企业组织架构分层、逐级传递的，但信息在传递的过程中常常受到个人的记忆、思维能力的影响而发生遗漏或失真现象，沟通效率也会降低。

（4）每个人对信息的态度可能不完全相同，有些人会忽视对自己不重要的信息，也不关心组织目标、决策等信息，只重视、关心与自身利益密切相关的信息，从而产生沟通障碍。

（5）上下级之间缺乏信任，这种相互不信任会影响沟通的正常进行。

（6）下级对上级的畏惧感也会对沟通造成障碍。

（二）客观障碍

客观障碍主要有以下几个方面。

（1）沟通双方如果在空间上相距太远，接触机会可能会很少，这可能也会造成沟通障碍。例如，办事处的营销人员只是与总公司以书面汇报的方式沟通，很少有机会与公司高层面谈。

（2）社会背景、文化背景、种族等方面的差异也会影响沟通。

（3）当企业机构过于庞大、中间层次太多时，信息从最高决策层传递到基层单位时易失真且费时，从而影响到信息的及时性，这是由企业组织架构造成的沟通障碍。

在组织中，沟通障碍会或多或少地存在，组织成员应该设法消除沟通障碍，从而为有效沟通创造条件。

四、常见沟通对象

（一）业务代表与销售经理

业务代表应虚心接受销售经理的指导和忠告，因为直接上级的指导、忠告（甚至批评）有助于自己改进工作。在实际工作中，业务代表一定要遵循这一原则，哪怕销售经理的决策是错误的。双方沟通的方式多是电话、书面及个别面谈。

销售经理必须遵循"逐级"这一沟通原则，即使他在销售工作中发现了问题，也应该将正确的指示下达给业务代表，再由业务代表去执行他的指示，而不应该直接去指挥业务代表的下属（如区域销售代表）。

（二）业务代表与客户服务主管

现在，客户服务工作越来越受到重视，在很多企业中，客户服务部已经独立出来，与市场部、销售部同属于平级单位。

在市场竞争日趋激烈的大环境下，企业服务质量的好坏直接影响到自己的形象和地位。许多客户已经习惯于把服务水平看作衡量供应商竞争力的一个指标。而在日常销售和服务过程中，业务代表与客户服务主管沟通的水平直接影响到销售及回款工作，因此，应予以特别注意。双方的沟通方式应该以电话沟通和书面沟通为主，辅之以非正式沟通。

（三）业务代表和市场部主管

营销及销售工作不是完全独立的，营销系统内部、内部与外部（包括与其他兄弟部门）之间往往有着紧密的内在联系。它们之间既按照规定和流程各负其责，又相互服务和制约。

市场部是与销售部联系最为紧密的部门，两个部门相互依存，经常需要并肩作战，如市场部提供的各项资源是销售部顺利达成业绩目标的重要保障。

市场部与业务代表密切相关的工作包括：新产品的开发与上市；渠道的规划和设计；销售目标的制定；年度营销计划的制订；配合、支持市场部的调研工作；为区域市场提供广告规划和预算等。

（四）业务代表与财务部

销售部是赚钱的部门，财务部是管钱的部门。财务部不仅要管控客户的回款，还要管控销售部的费用支出。两个部门之间的工作联系包括发票的开立及管理、应收账款的管理、客户信用额度的管理、对账作业、销售费用管理、报销作业等。

销售收入对企业的资金流影响很大，财务部应配合销售部做好收款、催款、审核等工作。财务分析也是营销决策的重要依据，财务部要定期向销售部提供财务分析报告、销售费用分析报告、销售利润分析报告、产品结构分析报告等材料。另外，预算控制是降低销售费用的重要手段，也是财务部与销售部沟通的一个重要方面。

（五）业务代表与技术部

产品的品质及品质的稳定性是吸引客户重复购买的关键，为了确保品质始终如一，许多企业定期召开的产品质量研讨会就成为一个包括销售部在内的企业沟通平台。产品质量研讨会的议题通常是产品质量分析与改善，一般在公司会议室或发生质量问题的现场进行。与会人员通常包括营销副总经理、生产经理、市场经理、销售经理、研发经理及有关部门主管。业务代表要注意以下几点：对事实要做全面清晰的阐述；立足于解决后续问题，不过早猜测下结论，追究责任。

业务代表和技术部沟通的另外一个议题一般是新产品开发。业务代表应将市场信息及产品开发建议不定期地提交给销售经理，由销售经理和技术部沟通。研发人员也可以随同销售人员（或市场人员）共同考察市场以获取市场信息。研发人员还可以与销售部联合召开产品开发研讨会来研讨、解决产品改善与开发事宜。

思考与讨论

1. 沟通方式有哪几种？什么样的信息适合使用非正式沟通渠道？
2. 营销人员要向上级反映自己待遇等问题，应该如何沟通？

综合实训：技术
销售的内部沟通

课后实训

请以"任务引入"中小张的身份，向公司写一份市场报告，反映最近经销商提出的一些市场建议，要求改善产品包装。再以销售部门经理的名义给生产部门和采购部门写改善产品包装的联络函。

 **课外阅读**

招聘面试提问设计

为了使招聘面试更科学、更客观、更可靠，我们根据许多优秀企业的招聘面试经验，针对一般性问题的考察，设计了一些面试提问。这些提问一部分是比较明确的，一部分则不是十分明确且带有趣味性的，是否可用，用哪几个，都由面试官自定，仅供参考。

根据许多优秀企业的经验，选用人才的标准是正直、勤奋和有活力，即所谓的忠诚、敬业和能力。如果做不到第一点，第二、第三点越好对公司的破坏就越大。因此，优秀企业在招聘时，很注重对"正直"这一品质的考察。

（1）请告诉我你最大的优点，你将带给我们公司最大的财富是什么？

这一问题在很大程度上能反映一个人的自知之明。有些人在谈到其高尚的品德时会说出一长串华而不实的形容词，诸如勤奋、聪慧、忠诚及执着等，面试官对此要保持警惕。你真正想通过面试了解的东西是：应聘者能否融入团队并为之做出贡献。例如，当一位应聘者说他最引以为豪的事就是他是一个勤奋的工作者时，你可以这样问他：请举例说明与你的同事相比你工作有多勤奋？你的勤奋通常是如何从你产出的数量或产品的质量上得到反映的？这些追问的目的是使此人笼统的回答具体化。

（2）你最大的缺点是什么？

这一问题的变化形式包括："在你过去的上司中，给你最差的评价是什么？""为了使你的工作更有效率，你需要在哪一个领域继续努力？"

面试在很大程度上是一场观察一个人如何巧妙安然地脱离困境的游戏。可以说，不承认自己有缺点的人是在拒绝"玩这场游戏"。通常此人会被评价为人际沟通能力差和缺乏诚意。最聪明的"缺点"就是衍生出缺点的优点。充分展开这个问题的关键在于运用行为分析类的面试形式。

（3）你最喜爱的工作是什么？为什么？如果要你干自己不喜欢的工作，你会怎样？

当应聘者大谈自己对过去工作的某一个具体方面的热爱时，他们的话语事实上会使自己被淘汰出局，因为未来新的岗位无法提供这份工作。企业需要选择干一行爱一行的员工。

（4）你做了什么来降低你所在部门的经营成本或节省时间？

忠心耿耿的员工会想出办法来提高工作效率，并会提出建议来改善本部门及本部门以外的工作。

（5）你最富有创造性的工作成果是什么？你是怎样取得这一成果的？

这个问题旨在了解应聘者能否提出独特的解决问题的方法，接受公司每天都要面对的现实的挑战。

（6）你的上司认为你对他们最具价值的工作是什么？他们是怎样评价你的？

这个问题旨在了解一个人有何突出表现，是否能起某种关键作用。

（7）某职位的一般职责是什么？它有些什么具体事务，你怎样对待这些具体事务？

这个问题很适合用来进一步了解应聘者履历中的最重要的部分，也将为面试官描绘出此人得心应手的领域。注意提问中的"职责"，而不是"做什么事"。要留心那些以笼统的职责来回答这一问题的应聘者："嗯，我是个秘书，所以我的工作就是打字、接电话和把文件归档。"这样的回答彻底暴露出应聘者毫无自信，没有工作自豪感，也缺乏从更广阔的角度来看待其工作意义的兴趣。

（8）你的职位与你的部门或公司的整体目标有什么关系？

这个问题的关键在于应聘者认为自己在何种程度上影响着自己的直属部门和本部门以外的领域。

（9）你为什么要从原来的公司离职？这与你的老板有关系吗？

要了解应聘者的求职动机这一难以捉摸的问题，关键在于审查他的离职原因，并观察他对老板的态度，进而了解他对企业文化的适应度。

（10）发展对你意味着什么？你指望从哪些方面来发展自己？你觉得你的发展要靠自己还是靠公司？

在求职过程中，"发展"是一个意义含混不清的词语。对一些人而言，它意味着顺着阶梯（垂直）向上晋升。对另一些人而言，它是指通过（横向的）拓展的业务承担更多的责任。还有一些人则认为，它仅仅是指赚更多的钱。面试官可以利用它来评价应聘者的现实感、他真正的动机在哪里以及他有怎样的应付逆境的能力，还可以了解他将公司和个人的位置摆正了没有。

（11）如果你得不到这个工作，你在目前的公司将有什么不同的表现？

应聘者至少应该机智地向面试官表明，他是个团队成员，愿意把公司的需求放在自己的需求之前。如果一个员工在还没有找到新工作时便主动离职，这表明他不够成熟，对逆境的承受能力较低。

（12）你是如何不断地使你的工作更有价值的？这些价值对公司意味着什么？对你个人意味着什么？

在美国，每个员工的聘用都是为了要给公司带来以下3种利益之一：①增收；②节支；③省时。虽然层层升职是值得赞赏的，但长期在同一个职位上尽心尽力同样也是企业成功所必需的。

（13）每家公司都有自己的弊病。也就是说，都有它的"机能失调系数"。你最后供职的公司的机能失调程度如何？对于一家公司的缺陷和前后矛盾你有多大忍耐力？

如果应聘者断定公司的缺陷影响了他的业绩而将自己置于受害者的位置，那么必须注意此人是否缺乏应付恶劣环境的能力。只要公司里有人，就会有人际冲突、权力之争、领导无力、同事嫉妒和下属漠然，指责公司没有控制好这些普遍存在的人性问题，表明了应聘者缺乏忍耐力。

（14）除了学习功课以外，你还有哪些方面的经历能使你获得更多的实践能力？

经常参加课外活动和社会交往的学生在权衡轻重缓急、处理多项工作方面显示出较强的应变能力。另外，课外活动反映了毕业生可能为企业做出的贡献。

（15）目前你还在考虑应聘哪些公司的哪些职位？为什么？

如果应聘者的计划过于随意或不成熟，那么对于开创事业而言，他可能严重缺乏持之以恒的精神。

（16）你认为你的技术能力属于初级、中级还是高级水平？你曾经利用各种软件程序完成了哪些项目？

今天，评价技能的关键在于衡量电脑知识而不是打字速度。

（17）你为什么想要在这里工作？你对我们公司有多少了解？

应聘者应该很快报完有关公司的一些统计数字，然后开始涉及问题的实质。暗示自己找不到工作的人会在面试官心中竖起一块警告红牌。

（18）请告诉我，你是如何理解你应聘的这份工作的？

全面而又具体的回答应该是能先确定公司目前面临的问题，然后提供一个具体的解决方案。

（19）如果我们录用你，你可以为我们做些什么？我们应该期望在什么时候看到具体的成果？

面试官要录用那些愿意将试图如何处理具体问题的想法向你和盘托出的人，提防那些吞吞吐吐、试图"保密"的人。

（20）请再告诉我，为什么你觉得你应聘的职位能够满足你的职业需求？或者，为什么为我们公司工作对你来说很重要？

这个问题就是要应聘者特别说明他的职业需求与公司提供的机会有什么关系。

（21）你现在的工作条件必须有什么变动才能使你继续在那里工作？

这个问题能使面试官了解他来本公司任职是否能强过原来职位的诱惑。

（22）有两个人，被警察抓住了，怀疑他们犯了抢劫罪，但证据只能证实他们犯了占有偷窃财物罪。他们被分别关在两间牢房，警察对他们每一个人说："如果你承认了而你的同伙没有承认，我就会放你走，并利用你的供词认定你的同伙犯有抢劫罪判处 5 年徒刑。如果你们俩都承认了，我们从宽处你们两年徒刑。"

这反映了一种博弈关系，即一个人的最佳决定取决于另一个人的决定。请问：在企业活动中，你认为有哪些类似这样的关系？

（23）年轻、有为、富有的基督山伯爵被 3 个最要好的朋友陷害打入谁也出不来的地牢。关了很久之后，一位牧师帮助他获得了世间的藏宝图并向他指明了逃出死牢的唯一通道。基督山伯爵顺利地逃出了地牢，自由了，富裕了，他该去干什么？

备选答案：①复仇；②复仇后干一番事业；③不再去干预身外之事，幸福后半生；④像牧师一样行善于他人。本题考察人品。

（24）一位老人住在一座石头山上，山上缺土。他老担心自己死后无土可埋，会暴尸于光天化日下供鸟兽食用。如果每天下山干活回来都要带一担土上山，日复一日，年复一年，老人腰也酸了、背也驼了，人也更苍老了，他挑上山的土已堆成了一个土山。由此你想到些什么？

备选答案：①欲海难填；②人生就是满足自己最大的欲望；③能为者尽量为之，不能为者不为；④从为自己出发达到为别人的结果。如果说老人犯了最不值得的错误，显然是错的。

（25）下列东西你认为哪几样最伤人？为什么？

苦恼、争吵、环境不好、上司不赏识、空钱包、孤独、同事不理解、自卑、空虚、孩子不听话、妻子不合作、买不到想要买的东西……

备选答案：孤独（无友谊）、空虚（无知识）、空钱包（无财富）。本题考察在众多矛盾中抓住主要矛盾的能力。

（26）狐狸看见一个葡萄园，里面的葡萄比其他地方的葡萄都香，它很想吃，可惜篱笆围得很紧，只有一个小洞，只能把头伸进去，怎么办？狐狸连饿了三天，瘦了，它顺利地进了葡萄园。饱吃了三天，它又胖了。它担心农夫会来，出去才安全，可是它又出不去了，于是又饿了三天，它终于出去了。请问：狐狸值得吗？为什么？

备选答案：值得。饱尝了最香的葡萄、锻炼和考验并战胜了自己。本题考察对物质损失与精神收获的关系的认识。

（27）有 4 种人，第一种人爬起来和倒下去的次数一样多，第二种人爬起来比倒下去多一次，第三种人爬起来比倒下去少一次，第四种人从来没有爬起来也从来没有倒下去。你喜欢哪种人？为什么？

备选答案：第二种人，它最终还是爬起来了。本题考察认识问题的敏感性。

（28）美国目前的处境有几个明显的特点：

● 没有竞争对手；

● 自己想怎么干就怎么干；

● 在传统观念十分强的国家难以生活的人都去了美国；

● 没有传统文化；

● 美国人爱打仗，但很怕死；

● 美国的法律很多，多到连小事没有法律就会乱套；

● 美国总统似乎很有权，但一个小女孩子也能搅得他晕头转向；

● 舆论媒体各行其是。

你认为这好还是不好？为什么？

本题考察检验思维能力、分析能力（可以各执其词）。

（29）传说古代米达斯国王很喜欢他的二女儿，每天亲自花不少时间去给她梳妆打扮。一天，他刚为女儿打扮完毕，一眨眼女儿就变成了一座金子塑像。国王应该高兴还是悔恨？这说明什么？

备选答案：太多的讲究和无所不包的规范反而使人成为无用的宝贝。本题考察对问题的认识水平。

（30）一个人在沙漠中迷失了方向，饥饿难熬，到了死亡的边缘，他一步一步艰难地向前挪动，终于来到一座破屋。破屋里有一个吸水器，他用力去抽水，抽不上一滴水，原来抽水阀是干的，无法吸上水来，他还看见壁上挂了三个水壶，有两个是空的，只有一个装满了水。面对这一壶水是喝掉它救了命还是把它倒进吸水器以便抽出更多的水来，这个吸水器到底能不能抽上水不得而知。你认为这个人该怎么办？

备选答案：倒进吸水器，抽出更多的水，喝足并灌满三个空壶。本题考察应聘者的思想品德。

（31）严寒的冬天，两只豪猪冷得难受，始终找不到可以取暖的地方，唯一的办法只有互相取暖。你知道，它们挨得太近会互相刺痛，那比寒冷还难受，如果离得远了，又无法取暖。你看它们应该怎样处理这件事？对你有什么启发？

备选答案：必须找到既可以互相取暖又不互相刺痛的距离。人亦如此，人的最佳距离就是"礼节距离"。本题考察应聘者为人处事的修养和明智度。

（32）有一天上帝带领教士们去看地狱和天堂。打开地狱的门，只见里面许多人围着一口正在煮食的大锅坐着，个个面黄肌瘦，又饿又失望，虽然面前有一大堆食物，每人也有一双筷子，可是筷子太长了，无法把食物夹上来送到自己的嘴里。上帝又带教士们来到天堂，天堂里也同样有许多人围坐在一口正在煮食的大锅周围，每个人也有一双很长的筷子，所不同的是，这里的人们个个红光满面，个个感到愉快和满足。这是为什么？

备选答案：地狱的人只想喂自己，天堂的人总想喂别人。本题考察应聘者的反应速度。

下列问题要求一定的回答速度。

（33）为了扩大产品的销路，请根据你的设想找出可以采取的12条措施。

本题旨在考察应聘者的发散思维能力，不必怪罪提出荒唐措施者。

（34）发奖金是激励员工的手段之一，请根据你的想象提出激励员工的12条措施。

本题旨在考察应聘者的发散思维能力，能多提更好，不必考究措施的可行性。

（35）沙子、黄土、大熊猫、青草、松树、竹子、花朵、蝗虫、野兔、桃子、泥路、湖水、河流、涛声、浪花……你能不能简单地说这是哪里？

备选答案：大自然。回答"野外"显然不完整，因为本题旨在考察应聘者的聚敛思维能力。

（36）看到圆圈你想到了什么？列举至少20种事物。

本题旨在考察应聘者的想象力。

（37）你一个人与陌生人坐在列车的一张椅子上，你是始终不与之交谈还是想办法与之交谈？

本题旨在考察应聘者是内向型性格还是外向型性格。

学习情境七　工程投标流程

导入案例

奥运会工程的建筑涂料

北京奥运会申办成功，对涂料行业来讲不啻一针兴奋剂，奥运场馆改造与建设，以及各种配套设施的建设，不仅带给涂料企业巨大的商业机会，而且涂料企业也获得了展示品牌、树立形象、获取无形资产的良好契机。因此，在北京奥运会申办成功后，相关的部门估计，建筑涂料销售额预计超过 280 亿元，涂料行业表现出了空前高涨的热情。

学习情境七教学课件

我们知道，奥运会工程建设及材料选购采取国际招投标的方式进行。也就是说，不仅是国产涂料及当时已进入我国市场的进口涂料，还包括之后陆续进入我国市场的各种涂料都处在同一起跑线上。能否用国产涂料扮靓奥运场馆，对国内涂料企业来讲，不仅意味着商业利益，而且意味着"守土有责"。奥运会工程为我国涂料行业提供了大好的商机，而我国涂料行业在经过多年的快速发展后，无论是产品的质量还是产品的科技含量都有能力与进口涂料一争高下。在当时，积极参与奥运会工程投标，跻身奥运会工程，扮靓奥运会工程，国产涂料当仁不让。

化工工业品使用招投标销售方式的情况较多。招投标和拍卖不同，它更加偏重于保护招标方利益，使其有利于控制工程投资，简化程序；有利于鼓励施工企业公平竞争，不断降低社会平均劳动消耗水平；对施工单位既是冲击又是激励，促进企业加强内部管理，提高生产效率；有利于保证工程质量，因为已建工程是企业的业绩，以后不仅会对其资质的评估起到作用，而且对其以后承接其他项目有非常重要的影响，所以企业会将工程质量放到重要位置。除此之外，招投标还有利于规范价格行为，使公开、公平、公正的原则得以贯彻，客观上保护了市场中所有竞争者的权益。

任务一　制定招投标流程

知识目标

☞ 掌握招投标的规范和程序。

☞ 理解招投标各环节的基本要求。

技能目标

☞ 能够拟订招标文件。

☞ 熟悉招投标各个环节的关键点。

教学拓展：招标和投标

⟳ 任务引入

小陈是一家建筑涂料企业的销售员，平时也就是开发经销商、跑跑零售店。最近本地掀起市政建设高潮，公司要求营销部门拓展市政工程渠道。他想：既然销售经理下了命令，怎么也要协助经销商拿下一两个工程做样板工程。目前的经销商一直走渠道路线，靠零售分销，对工程投标一无所知。小陈心想：我还是先学习招投标的基本要求和程序吧。

⟳ 任务分析

小陈想了解招投标的程序，就得分别站在招标人和投标人两个角度去思考问题。

⤬ 知识链接

招投标是在市场经济条件下进行工程建设、货物买卖、财产出租、中介服务等经济活动的一种竞争形式和交易方式，是引入竞争机制定立合同（契约）的一种法律形式。

《中华人民共和国合同法》明确规定：招标是要约邀请；投标是要约；中标通知书是承诺。招投标是一种有利于买家的销售方式，在化工产品的销售中，工程建筑涂料、防腐涂料、船舶涂料、飞机涂料等产品典型的销售方式就是招投标。有时候是以单独产品的形式进行招投标的，更多的时候是以"产品＋施工服务"的形式进行招投标的，如防腐工程、管道防锈工程等。

一、招投标的操作流程

工程项目招投标一般按照以下程序进行：招标事项核准—确定招标代理机构（委托招标适用）—制定招标文件（含资格预审文件）—发布招标公告（邀请招标，发出投标邀请书）—招标文件备案审查—开标、评标—评标报告备案—评标结果公示—定标—发出中标通知书—签订合同。

具体而言，招投标应至少具备以下几个程序。

（1）具备招标的条件：①招标人已经依法成立。②初步设计及概算应当履行审批手续的，已获批准。③招标范围、招标方式和招标组织形式等应当履行核准手续的，已经核准。④有相应资金或资金来源已经落实。⑤有招标所需的设计图纸及技术资料。

（2）确定招标代理机构（委托招标适用）。招标人通过比选等程序（含招标方式）确定招标代理机构，注意审查代理机构的资质。

（3）邀请监督部门监督整个招投标过程（政府招标项目适用）。监督部门包括发改、监察、行政主管部门、审计、财政等相关部门。

（4）制定招标文件（含资格预审文件）。按照国家法规和国际惯例制作招标文件。

（5）发布招标公告或资格预审公告（邀请发出招标邀请书）。招标公告应在报纸、网络等媒体上刊登。

（6）发售招标文件或资格预审文件。自招标文件或资格预审文件出售之日起至停止出售之日止。

（7）开标：

① 标书在规定的投标截止时间前，送达开标地点。

② 按招标要求的固定金额或比例缴纳投标保证金，在投标截止时间前，报送招标单位。

③ 投标时，要求递交有关证明文件（营业执照副本原件及复印件、专业等级原件及复印件、产品代理协议、公司简介等）。

④ 开标时间：应当在招标文件确定的提交投标文件截止时间的同一时间公开开标时间。

⑤ 开标地点：招标文件中预先确定的地点。

⑥ 开标时，投标文件有下列情形之一的，招标人不予受理：逾期送达的或者未送达到指定地点的；未按招标文件要求密封的。

（8）评标：

① 评标由招标人依法组建的评标委员会负责。评标委员会成员数应当为 5 人以上的单数。

② 评标委员会应当根据招标文件规定的评标标准和方法，对投标文件进行评审和比较。招标文件中没有规定的评标标准和方法，一般不得作为评标的依据。

③ 评标委员会完成评标后，应当向招标人提出书面评标报告。

（9）评标结果公布或者公示。招标人或其委托的招标代理机构，应将中标候选人公布或者进行公示。

（10）确定中标人。招标人一般应在公示期满后 15 个工作日内确定中标人，最迟应当在投标有效期满 30 个工作日前确定。招标人应当确定排名第一的中标候选人为中标人。排名第一的中标候选人放弃中标的，或者因不可抗力提出不能履行合同的，或者招标文件规定应当提交履约保证金而在规定的期限内未能提交的，招标人可以确定排名第二的中标候选人为中标人。排名第二的中标候选人因前述规定的同样原因不能签订合同的，招标人可以确定排名第三的中标候选人为中标人。

中标人确定后，招标人应当向中标人发出中标通知书；向未中标的投标人发出中标结果通知书。中标通知书由招标人发出，任何单位和个人不得代替，或者以审批等形式干预，也不得因此拒绝办理施工许可证等工程建设的有关手续。招标人不得以发出中标通知书为条件，向中标人提出压低或抬高报价、增加工作量、缩短工期等背离招标和投标文件内容的要求。

（11）签订合同。招标人和中标人应当自中标通知书发出之日起 30 日内，依照招标文件和投标文件订立书面合同

二、招标文件的内容

（一）投标须知

投标须知是向投标者告之关于投标的商务注意事项，使投标者清楚了解投标的注意事项。投标须知包含以下内容：项目名称、用户名称、投标书数量、投标地址、截标日期、投标保证金、投标有效期和评标的考虑因素等。

（二）投标人资格

一般对企业规模、业绩和资信有具体的要求，不能达到的企业则被视为没有投标资格。在某些投标项目中，投标商的良好资质会在评标中起到加分的作用。

（三）投标文件

（1）对投标文件的组成做出具体规定：构成内容。

（2）投标文件的编制：格式和顺序。

（3）投标报价的格式：报价表的格式。

（4）投标文件的递交：递交格式和密封形式。

（5）投标文件的费用：费用分担的内容。

（6）投标文件的澄清：关于澄清内容的交流形式。

（7）投标保证金：金额和形式。

（四）评标

（1）评标依据：说明对投标书进行评审的基本原则。

（2）评标小组构成：组成评标小组的人员情况，一般会包括用户代表、招标公司代表、专家代表等。

（3）招标人澄清：关于中标条件的说明，一般是声明不承诺最低价中标，而且没有义务解释未中标原因。

（4）评标因素：声明影响评标结果的关键因素，如价格、服务、质量等。

（五）授予合同

（1）中标通知书的发送。

（2）合同生效。

（3）合同变更的权利。

（4）拒绝投标的权利。

（5）增加订货的选择权。

（6）合同条款。

（7）交货时间。

（8）付款方式。

（六）截止时间说明

1. 发/卖标书时间

正式通知开始出售标书到投标日期截止前都可以购买标书，只有购买了标书的公司才有参与投标的资格。

2. 投标截止时间

投标者在规定的时间内递交投标书，迟到者将被拒绝投标。这是投标的基本规则。

3．开标时间

标书中提到的公开唱标的时间，一般是在正式截标后不久。招标代理机构工作人员把各个投标企业的投标价格念出来，进行价格排名，让投标企业了解投标价格情况，避免暗箱操作。

4．投标有效期

投标企业投标的方案和价格的有效期一般为 90 天，这个时间用于评标、进行合同谈判和执行合同。在有效期内，各投标企业的方案和价格必须是可以兑现的。

思考与讨论

在投标的基本流程中，每个环节的关键点是什么？

课后实训

试制作一份招标文件。

 **课外阅读**

招标文件示例——××公司 A 项目投标须知

1 总则

1.1 定义

本招标文件使用的下列词汇具有如下规定的意义：

（1）"业主"（招标人）指××实业开发有限公司。

（2）"投标人"指向业主提交投标文件的单位。

（3）"招标文件"指由业主发出的本文件，包括全部章节、修改文件、补充文件和附件。

（4）"投标文件"指投标人根据本招标文件向业主提交的全部文件及进一步的补充文件。

（5）"书面形式"指函件、信件（包括电报、传真，不包括电子邮件）等可以有形地表现所载内容的文件。

1.2 招标说明

1.2.1 本工程的建设资金由××实业开发有限公司投资，并将部分资金用于本工程合同项下的合理支付。

1.2.2 本次招标项目为××酒店外墙涂装施工。施工面积 20 000 平方米。

1.2.3 本次招标包括以下几个主要阶段：发领招标文件、现场踏勘、招标答疑和投标文件送达、开标、澄清、评标、发出中标通知及签订合同。

1.2.4 评标阶段将由评标委员会评审投标人提交的投标文件，由招标人根据评标结果确定中标单位。

1.2.5 投标人与业主之间与投标有关的来往通知、函件和文件均应使用中文。

1.2.6 业主鼓励投标人针对本工程提出合理化建议，包括对设计方案的优化、新型实用材料的选用，对本工程质量、工期和成本控制以及其他有益的建议。

1.3 资格要求

为了具有被授予合同的资格，投标人必须提供令业主满意的证据，证明其具有足够的资格和能力有效地履行合同。

1.4 投标费用及方案补偿

1.4.1 不论投标结果如何，投标人应承担其投标文件编制与递交所涉及的一切费用，业主对上述费用不负任何责任。

1.4.2 本次设计招标成果版权属招标单位所有，不论是否中标，所有递交的投标文件均不予退还。

2 招标文件

2.1 招标文件的内容

2.1.1 本招标文件包括下列内容：

第一章 投标须知

第二章 投标书格式

第三章 施工方案格式

第四章 报价表格式

第五章 投标单位资格证明文件

第六章 招标用其他资料

2.1.2 投标人应认真阅读招标文件中所有的投标须知、合同条件、格式、设计任务书及图纸等。如果投标人的投标文件不能满足本招标文件的要求，责任由投标人自负。

2.2 招标文件的澄清

业主对在20××年3月1日前收到的要求澄清的问题，以书面方式答复（包括对询问的解释，但不说明询问的来源），业主的答复将发给所有获得招标文件的投标人。

2.3 招标文件的修改

2.3.1 在投标截止期14天之前，业主可能会以补充通知的方式修改招标文件。

2.3.2 补充通知作为招标文件的组成部分，将以书面形式发给所有获得招标文件的投标人，并对投标人起约束作用。投标人收到补充通知后，应立即以书面形式通知招标人，确认已经收到补充通知。

2.3.3 为了使投标人有合理的时间，在编制投标文件时能把补充通知考虑进去，业主可以补充通知方式，酌情延长递交投标文件的截止时间，招标人对于由此给投标人增加的负担不承担任何责任。

3 投标文件的编制

3.1 组成投标文件的内容

3.1.1 投标文件的正本与副本均应使用不能擦去的墨水打印、书写或复印。商务标3套，用A4幅面或折叠成A4幅面；技术标6套，用A3幅面或折叠成A3幅面；效果图部分用 A2 幅面图版，图版上标明工程名称、图纸名称及投标单位名称。

3.1.2　全套投标文件应无涂改和行间插字，除非这些删改是根据业主指示进行的，或者是投标人造成的必须修改的错误。在后一种情况下，修改处应由投标文件签署人签字或印章确认。

3.1.3　每位投标人只能提交一份投标文件。任何投标人都不允许以任何方式参与同一标段的其他投标人的投标。

3.1.4　投标提交的施工方案包括：

要求：银灰色（颜色为暂定色），优质油性氟碳金属漆（双组分）。

（1）主剂中溶剂可溶物的氟含量双组分（漆组分）≥18%。

（2）具有优秀的遮盖力、附着力、耐污染、抗酸、抗碱和抗湿搓擦性能；具有良好的透气性和弹性。

（3）技术要求：见附件（略）。

（4）采用附着力强、防水、透气、环保性能指标好的外墙腻子。

（5）底漆：抗碱封闭底漆。

（6）面漆外喷涂罩面漆。（弹性氟碳金属面漆每平方米 1.4 千克）

（7）氟碳金属面漆加罩面漆的漆膜厚度（干膜）大于等于 40μm。（延伸率 300% 以上）

（8）施工质量达到相关标准。

3.2　投标日程安排

3.2.1　投标报名截止日为 20×× 年 1 月 16 日。

3.2.2　发标日期暂定为 20×× 年 2 月 6 日。

3.2.3　投标截止日为 20×× 年 3 月 19 日 17:00。

3.2.4　在原定投标有效期满之前如果出现特殊情况，业主可向投标人提出延长有效期的要求。这种要求和答复应以书面函件的形式进行。

3.3　招标答疑

投标人对招标文件提出任何疑问须在 3 月 1 日以前，以书面方式传真或送交招标人，同时把所提问题的电子文档送交招标人或 E-mail 至 ABF@ER.com。

4.　投标文件的封装与递交

（1）投标文件均应在招标文件要求的位置加盖投标人公章及法定代表人或授权代理人印章，投标人应将投标文件封装在文件袋内，文件袋封口处可加盖投标人公章（或投标专用章）及法定代表人或授权代理人印章，开标前不得开封。

电子文件和投标保证金随投标文件商务标正本封装。效果图单独密封。

（2）投标文件上应注明投标人的名称与地址，以便投标人被宣布迟到时，能原封退回。在规定时间之后收到的投标文件，将被原封地退还投标人，并注明收到投标文件的详细日期和时间。

（3）如果上述文件袋没有按上述规定密封并加写标志，业主将不承担投标文件错放或提前开封的责任，由此造成的过早开封的投标文件，业主将予以拒绝，并退还给投标人。

5 开标与评标

5.1 开标

5.1.1 开标会由业主进行。

5.1.2 除了对提交了合格的撤回通知书的投标文件不予开封之外，招标人将检查、启封投标文件。

5.1.3 投标人的名称、投标价格总额、补充函件和投标撤回书和业主认为适当的其他细节均将在开封时宣布。

5.1.4 在开标过程中招标人做开标记录，投标人应对开标记录签字确认。

5.2 评标过程保密

开标后，直到宣布授予中标人合同为止，凡属于审查、澄清、评价和比较投标的有关资料以及授予合同有关的信息，都不得向投标人或与该过程无关的其他人泄露。

5.3 投标文件的澄清

为了有助于投标文件的审查、评价和比较，在评标过程中，评标委员会可以书面方式要求投标人对投标文件中含义不明确，对同类问题表述不一致或者有明显文字和计算错误的内容做必要的澄清、说明或补正。

5.4 对招标文件实质性响应的确定

5.4.1 在详细评标之前，评标委员会将首先根据招标文件来审定每份投标文件的所有投标偏差，看其是否实质性响应了招标文件的要求和规定。

5.4.2 如果投标文件未实质性响应招标文件的要求，评标委员会将认为投标文件无效，作废标处理。

5.5 评标依据

（1）《中华人民共和国招标投标法》。

（2）国家计委等七部委第十二号令《评标委员会和评标办法暂行规定》。

（3）建设部第 89 号令《房屋建筑和市政基础设施工程施工招标投标管理办法》。

（4）招标文件及招标文件的补充文件。

5.6 合格的标

合格的标必须通过投标文件合格性、完整性和招标文件响应性的检查，开标时将逐项进行检查，必要时将对有关问题进行澄清，要求投标人就相关问题进行说明。投标文件中有明显不符合招标文件要求的或澄清后有关问题仍然不符合要求的将不再进入下一阶段的评标打分。

5.7 评标办法

评标办法采用综合评审法，评标委员会将根据投标人的技术标及商务标进行综合评审。

6 授予合同

6.1 合同授予标准

业主将把合同授予其投标文件实质上响应了招标文件要求，并经综合评审为得分最高的投标人，该投标人必须具有有效实施本合同的能力和资源。本设计合同将按方案设计、初步设计、施工图设计分阶段授予。

6.2 中标通知书

6.2.1 在确定了中标人后 5 日内，业主将以书面形式（中标通知书）通知中标人。

6.2.2 中标通知书将成为合同的组成部分。

6.2.3 对未中标的投标人，业主有权不做任何解释。

6.3 合同协议书的签署

本设计合同将按中标人在收到中标通知书后 5 日内须派出全权代表与业主签署合同协议书。

6.4 合同生效

合同双方全权代表在合同协议书上签字，分别加盖单位公章，合同正式生效。

7 附件

项目基本资料（略）。

任务二 制作投标书

知识目标

☞ 了解投标书的基本结构和内容。

☞ 掌握投标书的制作流程。

技能目标

☞ 能够编写合格投标书。

⟳ 任务引入

在当地经销商的努力下，小陈终于获得了一些当地重点工程的相关信息。小陈作为厂家代表，要配合经销商与工程公司一起参与工程投标。销售经理对这次投标也很重视，将投标书的制作任务交给了小陈。那么，小陈怎样才能制作一份合格的投标书呢？

⟳ 任务分析

制作一份合格的投标书是投标成功的关键要素之一。投标书一般是按照招标文件，根据固定的格式制作而成的。一般情况下，投标书分为商务标书和技术标书两个部分。无论商务部分还是技术部分，方案说明都要清楚。下面将从人、物、事情、程序等不同方面讲解投标书的制作要点。

知识链接

一、投标书的主要内容

（一）商务投标书的组成

1. 投标的主体内容（按邀标书格式）

评标专家在现场进行评标，需要阅读大量的文字，这个时候一定要严格按照邀标书的格式进行，必要的时候要专门以不同纸张或者标签的形式进行区分，以便于专家在不同投标人之间进行比对。

2. 投标报价及产品清单

如果邀标书给定了投标报价单格式，就要按照标准报价单进行填写；如果没有，需要仔细进行设计。一个好的投标报价单有助于专家进行比对和筛选，也有利于投标人进行价格谈判。例如，投标人提出细致合理的价格就不容易在价格谈判的时候被迫大幅度降价。另外，如果投标报价单比较复杂和篇幅长，投标人需要对各部分报价进行小结，然后有一个清晰的各部分报价总计。投标人要注意核算投标报价单，不要出现计算错误、重复、缺项的情况。

3. 资质证明

投标人务必注意邀标书要求的资质证明。另外，投标人必须认真对待竞争对手可能提供的用户报告、资质、案例等；尽可能提供高于邀标书的资质；对于联合投标，需要提供双方或者多方的资质；对于要求具有"本地服务队伍"要求的，需要提供证明文件；对于需设计产品的，要提供必要的证书和文件；对于使用关联公司（如集团公司）资质的，要特别注意法律的一致性要求。

4. 项目团队介绍

对项目团队的介绍要实事求是，不一定非要公司高管介入项目过程；对于团队中人员资历的介绍，要注意角色分工、年龄搭配和资质要求，重点突出团队成员实施类似项目的成功经验。

5. 公司简介

公司简介要有针对性地进行缩写或者改写，突出与项目密切相关的内容。

6. 公司售后服务体系及培训体系简介

一般来说，这一条比较容易与技术表述中的相应部分混淆，要注意放在哪个部分。如果商务部分和技术部分都需要，要注意侧重点各是什么。评分标准中往往会有这一条，因此，应该仔细描述本公司的项目管理、售后服务和培训体系，既要符合招标人的标书要求，也要符合主流的国际、国内标准。

7. 设备简介

设备简介部分要提交设备的案例、使用情况、证书等。

8. 行业典型（成功）应用案例

成功案例中要特别注意将类似的项目经验放在比较靠前的位置。

9．一切对本次投标有利的资料

有些投标人会提交获奖证书、专利、知识产权证书、课题承担证明等与项目关联的证明文件。

（二）技术投标书的组成

1．摘要说明

摘要说明不仅仅是各个部分的概括，更应该是投标人体现自己思想的阐述，也是争取专家认同的重要环节，应该予以高度重视，用很大的精力去编写。

2．背景介绍

项目背景要从行业、用户基本情况等方面论述和解释项目的必要性及考虑，这是体现投标书针对性非常重要的地方。

3．主要施工方案介绍

项目设计是投标书的主要部分，考虑到专家未必对投标书所涉技术非常了解，这一部分的逻辑关系非常重要，应该从技术方向、产品方向、产品选型、性能价格比较等多方面进行逻辑论述，站在中立的立场上为用户选择适合的解决方案。

4．项目实施计划

项目实施计划要可行、符合招标文件的要求。

5．风险控制和质量控制计划

风险控制措施要实在，质量控制要清晰和符合招标文件的要求。

6．售后服务计划

售后服务计划往往是评分点，应该尽可满足招标文件的要求；对于重要的服务承诺和期限，应该以黑体或者表格的形式突出显示。

7．产品介绍

产品介绍应该放在不突出的地方，如附录。产品的重要性能可以提前展示或者突出展示；必要的时候，可以将产品说明彩页裁减后装入投标书。

二、投标书的制作

（一）整体要求

（1）标书各个部分既自成体系又相互依托。

（2）技术可行，叙述简洁明了。

（3）产品清单正确。

（4）目录结构清晰明了。

（5）文字叙述条理分明，风格统一。

（6）既迎合用户心理习惯又有创新性。

（二）准备阶段

按照招标文件制作投标书，内容可以增加，不能减少。制定投标书编写日程安排表，严格遵守，注意预留审查修改投标书的时间。最好的方式是设定好编写时间和投标书调整策略，严格按照策略执行。

（三）投标书制作阶段

在投标书中，最重要的是价格、服务和可以引起用户注意的东西，在不影响整体内容的情况下，尽量突出自身的特色。投标书最大的忌讳是出现诸如错字、错页、漏印、价格不统一、价格大写错误、过时的内容及出现与项目不相干的内容。

（四）收尾阶段

1．印刷投标书

（1）关键图表的印刷。制作精良的图表，非常容易超越竞争对手和吸引专家，如有必要可以制作一张非常大的图夹在投标书中间。

（2）报价单的打印，要便于查阅。

2．装订投标书

（1）封面的设计。投标书的封面要专业、正规，公司名称、理念和标志可以恰当地设置在醒目的位置。

（2）使用标签。有时候投标书很厚，应该在侧边设置标签，最好打印简要说明便于查阅；还可以使用不同颜色的纸张区分章节和部分。

（3）整体的观感。投标书的装订要体现公司的实力和诚意。

3．标书封装

（1）采用投标专用袋。

（2）投标专用袋上标明投标编号、包号、投标设备名称及投标单位名称。

（3）投标专用袋封口处注明："××××年×月×日××：××分前不得启封"字样或使用带有上述字样的小纸条封住袋口，加盖公章。

（4）按照招标文件的要求准备相应的正本及副本的数量（正本一份副本多份）。

（5）投标书的封面必须标明"正本"或"副本"字样。

（6）正本必须采用原章（非复印件）。

（7）正本每页必须有投标授权人的签字（全名或姓氏）。

（8）副本的封面必须是公司原章。

💡思考与讨论

1．投标书的内容包括哪几个部分？

2．投标产品报价取决于哪些因素？

📋课后实训

学生分为若干个小组，分组制作投标书，然后由教师和学生代表组成评标委员会，组织开标、评标活动，最后确定中标小组。

课外阅读

涂料工程投标书目录

7. 罩面漆施工

8. 涂装质量控制和验收

B. 施工技术组织措施（平面部分）

1. 施工技术准备

2. 施工步骤流程图

3. 基面要求与处理

4. 底漆施工

5. 中涂施工

6. 金属漆施工

7. 罩面漆施工

8. 涂装质量控制和验收

三、项目管理组织

A. 管理组织机构图

B. 管理人员一览

C. 人员组织管理

D. 拟管理和实施本工程的主要人员的履历和经验

E. 设备管理

F. 材料管理

G. 工期计划

四、登高设备

A. SD 型吊篮

B. 吊篮作业安全管理细则

五、安全与环境保护

A. 安全文明施工

B. 环境保护

六. 质保技术措施

七、施工质量目标及验收

A. 施工质量目标

B. 验收

八、结束语

第三部分　附件

学习情境八　网　络　营　销

宝洁的深度网络营销

宝洁公司是世界500强公司，是全球知明的日用消费品生产商，也是非常懂得做广告和营销的企业。宝洁公司开展网络营销的经典案例绝对值得其他企业学习和借鉴。

学习情境八教学课件

成功的网站源于成功的企业，但成功的企业却未必都有成功的网站，经营固有经营之道，上网亦有上网之道，两道相结合互为增益，反之则欲益反损。宝洁公司的网络营销堪称经典。在众多的企业网站中，宝洁公司网站始终抢眼夺目。

1. 网络营销的头把利剑——企业网站建设

宝洁公司网站的首页之所以抢眼夺目，是因为坚持了画面简洁、重点突出的原则。建设网站就是要向全球消费者做屏幕广告，这是宝洁公司建立网站的目的，因为好的屏幕广告是网络营销的主题。

"一幅画面，一个主题，一种产品"是宝洁公司网站建设的设计原则，除非万不得已，绝不用长篇大论，充分体现了宝洁公司"一张纸"的企业精神。

宝洁公司网站的首页坚持画面简洁、重点突出的原则，每帧页面均按照平面广告的要求设计制作。在页面设计上，每帧首页只有一个兴趣中心，且按照经典平面广告技法使之位于黄金分割处。兴趣中心一般都是与产品相关的人物特写，他们或是表情欢娱，或是亲情四溢，使人一目之瞥，便能神注其间。这种着重从视觉效果出发，将网站做成系统屏幕广告的做法，在众多企业网站中独具特色。

但对于像宝洁公司这样的大型企业来说，下面的品牌众多，涉及的领域也不尽相同，有做化妆品类的如"OLAY"、"玉兰油"等，也有品客薯片等，产品的跨度比较大，特性也不相同，一个网站很显然已经无法满足需要，怎么办？

为了解决这个问题，宝洁公司针对各个不同特点的产品设计了不同的网站。几乎公司每个主要产品都有一个独立的分站。这样由各个站点形成一个站点群来详细表达宝洁公司的产品特点，由一个网站群体共同构建宝洁的网站平台、网络资产。每个网站都有关于世界各地宝洁网站的链接。宝洁公司具体产品的网站与主站相比做得更具个性，像海飞丝的站点就做得比较侧重美工化，动感比较强，具体的文字信息量就没主站那么多。这是由产品特性决定的。而且每个产品网站的风格都是各不相同的。这就很好地展示了产品的卖点和亮点，让用户更好地了解产品，加强用户对品牌的认识，促进购买。

2. 网络推广手段多箭齐发

网站建设好了，并不代表就做好了网络营销。一个好的网站设计出来，还需要好的网络推广方法和手段去宣传，才能让更多的人了解并接受企业的产品或服务。

为了推广网站，推广产品和服务，宝洁公司采取了很多有效的网络推广手段。

首先，宝洁公司非常重视博客营销。在"OLAY"的网站上设有"美丽心语"栏目，是网站会员的博客社区，以讨论女性的美容养颜方面为主，宝洁公司利用博客来增强网站与用户的互动性。

其次，宝洁公司利用论坛社区做软文推广。宝洁公司在瑞丽等著名女性论坛上发布了不少软文。这些文章不像电视广告那样让人明显感觉是广告，而是无声无息地深入消费者的心中，起到了潜移默化的作用。软文营销是一种较深层次的网络推广。

最后，宝洁公司采用了竞价排名：如果消费者搜索"玉兰油""双重精华眼霜"等关键词，就会发现宝洁在百度等搜索引擎上投放了竞价排名广告，这体现了宝洁公司对搜索引擎推广的重视。

作为全球500强的跨国公司，宝洁公司在世界各地都有分公司和销售网，它的许多经营作风和管理方法被奉为经典，它的产品以质量至上为原则，并创造了极科学、极审慎的网络营销策略。

宝洁公司表示：互联网呈指数级成长，这是消费者寻求信息和娱乐的地方，客户在哪里，我们的公司就要到哪个地方去。宝洁公司大举进军网络营销，成效卓然。

其实，宝洁公司开展的就是一场深度、综合性的网络营销。其网络营销有几个鲜明的亮点值得其他企业参考和借鉴：一是对企业自身网站建设的重视和对企业网站集群的打造。二是对搜索引擎推广的重视。三是综合性多渠道网络推广手段的应用。搜索引擎推广、竞价排名、论坛推广、博客推广、许可电子邮件推广等网络推广手段，宝洁公司都有综合应用。

（资料来源：http://www.wm23.com/wiki/48296.htm.）

任务一　制订网络营销计划

知识目标

☞　了解网络营销的意义。
☞　理解化工产品网络营销的特点。

技能目标

☞　能够根据推广产品的特点制订网络营销计划。

↻ 任务引入

小王是某化工原材料贸易公司的业务人员，该公司一直从事陶瓷釉料、彩釉的原料代理，品种非常齐全。一直以来，该公司都是通过展览会或者主动寻找客户来发展业务的，有稳定的顾客来源。最近越来越多的客户通过网络搜索寻找供应商信息，就连以前稳定的老客户也通过网络向其他供应商询价后和公司比较价格。为了留住老客户，发展新客户，经理让小王拟订一份网络营销计划。

任务分析

小王要制订网络营销计划，首先需要了解网络营销的含义，根据网络营销的特点，设定网络营销的目标。

知识链接

网络营销的产生，是科技发展、消费者价值观变革、商业竞争等综合因素推动的。化工工业品主要有两类产品，一类是工业中间产品，另一类是大众日用化学产品。这两类产品在网络营销方面有不同的目标和方向。网络营销占整体营销的比重越来越大，尤其是一些精细化工工业产品，中小企业的营销渠道主要以网络营销为主，因此，制订优秀的网络营销计划尤为重要。

一、网络营销的含义

网络营销是企业整体营销战略的组成部分，是建立在互联网基础之上、借助于互联网来更有效地满足顾客的需求和欲望，从而实现企业营销目标的一种手段。据此定义，我们可以得出下列认识。

（一）网络营销不只是网上销售

网上销售是网络营销发展到一定阶段的产物，网络营销是为实现网上销售目的而进行的一项基本活动，但网络营销本身并不等于网上销售。这可以从两个方面来说明。

（1）网络营销的效果可能表现在多个方面，如企业品牌价值的提升、加强与客户之间的沟通、作为一种对外发布信息的工具，网络营销活动并不一定能实现网上直接销售的目的，但是，很可能有利于提升总体销售。

（2）网上销售的推广手段也不仅仅靠网络营销，往往还要采取许多传统的方式，如传统媒体广告、发布新闻、印发宣传册等。

事实上，由于消费者难以直接了解化工工业品的性能，网上直接成交并不是太多。化工工业品网络营销的目的更加倾向于信息沟通、寻找潜在客户等。

（二）网络营销不仅限于网上

对于较熟悉网络的人来说，由于种种因素的限制，如果有意寻找相关信息，在互联网上通过一些常规的检索办法，不一定能顺利找到所需信息。更何况，对于许多初级网络用户来说，可能根本不知道如何查询所需信息，因此一个完整的网络营销计划，除了要在网上做推广，还有必要利用传统营销方法进行网下推广。这可以理解为关于网络营销的营销，正如关于广告的广告。化工产品的网络营销往往需要借助专业销售平台，如专业的 B2B 网站、网店及搜索引擎关键词排名等。这些网络中间商的营销推广策略往往是全方位的，会在传统媒体上进行推广，如阿里巴巴会在报纸、杂志、电梯、电视、展销会上推广自己的网络平台。

二、化工产品与网络营销

随着网络技术的成熟及互联网成本的低廉，互联网将政府、企业及个人跨时空地联结在一起，使他们之间信息的交换变得更加容易。市场营销中最重要也最本质的是企业和个人之间进行信息传播和交换，如果没有信息交换，交易就是无本之源。化工工业品的特点使其可以和网络营销紧密地联系在一起。

1. 品种多，数量庞杂

化工工业品的种类繁多，厂家众多，尤其工业中间品，使用特性各异，专业性很强，给销售和采购都带来很多不便，互联网将庞大的厂家和产品数据库联结在一起，为商品交易带来便利。

例如，常用的化工颜料、染料种类就达到数百种，同种类产品的生产厂家又有上百家，传统的采购方式往往是一对一地询价、要样品，效率很低。现在网络信息贮存量大，用户往往选择在网络上获取厂家和产品信息，然后进行比较。

2. 时空不受限制

营销的最终目的是占领市场，由于互联网能够超越时间约束和空间限制进行信息交换，因此使脱离时空限制达成交易成为可能，企业能有更多时间和更大空间进行营销，可随时随地地提供营销服务。例如，客户或者潜在客户想对公司产品的使用方法进行了解，即使是下班或者节假日也可以通过浏览公司网页获得信息。这个过程实质上延长了信息交换的有效时间。

3. 交互式技术咨询

互联网可以展示商品目录，通过链接资料库提供商品信息查询服务，企业可以和客户进行双向沟通，可以收集市场情报，可以进行产品测试与消费者满意调查等。它是产品设计、下游厂家需求调查、商品信息搜集和客户服务的最佳工具。例如，化工企业的官方网站开设对话聊天服务，或者利用即时通信工具，主动询问客户的需求并给予技术指导，实现潜在客户与企业建立初步联系，为以后的市场推广做准备。

4. 高效经济性

电子计算机可贮存大量的信息，信息传送数量与精确度远超过其他媒体，并能适应市场需求变化，化工企业据此及时更新产品或调整价格，有效地满足客户的需求。

化工企业与客户通过互联网进行信息交换，代替以前的实物交换，既可以减少印刷与邮递成本，可以无店面销售，免交租金，节约水电与人工成本，还可以减少不必要的运输环节。尤其对于化工工业品，可以将技术参数、图片等发给客户，并与之在网上交流，从而代替上门拜访。对于中小型企业而言，这样做降低了交流成本，提高了沟通效率。

三、网络营销计划的制订

（一）确定网络营销目标

不同类型的化工企业有不同的网络营销目标，日化类化工企业有一部分是想展示品牌形象，还有一部分是想在网络上直接形成销售。化工工业品生产企业有的是想通过网络营销获得更多的市场信息，有的是想通过网络营销实现技术服务的网络化，提升服务质量。因此，化工企业在制订网络营销计划时，首先要确定自己的网络营销目标。

1. 销售型网络营销目标

销售型网络营销目标是指建设网站主要是为企业拓宽销售网络，借助网络的交互性、直接性、实时性和全球性为客户提供方便快捷的网上销售服务。目前，许多传统的零售店在网上设立了销售点，如图书类、服装类网店。网上销售的化工产品主要有化妆品类产品、汽车护理产品等。

2. 服务型网络营销目标

服务型网络营销目标是指建设网站主要是为客户提供网上联机服务，客户可以与网上服务人员远距离地进行信息咨询，企业也可以利用网络进行市场调查。目前大部分化工原料或者中间品的代理商建立了此类网站。例如，陶瓷原料的供应商建立网站，设有提供即时服务的沟通平台，如网页即时对话框、QQ、阿里旺旺等，客户在浏览网站信息的过程中，可以进行技术咨询。

3. 品牌型网络营销目标

品牌型网络营销目标主要是在网上建立自己品牌形象，加强与客户的直接联系和沟通，建立客户的品牌忠诚度，为企业的发展打下基础，以及配合企业实现设定的营销目标。目前大部分日化产品网站属于此类型。对于大型化工企业来说，其产品客户需求量大，一次采购数量大，以传统的营销渠道为主，但是网站为客户提供了一个了解企业的窗口，是企业给客户的第一印象。

4. 混合型网络营销目标

混合型网络营销目标，即同时达到上述几种目标，既是销售型的，又是品牌型的。这类网站主要以日用化工产品企业网站或者经销商网站为主。例如，深圳市千色店商业连锁有限公司专业从事女性时尚化妆品连锁经营，公司网站既是销售型的网络商店，又是品牌型、服务型的，客服人员会请客户留下 E-mail 以提供载有产品信息的电子杂志等。

（二）确定网络营销策略

在明确了网络营销目标以后，化工企业要确定网络营销策略，诸如如何描述产品、如何与客户沟通、如何确定网站风格，以及如何推广网站。更重要的是，化工企业要确定通过何种方式在网络营销过程中提高利润。下面是几种常见的网络营销策略。

1. 提供有用信息给新客户

让有需要的客户更加快速地找到化工企业，这样的产品推广效率远远高于一一询问潜在客户是否需要产品。这是化工产品，尤其化工工业品网络营销的主要策略之一。在客户需要的时候，产品信息能够精准地出现在客户采购员的面前。为了实施这个策略，化工企业通常需要与网络销售平台、专业的化工网站及搜索引擎合作。

2. 简化销售渠道，减少管理费用

该策略旨在为客户提供低成本的服务。在化工产品领域，该策略适合产品品质受到客户

普遍认可的产品，或者基础材料产品，或者交易后的品质风险比较小的产品。例如，立邦固定型号的钛白粉、拜耳的树脂等。客户在了解供应商资信的基础上，可以远程采购此类产品。

3．让客户参与产品评价，提高客户的忠诚度

让客户参与企业产品的评价，提高客户的忠诚度。该策略常用于化妆品的网络营销，如某品牌化妆品网站开展购买系列产品，可以参加积分兑换、选美活动等。

4．提高品牌知名度，获取更高利润

该策略常用于消费类化工产品。企业将网络当成媒介工具，通过在知名网站上做广告，以提高品牌知名度，获得定价主动权，以取得更高的利润。尤其是对于市场目标人群狭小的细分市场，有针对性地投放广告，如在门户网站汽车频道投放汽油添加剂广告，可以达到事半功倍的效果。

5．留住顾客，增加销售

该策略即一对一的营销策略，利用 E-mail 或者在线聊天工具，为客户提供个性化服务。该策略对于化工工业品营销更加重要，营销人员可以随时和潜在客户保持密切联系，提供一对一的服务。

6．数据库营销

数据库营销是化工工业品常用的营销策略，即通过互联网收集客户资料。收集客户资料的方法可以是主动收集，也可以是被动收集，如让浏览公司网站的客户留下联络方式。开设专门的技术论坛等。

（三）网络营销计划的内容

1．网络营销的目标

只有确定了网络营销目标，才能对网络营销活动做出及时的评价。企业在引入网络营销的时候可根据自身的特点，设定不同阶级的网络营销目标。

2．网络营销的管理部门与财务预算

网络营销既涉及营销部门又涉及信息技术部门，所以化工企业应明确规定网络营销的负责部门，以免出现互相扯皮、责权不明的现象。为了使网络营销计划得到顺利实施，化工企业应安排专门的资金，制定预算，安排网络营销活动所需的资金和设备。

3．网络营销方式的选择

网络营销方式有：公司网站发布信息、通过网络平台发布信息、网页即时通信工具互动、搜索引擎关键词竞价排名、网络广告等。网络营销方式的选择和网络营销目标有很大的联系，销售型网站重视推广力度，往往采用网络广告、搜索引擎关键词竞价排名等方式；品牌型网站重视线下推广，通过产品包装、POP 广告传播企业网站，吸引客户登录浏览。

4．网络营销的效果评估

网络营销的效果评估要根据网络营销目标选择评估指标，具体如下。

（1）网络营业额：销售型网站可以直接关注网络销售额。

（2）通过网络联系后完成的营业额：客户通过网络联系以后，通过别的方式成交的营业额。

（3）网络咨询数量：网络在线咨询人数、网络商店浏览人数。

（4）客户通过网络联系的电话数量：化工工业产品比较注重的网络营销评估数据，以及客户在网络浏览以后主动电话联系企业的数量。

（5）客户品牌满意度提升。

（6）客户忠诚度的提升：通过网络即时的技术服务，新客户使用产品后转换成老客户的比率。日化产品通过消费者调查完成数据统计，对于化工工业产品。则衡量首次订货后的客户再次购买的转换率。

5. 网络营销实施步骤

（1）明确界定网络营销的目标：结合产品的特点，不要制定不切合实际的考核指标。确定建设网站还是设立网店、发布信息等营销策略。

（2）广泛听取各部门的意见：企业各部门广泛开展意见交流，注意协调技术、市场、销售等部门的意见。

（3）确定营销预算：网站建立、推广和维护及网络广告的预算。

（4）分配营销任务：主要是人员设置，客户的技术咨询由技术部门回应还是由销售部门回应。

（5）网页设计：网页应能全面反映营销活动的内容。很多化工企业的网站区分消费者、经销商、公司员工设置不同的入口和界面。

（6）与互联网连接：确定连接速度，选择服务器。

（7）调整企业网站的界面设计和内容设置。

（8）网上营销推广：选择网络营销推广的手段和方式。

（9）使网络营销和企业管理融为一体。

思考与讨论

1. 举例说明不同产品网络营销目的的异同。
2. 网络营销需要制定渠道策略吗？为什么？

课后实训

帮助"任务引入"中的小王制订一份网络营销计划。

任务二　建设营销网站

知识目标

☞　了解公司网站的主要营销功能。
☞　理解不同网络营销方式的主要特点。

技能目标

☞　能够合理设计公司网站的主要内容。

任务引入

小王被经理指定筹划公司网站并负责公司网络营销业务，公司为此聘请了专门的网站设计公司。小王现在要为网站设计公司提供基本内容框架，告诉网站设计公司网站哪些内容有利于开展公司产品销售，以及网站要设置哪些功能。

任务分析

要建设营销网站，需要从网络营销计划入手，了解网络营销的目的。唯其如此，才能规划网站有什么样的内容，面对什么样的受众，实现什么样的效果。

知识链接

一、企业网站的作用

（一）发布企业信息

发布企业信息是网站最基本的作用，企业信息主要包括企业新闻、企业经营活动、重大事件信息发布，以及企业概况和产品信息等。例如，化工企业网站可设置产品介绍、公司简介、文摘报道、企业新闻、搜索等栏目。

（二）信息交流沟通

互联网的一大特点是可以进行双向沟通，交互界面友好的化工企业网站一般会提供客户直接与企业进行沟通的渠道。例如，某涂料企业在企业网站上设置涂料论坛、在线对话框。

（三）网上销售

网上销售可以降低交易费用。企业网站若拥有网上销售功能，还要考虑销售功能类型。如果只有订货功能，则实现起来比较简单；如果具有网上交易功能，则网站还要具备网上支付功能。很多日化产品、香水等厂家网站可以直接实现网络销售。网上销售是专卖渠道的很好补充，可以为全国各地的消费者提供服务。

（四）售后服务

售后服务是企业网站必备的功能，化工企业可以根据自己的实际情况有选择地提供网上售后服务。例如，很多树脂厂商在其企业网站上公布了大量的产品参数、参考配方应用等，同时安排工程师在线解决客户遇见的难题。

（五）个性化服务

为吸引更多客户访问企业网站，化工企业还可以建设一些子站点为客户提供差异化服务以满足客户的个性化需求。例如，很多化工企业在自己的网站中设置了在线游戏、抽奖、专业知识培训等栏目。

二、企业网络营销网站规划

企业网络营销系统建设是一项系统性工程，它涉及企业管理的各个层面，包括高层的战略决策方面、中层的业务管理和基层的业务执行。在设计网络营销网站功能时要充分协调各个层面的需要。

（一）确定企业网站的目标

首先要考虑的问题是企业打算利用网站进行哪些活动。常见的网站目标有以下几种。
（1）为客户提供良好的客户服务渠道。
（2）销售更多的产品和提供更多的服务。
（3）向有兴趣的网站访问者展示必要的信息。
（4）提升品牌形象。

（二）确定访问者

在确定网站的目标之后，在规划的初始阶段，就应该尝试划定网站访问者的范围。具体分析时要考虑以下几点。
（1）网站的目标访问者主要分布在哪些地区？人口结构如何？
（2）目标访问者能否快速访问到网站内容？

（三）确定网站提供的信息和服务

在考虑网站的目标和服务对象后，根据访问者的需求规划网站结构和设计信息内容。在规划设计网站时应考虑以下几点。
（1）按照访问者习惯规划网站的结构。
（2）结合企业经营目标和访问者兴趣，规划网站信息的内容和服务项目。
（3）结合企业形象设计网站主页的风格。

（四）组织建设网站

在建设网站时，应该考虑以下4个问题。
（1）网站规模的大小。
（2）为网络营销方案投入资金的多少。
（3）组织人员和有关部门参与网站建设。
（4）维护管理企业网站。

三、企业网站的建设步骤

企业做好营销网站的规划后，就要着手进行网站建设了，包括网站域名的申请、网站建设的准备、网站内容设计。

（一）网站域名的申请

申请网站域名时主要考虑以下 4 个方面。

（1）选择是自己注册还是委托注册。对于注册国际域名（.com、.net、.org）一般需要委托注册。对于国内域名注册，可以直接到中国互联网络信息中心（www.cnnic.net.cn）进行注册，也可以委托其他专业公司注册。

（2）选择域名。最好是选择多个域名，以备用。

（3）登记注册。最好使用在线注册方式，即直接通过互联网进行注册。

（4）域名变更。如果企业实际情况发生变化，可以申请变更域名。企业可以通过互联网直接请求域名管理机构或者代理机构对域名进行转移、修改，或者办理域名过户手续将域名转让给他人。

（二）网站建设的准备

企业营销网站建设的准备工作可以从以下 3 个方面入手，即 Web 服务器建设、准备网站资料、选择网站开发工具等。

1．Web 服务器建设

企业建设自己的 Web 服务器需要投入很大资金，因此，大多采取服务器托管、虚拟主机、租用网页空间、委托网络服务公司代理等方式。

2．准备网站资料

在选择好 Web 服务器后，企业营销网站建设的重点是根据网站规划设计 Web 主页（用 TML 语言设计的包含多媒体信息的页面）。如果建设一个能提供在线销售、产品或服务网上推广、发布企业最新信息、提供客户技术支持等功能的网络营销站点，需要准备以下资料：第一，策划网站的整体形象，统筹安排网页的风格和内容；第二，公司简介，以及产品的资料、图片、价格等需要设置在网站上的信息；第三，准备一些公司提供增值服务的信息资料，如相关产品的技术资料、市场行情信息等。准备资料时，要注意网页信息是多媒体的，包含文字、图像、动画、声音、影视等。

3．选择网站开发工具

化工企业自行开发网站时，必须准备相关的开发工具。化工企业一般需要专业人士帮助，以提高网站设计质量。

（三）网站内容设计

网站内容设计是根据网站规划和在设计好的网站模板基础上，将有关信息内容制作成网页。网页分为静态网页和动态交互网页。对于前者，企业一般人员经过培训就可以完成制作，但动态交互网页需要编程，可能要请专业公司帮助制作。

Web 网站由众多 Web 页面组成，这些页面设计得好坏，直接影响网站能否受到用户的欢迎。下面是 Web 网页设计时应考虑的问题。

（1）提供联系地址。联系地址包括 E-mail 地址、电话号码、传真号码和通信地址等。

（2）加强页面内容的针对性。网站的每一个页面都应该完成某一项工作。

（3）注意页面色彩协调。在设计页面时应尽量避免选择使页面难以阅读的背景颜色，页面内容的色彩应该与背景颜色协调一致。在编写一个主页后，要将其放到各种操作系统中在各种浏览器环境下去试用。

（4）注意页面的通用性。由于网络是开放式的，许多不同类型的计算机和软件都可以在网络上使用，因此设计主页时应充分考虑到不同型号计算机和不同软件都可以访问到网站。为保证通用性，最好不要采用非标准技术。

（5）按 Web 格式设计网页。许多网站由于直接使用其他格式的数据，因此有些数据无法用浏览器查看。要浏览这种格式的文件，用户就不得不先下载文件，然后再使用专门的处理程序进行浏览，这无法令用户满意。

（6）注意页面图片的使用。一是避免使用雷同的图形，二是放到 Web 主页上的图形应该尽量小一些，这样可以节省用户的下载时间。

（7）注意页面质量。页面设计中经常出现的错误是拼写错误和语法错误。因此，避免这类错误的发生，将有利于维护网站良好的形象。

（8）注意网络礼仪。

思考与讨论

1．企业营销网站包括哪些内容？
2．企业营销网站内容设计应注意哪些事项？

课后实训

访问洗发水企业的官方网站：https://www.pantene.com.cn/；https://www.unilever.com.cn/brands/personal-care/lux.html。分析这两个网站的定位、目标顾客群，并提出改进建议。

任务三　进行网络推广

知识目标

☞　了解网络推广的意义。
☞　熟悉网络推广的主要策略。

技能目标

☞　能够制定网络推广策略。

任务引入

公司网站终于建好了，为了追踪和统计访问来源，小王还在网页上设置了访问计数系统。谁知道一连几天都没有几个人访问公司网站，效果还不如利用电商平台，难道是营销方式选择错了？难道网站也需要宣传？看来小王还要制订一个网络营销推广规划，对公司网站进行推广。

 任务分析

网络营销需要营销渠道，网站需要进行市场推广。小王首先要了解网络营销渠道的构成，理解网络营销的意义，加强网站的市场推广，以提高网站访问量和交易量。

知识链接

一、网络营销渠道

企业必须通过提供产品或服务，满足客户的需求，获得盈利，从而获得生存和发展。网络时代的企业，其提供产品和服务的方式也必须适应客户需求的变化，必须根据网络的特点来制定有效的网络营销策略。

（一）网络间接渠道

在网络环境下，企业的物理距离缩小，导致市场竞争更加激烈。同时，B2B（business to business）商业平台的出现，让很多中小型企业拥有和大型企业一样的网络展示空间，在很多行业，企业的规模效应被大大地削弱了。

1. B2B 网站

B2B，即企业对企业模式。这种电子商务模式每次交易量很大，交易次数少，并且购买方比较集中，因此网络销售渠道建设的关键是订货系统，方便购买企业进行选择。

目前国内的 B2B 商业平台还停留在提供信息、交换服务阶段，企业在网络上取得信息，然后利用电话、传真、E-mail 等传统沟通形式完成交易。在 B2B 网站设立商店或者购买会员服务，或者购买排名，对化工工业品是一种很好的销售方式。国内具有代表性的 B2B 电商网站有阿里巴巴、慧聪网等。

2. B2C 网站

B2C（business to customer），即企业对消费者模式。这种电子商务模式的每次交易量小，交易次数多，而且购买者非常分散，因此网络渠道建设的关键是结算系统和配送系统，这也是目前 B2C 电商平台必须解决的问题。目前，国内主要的 B2C 电商网站有天猫商城、京东商城、苏宁易购、中粮我买网等。

（二）网络直接渠道

网上直销与传统直接分销渠道一样，都没有营销中间商，但同样具有订货功能、支付功能和配送功能。网上直销与传统直接分销渠道不一样的是，企业建设营销网站，顾客可以直接在网站上进行订货，而企业通过与一些电子商务服务机构合作，使网站具备支付结算功能。企业既可以利用互联网技术来构造高效的物流系统，也可以通过互联网与一些专业物流公司进行合作,建立高效的物流体系。

二、网站推广策略

网站是企业进行网络营销的基础。企业通过建设富有特色的网站,既可以树立企业形象,也可以吸引新顾客、沟通老顾客。然而,互联网既是一个庞大的信息数据库,也是一个全天候跨越地域时空的超媒体,要让寻找同类型信息的客户找到企业的网站,这个过程充满了竞争。也就是说,网络营销的竞争,是从网络广告和推广开始的。营销网站的推广策略有以下几种。

(一)利用搜索引擎优化的推广策略

1.搜索引擎的作用

(1)几乎每个网民上网都起始于几个主要的搜索引擎。

(2)搜索引擎能比其他网站吸引更多的用户。

(3)在搜索引擎上获得好的搜索排名就有好的营销效果。

2.搜索引擎索引网站方法

(1)使用 Spider 对网站进行搜索。

(2)目录索引。

(3)添加网页标题含有的关键词。

(4)添加描述性网页说明,里面也含有关键词。

(5)添加正文第一段含有的关键词。

(6)利用软件或者直接向 Google、百度等搜索引擎提交网站链接。

(二)利用链接推广的策略

(1)将网站链接提交给专业网站或者专业网站目录,并请求互换链接。

(2)发表免费文章,附带站点签名。这是一种病毒式传播方式。例如,营销人员写一篇专业性很强的与化工涂料助剂有关的文章,文章附带公司的签名,投稿给涂料原料类电子杂志。电子杂志就会通过自己的数据库发给成千上万个订阅者,公司网站就会有大批读者访问。

(3)将公司网址印刷在产品说明、营销人员名片上面。

(4)使用传统媒介推广网址。

(三)利用 E-mail 推广的策略

(1)在邮件中利用"签名"推广公司网站。

(2)利用邮件组定期发送电子杂志。

(四)利用搜索引擎排名推广策略

这是指化工企业购买搜索引擎的搜索推荐、竞价排名等产品。这是一种成本比较高、效果很好的推广策略。

（五）网站广告推广策略

（1）购买电子杂志中的广告，成本低廉。
（2）利用行业网站图片或者文字广告链接本企业网站。
（3）发布软文广告。

（六）会员制推广策略

利用电商平台开展网络营销活动，是多数化工企业的选择。目前，有50%的化工企业将企业和产品信息登录到化工行业门户网站——中国化工网，有70%的化工企业选择阿里巴巴作为其网络营销信息平台，其中57%的化工企业成为阿里巴巴的诚信通收费会员。

💡 思考与讨论

1．网络营销的竞争性主要表现在哪些方面？
2．企业网站在市场营销中的作用如何？

📑 课后实训

确定一种化工产品，选定电商平台和推广关键词。由学生组成对抗小组，在电商平台上设立网店，发布产品信息，改进网店设计。一个月后，依据网店浏览人数评比网店推广效果。

 课外阅读

从"陈欧体"的火爆看网络营销

聚美优品的创始人陈欧因为他的"陈欧体"走红。所谓"陈欧体"，源自聚美优品的电视广告。广告词是："你只闻到我的香水，却没看到我的汗水；你有你的规则，我有我的选择；你否定我的现在，我决定我的未来；你嘲笑我一无所有不配去爱，我可怜你总是等待；你可以轻视我们的年轻，我们会证明这是谁的时代。梦想，是注定孤独的旅行，路上少不了质疑和嘲笑，但，那又怎样？哪怕遍体鳞伤，也要活得漂亮。我是陈欧，我为自己代言。"

至此，互联网上流行起了类似"你有××，我有××。你可以××，但我会××……但那又怎样，哪怕××，也要××。我是××，我为自己代言！"

然而，外行看热闹，内行看门道，对于网络营销从业者来说，一看便知道这是一个经过策划的成功的网络营销案例。

为什么说"陈欧体"是一个网络营销案例呢？有人说"陈欧体"是通过电视广告走红的。其实不是的，如果没有社会化的媒体和网站助力其传播，怎会取得如此好的效果呢。

从前的互联网创业者更热衷于SEO（search engine optimization，搜索引擎优化）来

推广自己的网站或产品。而现在 SMO（search media optimization，搜索媒体优化）似乎成为主流的网络营销推广方式。而"陈欧体"便是一个经典的 SMO 营销案例。

其实很多网站没有真正了解 SMO，真正成功的 SMO，或者说是真正意义上的 SMO 都是低成本的，是以低成本获得高访问量。相对于传统的展示广告而言，SMO 应该更具传播力、更具精准性，而成本却应该是传统营销推广方式的几分之一。

聚美优品通过所谓的"陈欧体"大火了一番，赚足了网民的眼球。刨根究底，其实陈欧是模仿前几年的"凡客体"，而其营销策略比"凡客体"更加成功。"凡客体"花巨资请了韩寒和王珞丹，才做到这样，而聚美优品连形象代言人都免了，其广告中连普通的演员都是聚美优品的创始人。

综观聚美优品的成功，还是因为其抓住了用户的心。这是一场经过精心策划的营销案例。随着电视广告的播出，聚美优品在天涯论坛、百度贴吧等知名 BBS 社区大量发帖，要求网民根据所谓"陈欧体"对出自己的"陈欧体"。同时，微博营销、SNS（social networking services，社交网络服务）营销也紧随其后。利用各种推广手段，一下子让"陈欧体"在社会化网站中变成了流行语。由此可见，聚美优品在类似人人网这样的 SNS 网站上还是花了很大工夫的。

那么，"陈欧体"案例到底给创业者带来了哪些值得学习的地方呢？

（1）应该抓住网民的"兴奋点"，激发网民的兴趣才是最好的推广。

（2）SMO 中已经出现了越来越多的经典营销推广案例，我们需要用好微博，用好人人网、开心网。这些社交网站带给我们的收获往往要大于搜索引擎。

（3）营销推广我们的网站，需要定位好我们的方向，制订详细的营销推广计划，不要梦想自己会莫名其妙地出名，任何火爆的事物都是精心策划的结果。

（4）营销应该向多元化发展，将传统的社会化站点与新的社会化站点结合起来才是王道，要善于整合资源。

（5）创业者应该考虑好和媒体的关系。怎样去利用媒体渲染自己的产品和网站，媒体往往会给你带来意想不到的收获。

再来说"草根"创业者。其实"草根"网站很难将自己的网站或产品推广到这样的程度，但是我们完全可以经过认真策划和细致研究，获得令自己满意的成绩。

有的网站更适合于 SEO，SMO 的成本较小，并且从某种程度上说，是一劳永逸的。当你培养一个优秀的微博账号或者其他社会化网站的账号的时候，你就可以长期靠这个账号获取流量，不像 SEO 要时时关注搜索引擎的动向，看其脸色行事。

希望所有的网站都能像聚美优品一样，通过调研获取更大的关注度。

（资料来源：http://www.yxad.com/News/wangluoyingxiao/News_109053.shtml.）

学习情境九　化工产品外贸流程

烟台万华：在国际市场卓越经营

匈牙利布达佩斯时间 2011 年 1 月 31 日，中国最大的 MDI 生产商烟台万华聚氨酯股份有限公司（以下简称"烟台万华"），通过旗下海外公司收购匈牙利最大的化工企业 BorsodChem 公司（以下简称"匈牙利 BC 公司"）96% 的股权，成为仅次于拜耳和巴斯夫的全球第三大 MDI 供应商。

学习情境九教学课件

MDI 是制造应用于建筑、制冷、家具及运输的聚氨酯的原料，制造门槛极高，主要消费区在欧洲、中国大陆和美洲。行业领军者拜耳、巴斯夫等公司早已在全球布局了自己的销售渠道和制造基地。而烟台万华在并购匈牙利 BC 公司前，只在中国大陆地区拥有 MDI 生产装置，拥有 80 万吨 MDI 产能，约占全球 MDI 产能的 14%。就在并购的两周前，烟台万华占地 10.6 平方公里、首期投资 132 亿元的八角万华工业园宣布落成。这座位于山东省的一体化 MDI 生产基地，与烟台万华位于宁波的一体化 MDI 工厂遥相呼应。

"随着宁波工业园技改扩产的成功，未来 18 个月内，从产品规模上，烟台万华有可能会进入全球前两名。八角万华工业园正式投产之后，还有可能成为 MDI 产业的全球第一。"烟台万华常务副总裁寇光武对企业前景信心十足。

这一方面源于对全球 MDI 市场未来需求持续增长的判断。MDI 是一个高资本、高附加值的产业，目前全球只有 7 家公司能够生产制造 MDI 产品，行业进入壁垒极高。而日本大地震又造成日本 NPU、拜耳日本基地、三井-武田 3 家占全球产能 10% 的 MDI 生产商不同程度停产。因此，无论是市场容量还是竞争格局，烟台万华都将迎来一个黄金发展期。

另一方面，从 2008 年开始，烟台万华向卓越经营管理模式转型，高效而全面地部署企业信息化，为提升企业自身竞争力、继续快速成长打下了基础。

1. 高速成长

烟台万华在 1978 年成立之时，只是一家小小的"烟台合成革厂"，生产工业聚氨酯，解决全中国人民穿皮鞋的难题。1998 年公司改制后，烟台万华进入快速发展期，次年营业收入就达到 2.14 亿元。随后 10 年，中国经济的快速发展给烟台万华提供了巨大的商业机会，到 2010 年，烟台万华营业收入已经超过 94 亿元。从 1998 年公司改制到迈向营收百亿元，烟台万华完成了第一次腾飞。到"十二五"规划末期，烟台万华的目标是营业收入达到 600 亿元，完成由百亿元向千亿元发展的第二次腾飞。而烟台万华似乎是所有伴随中国经济快速发展而迅速成长起来的企业的一个缩影——企业规模迅速扩大，整体战略目标宏大，但企业管理和创新却远远落后于业务增长速度。

在企业规模迅速扩张的同时，烟台万华的产品和业务由原来的单一经营转为多元经营，并从中国本土市场向国际市场拓展。由一个地点、单套装置的国内企业逐渐转向跨地域、多套装置、拥有多个控股子公司的集团化公司。

目前，烟台万华在国内拥有 8 家子公司；在美国、日本、荷兰设有销售分公司；在印度、迪拜和俄罗斯设有代表处；在美国还有研发中心。随着公司的高速发展，人员规模迅速扩大，公司的组织架构也在迅速膨胀。在这样的情况下，如何快速上传下达、保证企业的整体工作效率？

另外，随着对匈牙利 BC 公司的成功收购，烟台万华企业战略目标执行问题也变得突出。如何在不同的文化背景下，将企业战略目标统一部署、执行下去？作为一个企业文化至上的公司，烟台万华又如何让不同国家和地区的员工形成文化认同？

除此之外，在拓展市场、新建子公司、组建新的业务范围时，简单地从总部派遣一个负责人的方式，往往会形成管理"黑匣子"；在确定产品市场定价时，以往都是总公司以电话告知或文件下达的方式向下传达，但子公司未必悉数执行，这些都会给公司带来风险。那么，如何实现各业务单元和产业链的协同，同时降低企业风险控制难度呢？

2. 迈向国际市场

"借助信息化平台，把人管人变成'机器管人'也许是一个有效的方法。利用信息技术，在提升工作效率的同时，提升战略执行力，把烟台万华的战略意图运用信息技术嵌入日常业务应用，保证战略层面上的一致。这是我对信息化的期待。"寇光武说。

事实上，在 2008 年以前，烟台万华这家高速成长的化工企业在企业信息化建设方面几乎是空白。直到 2007 年年底，烟台万华信息中心重组，烟台万华才制定了以信息技术为手段帮助企业提升商业价值、带动创新商业模式的企业战略。在此宏观战略思路下，寇光武提出"创建安全、可靠、高效、统一的数字万华"，并将"创建商业模式，提高战略执行力，助推管理与变革"确定为信息中心的愿景。

在 2008 年全球金融危机影响之下，烟台万华开始了内部竞争力的打造。与 IBM 公司合作进行集团管控战略规划，目的就是保证整个烟台万华体系的信息透明化，使管理层能够快速了解生产运营过程中的信息，通过对信息进行整合，实现卓越运营。为此，需要重新梳理、优化管理体系和业务流程，搭建 ERP（enterprise resource planning，企业资源计划）平台，设计可推广复制的管理模板，支撑业务拓展和价值链延伸，并进行项目管理和培训，将企业业务过程中的知识和经验转移、沉淀下来，推进烟台万华管理的持续改进与提升。"任何企业营业收入从 10 亿元走到 100 亿元，再从 100 亿元到千亿元，每个过程中都会遇到各种各样的挑战和门槛儿。而这些关键点，IBM 公司可能都经历过。例如，早期 IBM 公司做专业服务的时候，市场都在怀疑这个业务是不是能够做大？但事实证明，现在 IBM 公司几乎 1/3 的业务都是来自于专业服务。从最初遭到质疑到现在这项业务真正做起来，IBM 公司也经历了很多挑战。我们希望把我们的历史经验提供给客户参考。"IBM 公司成长型企业工商企业部中国区总经理刘次荣说。

MDI 产品毛利率高达 35%，是高附加值的朝阳产品，在当前利好的市场环境中，企业似乎不必急于借助信息技术开源节流。然而，自 2008 年启动信息化建设以来，烟台万华每年投入在信息化建设上的花费却达上千万元。烟台万华总裁廖增太对信息化的定位十分清晰：信息化的意义在于解决企业绩效和发展瓶颈，在于提升企业战略执行力，它不能决定企业生死，却决定着企业未来能否做大做强。

（资料来源：韩洋，2011. 烟台万华：在国际市场卓越经营 [J]. 商业价值，7：124-126.）

任务一　学习化工产品外贸流程

知识目标

☞　熟悉化工产品外贸流程。

☞　理解化工产品网络营销的特点。

技能目标

☞　熟悉外贸业务拓展渠道和方法。

教学拓展：化工产品外贸流程

🔄 任务引入

小程是某自动手喷漆生产企业的销售人员。由于最近国内市场销量下滑，公司决定开拓国际市场。通过大力推广，参加国内、国外的展会，开设英文网站，很多国外客户通过 E-mail 与公司联系，需要进一步地询盘报价。但是对化工产品如何包装运输、如何顺利完成国际贸易，对小程是一个全新的挑战。

🔄 任务分析

小程需要准备一份外贸市场拓展计划，指导公司业务人员寻找和跟踪意向客户，制定外贸出口报关、运输、收款等流程。

🔀 知识链接

对外贸易亦称国外贸易或进出口贸易，简称外贸，是指一个国家（地区）与另一个国家（地区）之间的商品、劳务和技术的交换活动。这种贸易由进口和出口两个部分组成。对运进商品或劳务的国家（地区）来说，就是进口；对运出商品或劳务的国家（地区）来说，就是出口。简单地讲，外贸就是和国外客户做生意。一般的操作流程如下：①寻找外国客户，发送产品介绍，确认需求（即"客户开发"）；②送样品，厂商验货或者验厂，确认产品标准，落实订单（即"样品确认"）；③备货：下订单到工厂生产或采购（即"生产"）；④出入境检验检疫部门检验货物（即"商检"）；⑤向海关申报出口（即"报关"）；⑥把货物运输出国，交给客户（即"货运"）；⑦从客户那里收钱结汇（即"收汇"）；⑧向外汇管理部门申报（即"核销"）；⑨向税务部门申报（即"退税"）。

一、客户开发阶段

从事出口业务的企业要寻找客户，一般通过各种交易展览会（如著名的一年两次的广交会，上海的华东交易会，以及各种专业的外国展会等），以及互联网搜寻。参加交易会能够跟外商面对面地洽谈业务，了解信息也比较全面准确。但是这种方式也有缺点，如成本很高、时效性有限。互联网搜寻客户相对成本较低，而且双方随时随地都可以沟通，不受限制，也是外贸企业重要的信息来源。

利用互联网寻找客户，有两种方式，一是主动发广告，让客户快速知道产品和公司；二是搜寻采购信息和潜在客户，主动兜售产品。

1．利用搜索引擎

外贸企业可以制作英文网站，在主要的搜索引擎上做关键词广告，也可以通过技术优化手段提高关键词的自然排名。外贸企业要注意，使用的搜索引擎一定要适合目的国客户的使用习惯。一般情况下，我国外贸企业对外市场推广主要使用谷歌。

2．利用专业的 B2B 网站

对于化工产品，搜索引擎的搜索效率较低，外贸企业可以利用专业的 B2B 网站发布信息和寻找潜在客户。以下一些网站都必须支付基础年费，但可以发掘出潜在的专业买家。

1）环球资源网

环球资源网的年费是最高的，通常在 4 万～20 万元人民币。其主要靠线下展会、杂志、光盘宣传，最有优势的行业是电子类和礼品类。它对买家的审核很严格，成交的订单中，大额订单多一些。该网站有配合线上宣传的展会和杂志。

2）阿里巴巴

阿里巴巴是全球最大的 B2B 平台，询盘效果也比较理想。平台上的中国供应商以中小企业为主。对于大多数供应商来说，加入阿里巴巴是划算的，续签率非常高。其年费为 2 万～10 万元人民币。

3）中国制造网

中国制造网的广告投放力度并不大，在国内外主要靠口碑传播，但搜索引擎优化排名做得不错。

4）Ec21.com 和 Ecplaza.net

Ec21.com 和 Ecplaza.net 同属韩系 B2B 网站，免费会员基本没有意义，仅仅是让会员了解其内部基础功能。在 Ec21.com 上，机械、电子类收费会员一定要买 Trade Pro 服务，Trade Ok 对于竞争激烈的产品效果不太好。Ec21.com 允许会员主页使用 HTML 语言，这样很多搜索引擎的优化技巧就可以用得上，可以为企业自己的网站带来目标客户。Ecplaza.net 的推广效果和 Ec21.com 差不多。

5）ECVV.com

ECVV.com 是一个按推广效果付费的 B2B 平台，如果将靠收年费来盈利的 B2B 平台划分为第一代的话，这种模仿谷歌广告、采用按推广效果付费盈利模式的 B2B 平台可以称为第二代。供应商使用 ECVV.com "按谷歌效果付费" 服务，决定付费的前提在于供应商通过 ECVV.com 收到的有效询盘，供应商在收到买家的大量询盘后，可以根据询盘的内容来自主判断是否为有效询盘，ECVV.com 只对在供应商自主筛选后的有效询盘收费，每条有效询盘收费 30 元人民币。

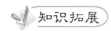

全球十大金牌搜索引擎

标志	说明
	谷歌（www.google.com）是全球最大的搜索引擎，客户群覆盖全球224个国家和地区，是国际采购商最常用的采购平台之一。
	Yahoo（www.yahoo.com）的客户群覆盖全球200多个国家和地区，是欧美、亚洲等地区采购商常用的采购平台之一，平均每天约有1亿人在线。
bing	Bing（www.bing.com）是微软公司旗下的搜索引擎，是商务客户最喜欢使用的搜索引擎之一。
Ask	Ask（www.ask.com）是欧美客户常用的搜索引擎之一，目前在全球英语搜索引擎中排名前十。数据库收录的数据也是非常完善和精准的，垃圾广告相对较少。
AOL search	Aol（www.aol.com）是美洲和亚洲客户常用的搜索引擎之一，目前在美洲地区排名前三，是开发美洲市场的外贸企业必用搜索引擎。在美国，很多公司在该搜索引擎上做推广。
	Altavista（www.altavista.com）拥有世界最大的多媒体信息集合库，客户群覆盖美洲、欧洲、亚洲。
	Excite（www.excite.com）是ARCHITEXT公司的产品，由于它已经开发出包括中国在内的多种区域版本，为特定地区提供高效率的服务，因此它是使用较为广泛的搜索引擎之一。
search.com	Search（www.search.com）属于元搜索引擎，收集了800多种专业搜索引擎和数据库。当用户进行任何一个关键词搜索的时候，它都可以同时搜索这个主题下的多个专业搜索引擎和数据库。
alltheweb find it all	Alltheweb支持225种文件格式搜索，其数据库已存有49种语言的21亿个Web文件，而且以更新速度快、搜索精度高而受到广泛关注，被认为是谷歌强有力的竞争对手。
	Lycos是搜索引擎中的先驱，是最早提供信息搜索服务的网站之一。它提供常规搜索和高级搜索。其中，高级搜索提供多种选择定制搜索条件，并允许针对网页标题、地址进行检索，并且具有多语言搜索功能，共有25种语言供选择。

6）Tradekey.com

Tradekey.com 是国际 B2B 平台中的一匹"黑马"，如果仅以询盘来判断，推广效果尚可。Tradekey.com 靠网站的搜索引擎优化起家，用许多产品的关键词在谷歌中搜索，3页内经常可以看到 Tradekey.com 的身影。Tradekey.com 现在已经取消免费会员，银牌会员年费是 369 美元，价格不贵，但供应商数量不多。Tradekey.com 的金牌会员很少，这就说明银牌会员已经能满足一般企业的需要，平台会员间的竞争还没达到白热化。

7）eBay

eBay 除了 C2C 交易，B2C 和 B2B 交易也相当活跃。eBay 的每个分类里都有一个批发专区，企业可以刊登批发信息，而且 eBay 中的许多超级卖家（powerseller）采购量大得惊人，他们经常在 eBay 上采购，然后在 eBay 零售，规模一点不亚于 Globalsource 中的国际买家。通过 eBay 首页底部的全球站导航，企业可以面向 26 个国家的买家刊登自己的批发信息。

8）iOffer.com

iOffer.com 是一家美国的交易平台，严格地说不能归为 B2B 平台。网站上的批发交易很活跃，但通常都是小单。iOffer.com 是一个基于谈判的交易系统，买家可以在线提问、与卖家协商、最终成交并可以在线付款。所有交易记录和协商过程都记录在网站上，这样很方便买家对商品价格和卖家信用进行评估。企业想注册成为 iOffer.com 的卖家，需要使用国际信用卡。iOffer.com 根据成交金额收取交易费。

9）DHgate.com

DHgate.com 是一个新兴的 B2B 平台，面向中国的中小企业。卖家注册完全免费，可以任意刊登产品，国外买家选购商品后先用 Paypal 付款给 DHgate.com，DHgate.com 通知中国供应商发货，买家收到货后检查没有问题，通知 DHgate.com 放款给中国供应商，大大降低了国际采购商受欺诈的风险。在交易中，DHgate.com 向买家收取 10%的交易费。

3．其他的客户信息收集渠道

1）名录类资料

名录类资料包括客户名录（现有客户、旧客户、流失客户）、国内外出版的企业名录、会员名录、协会名录、电话黄页、公司年鉴、企业年鉴等。

国际较知名的名录网站有北美制造企业名录（www.thomasregister.com）、欧洲制造企业名录（www.tremnet.com）、美国制造企业目录（www.thomasregional.com）、世界黄页（www.worldyellowpages.com）、世界贸易指南（www.gtdirectory.com）。

2）海关数据

海关数据就是海关履行进出口贸易统计职能时产生的各项进出口统计数据。海关统计职能的任务是对进出口货物进行统计调查、统计分析和统计监督，进行进出口监测预警，编制、管理和公布海关统计资料，提供统计服务。

外贸企业对海关数据的应用有以下几个方面。

（1）快速找到适合自己的买家。海关提单是买卖双方的交易凭证，并且每月更新，不仅保证了买家信息的真实、准确和适时性，而且都是当前活跃的买家；同时，通过对其交易记录的查询和分析，可以清楚地知道买家采购的产品和实力，从而找到最适合自己的买家。

（2）掌握买家的采购规律。通过对买家交易记录的跟踪与分析，可以发现其采购产品数量、出货时间、补货时间之间的关系，发现买家的采购规律。外贸企业可以在最佳时间将公司产品推荐给买家，提高签单成功率。

（3）提高现有买家忠诚度。通过对现有客户交易记录的跟踪和分析，外贸企业可以知道对于同一类产品该客户还从哪些供货商处采购，通过对竞争对手和自己的对比分析，寻找到突破口，进一步巩固客户关系，提升客户价值。根据订单的异动情况，预先掌握买家的动向，对已有市场策略进行改进或调整，规避风险。

（4）挽回已经失去或即将失去的客户。通过对客户交易记录和竞争对手的对比分析，发现客户的关注点，找到自己在产品、交货、沟通等方面存在的问题，有针对性地进行改进和调整，更好地与客户沟通，重新获得客户的认可。

（5）竞争对手监控。通过对买家交易记录的跟踪，找出同类产品的其他供货商及其在交易中的变动。同时，可对竞争对手交易记录做全程跟踪，掌握其买家资料和交易记录，再加上对竞争对手背景和生产经营状况的分析，真正做到知己知彼，从而灵活、有针对性地调整自己的市场策略，使自己处于竞争中的有利地位。

（6）从已倒闭的竞争对手中进行客户接收。通过对竞争对手的交易记录进行跟踪，能够掌握其买家资料和采购规律，并能判断竞争对手的经营状况。一旦竞争对手倒闭，能够第一时间接收其客户，获取最大利益。

（7）产品在目标市场的需求分析、交易实况跟踪、市场预警。以发往法国市场的红葡萄酒为例。通过法国海关提单数据库，可以找到法国市场全部的红葡萄酒卖家，根据其全年的采购量，可以统计出法国市场红葡萄酒的总需求量；同样，通过交易记录可以找出针对这些卖家的全球供货商及其供货量，并可以适时掌握红葡萄酒的交易状况，从而掌握红葡萄酒的市场需求总量、全球范围内的竞争对手、自己所占市场份额、配额的使用情况、未来的市场走向、可能的贸易壁垒等信息，为企业市场营销、产能扩张等决策提供参考。

（8）把握目标市场流行趋势。通过对目标市场买家及其交易记录的跟踪，能够从买家采购产品中发现某种产品的市场需求变化，能够及时发现新产品、新材料，让自己第一时间掌握目标市场的流行趋势，使自己的产品开发与国际市场同步，全面提升企业竞争力。

（9）找到利润较高的买家和地区。通过对海关数据的挖掘、分析，可以为某一特定产品找出利润较高的买家和外销地区，降低企业的外销成本，提高外销利润。

（10）发现潜在的投资机会。通过对交易记录的跟踪、统计分析，可以发现某个国家或地区的出货量变动情况，预先发现产业转移的先兆，抢先进行战略布局。同时，可以第一时间掌握交易货品中出现的新材料、新技术、新工艺、新产品等。

 **课外阅读**

撰写开发信

搜集到了足够的信息以后，营销人员要主动出击寻找客户，首先有 3 项准备工作要做：①给自己起个英文名字；②注册一个电子信箱，免费的信箱也可以，推荐 hotmail.com 等国外服务器邮箱，接收邮件更加稳定；③为自己销售的产品准备好英文资料，以及信笺的英文签名。对于化工产品，有一些资料是营销人员推销之前必须准备好的。

（1）TDS（technical data sheet），包括产品的分子式、分子量、理化指标等。

（2）MSDS（material safety data sheet），是安全技术说明书，是化学品生产或销售企业按法律要求向客户提供的有关化学品特征的一份综合性法律文件。它提供化学品的理化参数、燃爆性能、对健康的危害、安全使用贮存、泄漏处置、急救措施及有关的法律法规等 16 项内容。其用途：提供有关化学品的危害信息，保护化学产品使用者；确保安全操作，为制定危险化学品安全操作规程提供技术信息；提供有助于紧急救助和事故应急处理的技术信息；是化学品登记管理的重要基础和信息来源。

准备好以上工具后，可以开始写一封开发信了。下面是最简单的开发信：

We are Doern Co., Ltd in China. We supply wood coating with good quality and low price. Please contact us to know details.

Best Regard!

Contact: Mr.Eric

Tel: 86-021-88888888

Fax: 86-021-66666666

E-mail: ERIC@hotmail.com

如果你不喜欢用"特便宜"（low price）这个词，认为与企业、产品的身价不匹配，就改用文雅些的"竞争性价格"（competitive price）。不过根据外贸经验，还是用"low price"比较吸引人，不过不要使用"low low price"，以免令客户反感。

二、客户询价阶段

在客户进行询价之后，营销人员要确认以下事项。

1. 货物品名

化工产品的货物品名很多，有时候也很难翻译，常用的单一化学品，营销人员需要说明 CAB 登录号或者 UNNO。

CAS Registry Number 或称 CAS Number 又称 CAS 登录号，是美国化学文摘服务社（Chemical Abstracts Service，CAS）为化学物质制定的登记号，该号是检索有多个名称的化学物质信息的重要工具，也是某种物质［化合物、高分子材料、生物序列（Biological Sequences）］、混合物或合金的唯一的数字识别号码。

其格式：一个 CAS 号以连字符"-"分为 3 个部分，第一部分有 2～7 位数字，第二部分有 2 位数字，第三部分有 1 位数字作为校验码。CAS 号以升序排列且没有任何内在含义。校验码的计算方法如下：CAS 顺序号（第一、二部分数字）的最后一位乘以 1，倒数第二位乘以 2，以此类推，然后再把所有的乘积相加，再把和除以 10，其余数就是第三部分的校验码。举例来说，水（H_2O）的 CAS 号前两部分是 7732-18，则其校验码＝（$8 \times 1 + 1 \times 2 + 2 \times 3 + 3 \times 4 + 7 \times 5 + 7 \times 6$）/10＝105/10＝5。

不同的同分异构体分子有不同的 CAS 号，如右旋葡萄糖（D-glucos）的 CAS 号是

50-99-7，左旋葡萄糖（L-glucose）是 921-60-8，α 右旋葡萄糖（α-D-glucose）是 26655-34-5。偶然也有一类分子用一个 CAS 号，如一组乙醇脱氢酶（alcohol dehydrogenase）的 CAS 号都是 9031-72-5。混合物如芥末油（mustard oil）的 CAS 号是 8007-40-7。

网络上有很多在线 CAS 号查询工具，通过在搜索框输入 CAS 号就可以查找所对应的化学物质，以及该 CAS 号对应物质的详细化学知识，是化工行业从业人员工作和学习的免费在线工具。例如，在输入框中输入 CAS 号"57-55-6"就可以查找到丙二醇及其化学性质、用途、工艺、贮运条件等化学知识。

UNNO 是联合国危险货物编号，是由联合国危险货物运输专家委员会推荐的危险货物品名缩写。因为不是所有的化学品都属于危险品，营销人员在给客户报价前务必明确货物的类型，这直接关系到后面的运输成本、包装及物流方式。

2．货物的规格和包装

不同的货物有不同的包装规格，出口化工产品，营销人员一定在要报价前查询运输方式对应的包装规格。影响货物包装规格的几个主要因素：①化工产品的危险等级；②体积及集装箱的尺寸；③销售国家的包装习惯。

在了解货物的包装规格后，营销人员还要学会计算需要订购多大的集装箱，是整柜还是需要拼柜。外贸运输一般采用集装箱运输。标准集装箱有固定的尺寸，我们习惯用集装箱的英尺（1 英尺＝0.3048 米）长度作为集装箱的尺寸标记。一般体积和配重如下：

20 英尺柜：内容积为 5.69 米×2.13 米×2.18 米，配货毛重一般为 17.5 吨，体积为 24～26 立方米。

40 英尺柜：内容积为 11.8 米×2.13 米×2.18 米，配货毛重一般为 22 吨，体积为 54 立方米。

40 英尺高柜：内容积为 11.8 米×2.13 米×2.72 米，配货毛重一般为 22 吨，体积为 68 立方米。

45 英尺高柜：内容积为 13.58 米×2.34 米×2.71 米，配货毛重一般为 29 吨，体积为 86 立方米。

20 英尺开顶柜：内容积为 5.89 米×2.32 米×2.31 米，配货毛重为 20 吨，体积为 31.5 立方米。

40 英尺开顶柜：内容积为 12.01 米×2.33 米×2.15 米，配货毛重为 30.4 吨，体积为 65 立方米。

20 英尺平底货柜：内容积为 5.85 米×2.23 米×2.15 米，配货毛重为 23 吨，体积为 28 立方米。

40 英尺平底货柜：内容积为 12.05 米×2.12 米×1.96 米，配货毛重为 36 吨，体积为 50 立方米。

营销人员熟悉标准集装箱尺寸，就可以避免订购舱位不够或者太过浪费。

3．数量

客户报价一定要对应不同的数量，既可以采用单一价格也可以采用阶梯数量报价。一般情况下，外贸企业会根据不同的产品规定一个 MOQ，即最小订购量（最小订单量）。

最小订购量与外贸企业的成本紧密相关。外贸企业会根据生产情况与成本控制要求，根据客户订货量确定最小订单量，即在此数额以上，外贸企业才会发货。

4．价格

价格术语是外贸行业特有的事物。因为外贸企业不可能跟客户面对面地进行交易，总需要进行长途运输，因此就会产生各种运杂费。这些费用在计算价格的时候要包含进去。根据交货地点和方式的不同，运杂费就会有所不同，所以，有关国际组织规定了一些价格术语来表示不同的交货方式，以此衡量价格。

国际贸易习惯以港口码头作为交货地点，因此就有了 3 种主要的价格术语。

1）FOB 术语

FOB（free on board），即船上交货价。例如，约定在上海港口交货，就称为 FOB SHANGHAI。

在这种方式下，除了货物本身的价值，还要加上企业把货物运到上海码头的运费、报关出口手续费及在上海码头上产生的杂费，即总的成本价格。

FOB 价格是最基本的价格。其简便公式为

$$FOB 价格＝货价＋国内运杂费$$

2）CFR 术语

CFR（cost and freight），即成本费加运费。例如，约定在美国纽约港口交货，就称为 CNF NEW YORK。

在这种方式下，除了 FOB 价格之外，还要加上货物运到美国纽约的运杂费。其简便公式为

$$CFR 价格＝FOB 价格＋远洋运费$$

3）CIF 术语

CIF（cost, insurance and freight），即成本费加保险费加运费。同样约定在纽约港口交货就称为 CIF NEW YORK。

CIF 价格就是在 CFR 价格的基础上，加上保险费。保险费则由保险公司确定，根据货物类别和交货地点而略有不同。营销人员可致电保险公司，告诉对方货物的种类、价值和去往的地点，保险公司工作人员就会告知保险费金额。CIF 价格的简便公式为

$$CIF 价格＝FOB 价格＋远洋运费＋保险费$$

总之，FOB、CFR、CIF 术语后面要写清楚港口的名称。其中，FOB 是最基本的价格术语，FOB 价格等于货值加上国内的运杂费；若加上运到国外的运费就等于 CFR 价格，再加上保险费就是 CIF 价格。另外，营销人员的报价一般要换算成美元，要考虑汇率波动的影响，注意可能面临的风险。

5．结算

国际贸易主要的结算方式有 3 种：信用证（letter of credit，L/C）、电汇（telegraphic transfer，T/T）、付款交单（document against payment，D/P）。其中，信用证用得最多，电汇其次，付款交单使用最少。

1）信用证

信用证是目前国际贸易最常用的结算方式。对许多从事外贸工作的人来说，一提起信用证，就会联想到密密麻麻布满术语的令人望而生畏的"天书"，其实信用证是一份由银行担保付款的销售确认书。只要营销人员按照上面规定的事项严格执行，提供相应的单据，银行就必须支付货款。所以，信用证在理论上是非常保险的付款方式。一份可靠的信用证可以作为担保物，办理抵押贷款，为外贸企业资金周转提供便利，也就是信用证打包贷款。但是在实际操作中，信用证有的时候也不是那么保险，原因在于信用证中可能存在很难做到的"软条款"，造成人为的不符点。

2）电汇

电汇操作非常简单，可以分为前 T/T 和后 T/T。前 T/T 就是合同签订后，先付一部分定金，一般为合同金额的 30%，生产完毕，通知付款，付清余款，然后发货，交付全套单证。不过在国际贸易实务中前 T/T 比较少见，欧美国家客户应用较多，因为欧美国家客户信誉很好，非常信任别人。在国际贸易实务中最为多见的是后 T/T。外贸企业收到定金，安排生产、出货，客户收到单证复印件后，付余款；卖家收到余款后，寄送全套单证。

电汇定金的比率，是谈判的重要内容。定金应该能够保证外贸企业能把货发出去和运回来，万一客户拒付，自己也没有太大的损失。

与信用证相比，电汇操作非常简单，灵活性比较大，如交期吃紧、更改包装等，只要客户同意，没有什么关系。如果是信用证，就相当麻烦，必须修改信用证，否则造成不符点，银行就可以拒付。另外，电汇的成本比信用证要低，银行扣费比较少，一般就是几十美元，而信用证有时会多达几百美元。

一般而言，信用证要比电汇可靠，收款有银行担保，而且可以办理抵押贷款，企业资金压力很小。但是，如果银行信用不好，或者在外汇管制很严格的国家，信用证风险就很大。电汇和信用证各有优缺点，二者如果结合起来使用，那就相当保险，如"30%T/T，The balance L/C"。

3）付款交单

付款交单是跟单托收方式下的一种交付单据办法，指出口方的交单进口方的付款为条件，即进口方付款后才能向代收银行领取单据。付款交单可分为即期交单（D/P at sight）和远期交单（D/P after sight or after date）。即期交单指出口方开具即期汇票，由代收行向进口方提示，进口方见票后即须付款，货款付清时，进口方取得货运单据。远期交单指出口方开具远期汇票，由代收行向进口方提示，经进口方承兑后，于汇票到期日或汇票到期日以前，进口方付款赎单。

6．报价有效期

外贸报价最好设定报价有效期，一是原料或者产品随时会发生价格变动；二是报价时对汇率风险的预估是有时效性的，一旦形成订单，汇率变动风险成为双方面临的最大风险之一，所以报价一定要有时效性，确保按照最新的汇率做出判断。

以上是报价的 6 个主要要素，只要有一项不清楚，就不能顺利进行交易。

三、问询运杂费及送样

1. 运杂费的计算

如果是 FOB 价格，在报价阶段不涉及运输，在报价过程中，外贸企业就需要和货代联系了。货代是货物运输代理公司的简称。为了方便操作，大多数外贸企业通常会把码头及海关报关等方面的烦琐事务交给货代处理，自己只管交货就行。

找好货代以后，外贸企业要把货物的类别、体积、重量、运输目的地及大致的发货日期告诉货代，货代就会帮助外贸企业算出所需要的运杂费。

价格核算的原理：给外商报价，必须把人民币价格折算成美元价格；国内买货再出口的，进货价格是含税价格，要索取增值税专用发票；出口以后凭增值税专用发票可以办理退税，退税是外贸利润的主要组成部分；根据交货方式的不同，计算货值的时候必须包含不同的运杂费，形成了 3 种价格术语（FOB、CFR、CIF）。

外贸企业还要通过货代了解关于货物的以下信息：①是否属于危险品；②船东有无指定的包装方式；③危险品运输需要提供的证明和证件；④船到达目的地的时间及运输的周期频率。

2. 送样

客户在正式下单前，一般会要求少量送样品。这个时候就需要根据不同的货物和目的地，选择空运或者海运的方式。主要的快递公司如下：①联邦快递（FedEx）（www.fedex.com/cn）；②联合包裹（UPS）（www.ups.com/content/cn/zh/index.jsx）；③中外运敦豪（DHL）（www.cn.dhl.com）；④中外运天地（TNT）（www.tnt.com/country/zh_cn.html）。上述快递公司都有国内和国外的危险品运输牌照，根据不同的危险品分类，对相对低危险级别的提供国际快递服务。

送样后，外贸企业要及时追踪客户的使用情况，必要的时候需要制作使用产品的视频发给客户，帮助其测试和确认样品。

四、订单与跟单

1. 形式发票

客户如果对样品测试结果表示满意，就会准备下订单。在下订单前，客户一般会要求提供形式发票（proforma invoice，PI）。形式发票是一种非正式发票，是卖方对潜在的买方报价的一种形式。买方常常需要形式发票，以作为申请进口和批准外汇之用。对于一般小额贸易，国外客户很少签订正式出口合同，形式发票往往就起着约定合同基本内容以实现交易的作用，所以有必要的话要将可能产生分歧的条款一一详列，要客户签字确认，以后执行合同时便可有所依据。如果是形式发票被利用来开立信用证，信用证条款便应与形式发票上的信息完全一致。

形式发票不是一种正式发票，不能用于托收和议付，它所列的单价等也仅仅是外贸企业商根据当时情况所做的估计，对双方都无最终的约束力，所以形式发票只是一种估价单，正式成交发货后还要重新缮制商业发票。

与商业发票不同，形式发票只是外贸企业开给客户的临时文件，没有统一的格式，实际上不是"发票"只是"试算单"，不需要税务部门盖章。

2．正式订单

客户收到形式发票后，会发出正式订单（purchase order，PO）。外贸企业在收到客户的订单后要重点检查交货期、付款方式。如果付款方式是信用证，要及时与客户协商信用证条款。信用证付款程序比较复杂，一定要非常仔细地审证。审核信用证条款时的注意事项有信用证开立日期、最迟开船日、信用证有效期和有效地点、信用证金额、是否为即期信用证、是否允许转船、是否允许分批装运、信用证规定的单据是否可以满足、交单期多长（如果没有明确规定交单期，通常是 21 天）等。审核信用证规定的单据时的注意事项有商业发票（commercial invoice）是否需要签字、提单（bill of lading）是否有特殊要求、保证证明书（insurance certificate）几式几份、是否需要背书、单据上是否要显示信用证号（L/C No.）和发票号（invoice No.）、信用证规定的单据需要几份、附加条款中对单据是否有额外的规定等。

3．安排生产和订舱

接下来外贸企业要按订单安排生产。需要强调的是，货物的交货时间一定要预先估计充足，避免出现订单后延迟出发的情况。

如果合同采用 FOB 术语，客户会指定运输代理公司（船运公司），或者委托外贸企业帮助寻找。外贸企业尽早与货代联系，告知发货要求，了解将要出口货物的出口口岸、船期等情况，同时一定要把交货时间和船期准时衔接（准时进舱）。在交货期之前向货运发出书面订舱通知。

如果合同规定由卖方支付运费，那么外贸企业要向货运公司（船运公司）咨询船期、运价、开船口岸等，并且向客户确认。外贸企业在开船前尽早以书面形式租船订舱。

外贸企业在向货运公司订舱时，一定要采用书面形式（如传真），注明所定船期、柜型及数量、目的港等内容，以避免差错。与货运公司确认无误后，外贸企业要给工厂一份装车资料，上面列明上柜时间、柜型、订舱号、订单号、车牌号及司机联系电话。这实际上是做一个衔接准确的计划安排，用书面通知是为了发生差错时理清责任。

工厂在装货完毕，集装箱离开工厂后，外贸企业要让厂方尽快发给一份装货通知，上面列明集装箱离厂时间、实际装货数量等，并记下装箱号码和封条号码作为提单资料。工厂装好集装箱后一定要上封条。

4．商检

如果是法定检验的出口产品，外贸企业必须办理出口商品检验证书，要提供出口合同和信用证副本、商业发票、装箱单、报关单、出口商品检验申请单等商检所需资料；如果委托工厂商检，在给工厂下达订单时要说明商检要求，并附上报检委托书和上述单据，而且要告诉工厂产品的离境口岸，便于工厂办理商检。

商检机构接受报验之后，会及时派员赴工厂的货物堆存地点（如仓库）进行现场检验、鉴定。如果没有问题，他们就会签发商检换证凭单/条，然后在离境港所在地的商检机构换取出境货物通关单。此后由专业的报关员持装箱单、商业发票、报关委托书、出口结汇核销单、出口货物合同副本、出口商品检验证书等办理通关手续。

欧美国家通常要求外贸企业提供原产地证明（certificate of origin）。原产地证书有以下几种形式：普惠制原产地证明（FORM A）、对美出口的一般原产地证明、欧盟原产地证明、中国贸促会的原产地证明。

例如，普惠制原产地证明要在发货之前到商检机构办理。外贸企业一定要注意：运输日期要在信用证的交货期和开船日之前。如果在发票日期之后，未能在发货之前办理，要办理后发证书，要提供报关单、提单等文件。如果货物经香港转运，外贸企业通常还要到香港的中国商检公司办理普惠制原产地证明加签，证明未在香港对货物进行再加工。一般原产地证明可在中国贸促会办理，要求略低，可在发货之后不太长的时间内补办。需要原产地证明办理大使馆加签的，也和发票一样要提前 20 天办理。

欧盟原产地证明只用于有配额的产品，如服装纺织品，由地方经贸部门签发。

5．报关

货物已经准备好了，商检也通过了，下面就要运交客户。要把货物运出去，首要环节就是报关。进出口货物的通关手续包括接受申报、审核单证、查验货物、征税、结关放行等。在装货 24 小时之前，外贸企业要向海关申报（亦即报关）。外贸企业要向海关提交以下单证。

（1）出口货物报关单。报关单是海关对出口货物进行监管、查验、征税和统计的基本单据。

（2）出口许可证。有出口经营权的单位，在其经营范围内，可以出口不实行许可证管理的产品。但是出口超出其经营范围的及国家规定必须申领出口许可证的产品的，应向海关交验出口许可证或国家规定的其他批准文件。

（3）装货单（shipping order）或运单。装货单是船运公司签发给托运人的通知船方装货的凭证。海关查验放行后，在装货单或运单上加盖放行章发还给报关人，凭以装运货物出口。

（4）商业发票。商业发票是海关征收关税的重要依据。

（5）装箱单。装箱单是对发票的明细补充。

（6）出口收汇核销单。出口收汇核销单是由外汇管理部门提供的单证，海关办妥结关手续后，在上面签章，外贸企业凭此向外汇管理部门结汇核销。

除此之外，还有海关认为必要时应交验的贸易合同、原产地证明和其他有关证明。

6．出口退税

出口货物退/免税（export rebate），简称出口退税，是指对出口货物退还其在国内生产和流通环节实际缴纳的增值税、消费税。出口货物退税制度是一个国家税收制度的重要组成部分。出口退税主要是通过退还出口货物的国内已纳税款来平衡国内产品的税收负担，使本国产品以不含税成本进入国际市场，与国外产品在同等条件下进行竞争，从而增强竞争能力，扩大出口创汇。

出口退税是目前很多外贸企业的重要利润来源。外贸企业在办理出口报关手续前一定要查询海关编码。海关编码即 HS 编码，全称为《商品名称及编码协调制度的国际公约》（*The Harmonized Commodity Description and Coding System*），简称协调制度（harmonized system，HS）。

不同的海关编码对应不同的出口退税税率，详见网站 www.hsbianma.com。例如，水性涂料消泡剂这类产品在海关编码上有很多接近的产品编码，如按照编码 3824909990 报关，可以享受 5% 的出口退税；如果按照编码 3402209000 零售分装报关，则可以享受 13% 的出口退税。所以，外贸企业在出口报价前必须规划出口退税，保留国内生产环节的增值税专用发票，用于后续的退税申报。

💡 思考与讨论

1. FOB 价格和 CIF 价格的区别是什么？主要风险在哪里？
2. 危险品出口过程的哪些环节与普通货物不同？

📋 课后实训

帮助"任务引入"中的小程拟写一封英文开发信，并提供一份标准报价单。

任务二　掌握化工产品外贸物流和包装要求

知识目标

☞ 了解危险化工产品的分类。
☞ 掌握危险品的包装要求。

技能目标

☞ 能辨识危险品的包装要求。

🔄 任务引入

经过不懈的努力，小程终于收到客户的外贸订单。但是由于公司的产品是危险品，很难找到承接业务的物流公司，自己对如何包装和标识也没有把握。那么，小程怎样才能顺利准时地完成订单、发出货物呢？

🔄 任务分析

小程要想顺利完成订单、发出货物，首先要了解危险品的分类和包装要求，然后了解各船运公司对危险品等敏感货物的接受程度。

🔀 知识链接

一、危险品国际海运流程

由于危险品的特殊性，其海运出口流程比一般货物更复杂，程序也相对烦琐。危险品海运出口的一般流程如下。

1．订舱

危险品海运出口一般需要货主提前 10 个工作日将以下文件传真给负责帮助出运的货代公司。

（1）海运托书。

（2）危险品包装使用鉴定结果单。

（3）包装危险货物技术说明书。

（4）非危证明（material safety data sheet，MSDS）。

注意：海运托书上应注明中英文品名、箱型、危险品级别（CLASS No.）、联合国危险品编码（UN No.）、货物包装，以及特殊要求，以方便申请舱位和危险品申报。

2．提供申报资料

（1）危险品包装性能检验结果单。

（2）危险品包装使用鉴定结果单。

（3）产品说明：中英文对照。

（4）出口报关单据：出口收汇核销单、商业发票、装箱单、报关委托单、出口报关单。

注意：根据以上单据，并按照正确的数据、品名、箱型等到海事局进行货申报，然后再根据货申报单和装箱证明书等送船运公司（船代）进行船申报。

3．报关

外贸企业必须提前 3 天提供出口报关相关资料正本。

（1）出口收汇核销单。

（2）商业发票。

（3）装箱单。

（4）报关委托单。

（5）出口报关单。

（6）货物的情况说明书（出货人需书面介绍此货的用途，以及具有的特性等）。

4．装箱进港

危险品是船边直装，所以一般是在船开前 3 天装箱。装箱分以下两种方式。

（1）货主自行送货至危险品仓库内装。货主需在船开前 3 天内把货物送到货代公司指定的危险品仓库。

（2）到工厂装箱，货主需提前准备好货物，货物装箱后一定要在集装箱的四周贴上大危标。所装的货物一旦泄漏，会对海洋造成污染，因此需要贴上海洋污染标记，同时拍照取证。

注意：危险品的拖车或者内装都必须使用具有危险品运输资格的车队，费用按照等级来计算；货申报截止时间一般为开船前 48 小时，所以必须在此时间前提出箱子；截止货申报同时要提供箱封号，所以必须在此时间前提出集装箱；装货时要有海事、公安或消防及外轮理货机构、装卸公司业务经理等到现场监装。

5．化工产品运输需要专业的运输工具

如果化工产品是液体的，一般用液袋、TANK 箱、罐箱等特殊容器来运输；如果是易燃易爆的，则用专门的危险品集装箱来运输。盛装液态危险化工产品的车辆，车体多用特殊材料制作，具有一定防爆防压性能。油罐车还将配置计量仪器等专门的工具，以确保油类危险品安全运输。危险化工产品运输车辆必须向有关部门办理相关的运输证件，车辆上必须注明"危险品"字样，以供人们识别。

危险化工产品运输途中注意随时检查，以防发生突发事件，特别是危险化工产品容易在运输途中发生意外事故。危险化工产品运输车辆如果经常颠簸震动，往往容易造成包装的破损。一旦发生意外泄漏事故，车辆要立即隔离，迅速开往空旷地带并小心卸货，以防危险化工产品对环境造成污染。化工产品大多有毒性、腐蚀性，特别是液体化工产品容易污染土壤和水源，装卸过程必须十分小心，以免对环境造成污染。

6．在危险品运输环节需要专门的存贮仓库

液体化工产品、气体化工产品、易燃易爆化工产品等不得与其他类货物一起存放，以保证化工产品的安全。另外，如果是特殊化工产品出口，在出口报关时也需要提供化工产品运输的相关单据，如权威部门出具的化工产品货物运输条件鉴定书。

有时部分出口商和运输公司为了一时利益，混同普通货物运输，一旦出现意外状况后果非常严重，特别是在危险化工产品运输过程中，所以，危险化工产品生产企业和运输公司必须给予高度的重视。

二、危险品名词解释与分类

（一）名词解释

1．危险货品

危险货品（dangerous goods）就是对健康、安全、财产与环境可能造成危害的物质或物品；或是《国际海运危险货物规则》的危险货品表中列举的物质或物品；或是根据《国际海运危险货物规则》属于危险货品分类标准的物质或物品。

2．包装物、包装件和包装

包装物（packaging）：能够符合《国际海运危险货物规则》最低包装规定的容器，以及达成包容功能的其他必要组件与材料。

包装件（package）：包装物与内容物完成包装作后完成品。

包装（packing）：物质或物品装入内容器、纳入包装物。或以其他方式固定在包装物上的工艺与作业。

包装物包括以下几种。

（1）单一包装物（single packaging）：运输中不须任何内包装物便能达到包容功能的包装物。

（2）复合包装物（composite packaging）：由一个外包装物与一个内容器组成，两者形成一个整体。一旦组装完成，此后便是整合的独立单元，不论是灌装、贮存、运输或卸货，都是一体的。

① 内容器（innerreceptacle）：需要一个外包装物才能达到包容功能的容器。

② 外包装物（outer packaging）。

（3）组合包装物（combination packaging）：为了运输所做的包装物组合，由一个或多个内包装物固定在外包装物中组成。

① 内包装物（inner packaging）：需要一个外包装物才能运输的包装物。

② 外包装物（outer packaging）：对于复合包装物与组合包装物而言，有吸引材料与垫衬等必要组件，若同作为包容与保护内容器与内包装物的外部保护物。

③ 中包装物（intermediate packaging）：置于内包装物与外包装物之间的一种包装物。

3．合装

合装（overpack）：同一个托运人为方便作业与贮放，将一件以上的包装件合并成为一件包装单元。包含在合装中的危险货品，必须正确地包装、标示、标贴并符合《国际海运危险货物规则》的所有规定。

（二）危险货品的分类

1．爆炸物

（1）具有巨量爆炸危害的物质和物品，如火药。

（2）具有射出危害，但无巨量爆炸危害的物质和物品，如导弹。

（3）具有起火危害，以及轻微的爆破危害或轻微的射出危害或者两者皆具，但无巨量爆炸危害的物质和物品，如燃烧弹。

（4）不致引起重大危害的物质和物品，如爆竹。

（5）具有巨量爆炸危害，但很不敏感的物质，如爆破用炸药。

（6）无巨量爆炸危害，且极不敏感的物品。

2．气体

1）易燃气体

在 20℃及标准大气压时，体积 13%或以下，与空气形成的混合物，会起火的气体；或是不论燃烧范围的低点是多少，与空气的燃烧级距至少为 12%的气体。

易燃性（flammability）应该根据国际标准化组织《气体和气体混合物气瓶阀口选择用潜在燃烧性和氧化能力的测定》（ISO10156：2010）规定的方法，经测试或计算确定。

2）非易燃、无毒性气体

在 20℃及压力不低于 280 千帕时，或是作为冷冻液体时：

（1）为窒息的，此种气体会稀释，或取代正常空气中的氧气。

（2）为氧化的，此种气体通常会供应氧气，因而对于其他物料，会比空气造成或提供更多的燃烧性。氧化能力（oxidizingability）应该根据国际标准化组织《气体和气体混合物气瓶阀口选择用潜在燃烧性和氧化能力的测定》（ISO 10156：2010）所采用的方法，经测试或计算确定。

（3）不归属于其他组别的气体。

3）毒性气体

已知其毒性或腐蚀性，对人体健康会导致危害的气体；或是由于其 LC50 值等于或小于 5000 毫升/米^3，而对人体具有毒性或腐蚀性的气体。

注意：喷剂（aerosol）的定义是由金属、玻璃或塑胶制成的一种不再灌装的容器，内含压缩的、液化的或是压力下溶解的气体，含有或不含有液体、糊浆或粉末，具有自我关闭的释放装置，可让内容物以气体悬浮的固态或液态颗粒的形态喷出，或是以泡沫、糊浆或粉末的形态喷出，或是以液体或气体的形态喷出。

3. 易燃液体

第 I 包装群，低闪点液体：在封杯试验中，其闪点低于−18℃（0℉），如乙醚。

第 II 包装群，中闪点液体：在封杯试验中，其闪点介于−18～23℃（0～73℉），但不包括 23℃（73℉），如甲苯。

第 III 包装群，高闪点液体：在封杯试验中，其闪点介于 23～61℃（73～141℉），包括 61℃（141℉），如煤油。

注意：易燃液体的闪点是指液体释出的蒸气与空气形成一种会起火的混合物时的最低温度。此性质可以用来衡量液体逸出包装时，造成爆炸或起火的混合物风险大小。

4. 易燃固体、自燃物质与水反应物质

1）易燃固体

（1）狭义的易燃固体（flammable solids）。狭义的易燃固体是指两种物质，一种是运送状况下的即燃（readily combustible）固体；另一种是会因摩擦而起火的固体。即燃固体可能是粉末的物质，也可能是颗粒的或糊状的物质。易燃性是指与燃烧的火柴之类的点火源短暂接触之后，会轻易点燃，或者火焰会迅速蔓延。其危险性不仅来自火烧，还来自由于燃烧而产生的毒性物质。金属粉末由于不易扑灭而特别危险，因为诸如二氧化碳或水之类的正常灭火剂，不但无法扑灭金属粉末燃烧反而会增加危害。

（2）自我反应物质（self-reactive substances）。自我反应物质是易于产生强烈热量反应的物质。在正常运送情况下，自我反应物质会自行生热，或是与空气接触会发热，因而易于着火。自我反应物质为热量不定物质，即使没有氧（空气）的参与，也会产生强烈的放热分解变化。自我反应物质可以经由热、接触触媒等不纯物（如酸、重金属复合物与碱等）、摩擦或撞击，而引发自我分解。分解的速率随着温度而不同，且因物质而异。自我分解若不着火，尤其可能产生毒性气体或蒸气。某些自我反应物质必须控制温度。某些自我反应物质会产生爆炸式分解，尤其是在有限的空间里。此种特性可以用添加稀释剂，或采取适当的包装物，而予以修正。某些自我反应物质则会猛烈燃烧。

（3）去敏的固体爆炸物（solid desensitized explosive）。去敏的固体爆炸物还包括以下几种物质。

① 在第一类危险的第一系列试验与第二系列试验中，被有条件地认定，但在第六系列试验被排除的物质，属于去敏固体爆炸物。

② 某些不属于自我反应物质者，属于去敏固体爆炸物。

③ 某些不属于氧化物质与过氧化物者，属于去敏固体爆炸物。

2）自燃物质

（1）起火物质（pyrophoric substances）。此种物质，包括混合物或溶液（液体或固体），即使极少的分量，与空气接触，也会在 5 分钟以内点燃。

（2）自热物质（self-heating substances）。是指起火物质以外的物质，与空气接触时，即使没有供给能量，也会自行加热。此种物质只有在数以千克计的大量，或数以时、日计的长时间，才可能点燃。

3）遇水释出易燃气体的物体

遇水会释出易燃气体，而与空气形成爆炸性混合物。此混合物易于被裸灯、喷溅火花的手工具、无包里的灯泡之类的普遍火源所点燃。造成的爆破波与火焰，会危及人们与环境。

遇水释出易燃气体之物质又称为水作用的（water-reactive）物质。

5．氧化物质与有机过氧化物

（1）氧化物质：本身未必自燃，但是因为释出氧气，或者相似的过程，会因与其他材料接触，而增加起火的风险与可能性，如硝酸钠。

（2）有机过氧化物：含有 OO-双价结构的有机物质，在其中一个或两个氢原子被有机根所取代时，可以视为有机过氧化物的衍生物。有机过氧化物为温度不稳定物质，会产生放热性自我加速解，如有机过氧化物（B 型态）。

此外，有机过氧化物可能具有下列一种或一种以上的性质：易于爆炸性分解；快速燃烧；对冲击或摩擦敏感；与其他物质危险反应；对眼睛造成伤害。

6．毒性物质与感染性物质

（1）毒性物质：此项物质若食或吸入，或者经由皮肤接触，会造成死亡、严重伤害或损坏人体健康，如砷。

（2）感染性物质：此项物质包括具有生命力的微生有机物，包含细菌、病毒、病原体、寄生虫、蕈菌，或其混种与突变之组合，已知或有理由相信对动物或人体造成疾病，如医疗废弃物（泛称）。

感染性物质包含：①对人体或动物具有感染性的物质；②基因改造的微生有机体及一般有机体（genetically modified micro-organismsand organisms）；③生物产品（biological products）；④诊疗样品（diagnostic specimens）；⑤临床与医疗废弃物（clinicaland medical waste）。

7．放射性物料

放射性物料是指自发而连续地放射出某种辐射（离子辐射）的物质或物体；此辐射材料对健康有害，但却无法为人体的任何感官（视觉、听觉、嗅觉、触觉）感觉到。此种辐射也可影响于其他物质（特别是未显影的照相底片与未显影的 X 光胶片），而且可以被适当的仪器来侦测及衡量。

8．腐蚀性物质

经由化学作用，接触活体组织时，会造成严重损坏；或是如果泄漏，会损坏材料，或甚至摧毁其他货品或运输工具的物质，称为腐蚀性物质。此种危险品可能还具有其他的危害性，如硫酸、硝酸、醋酸。

此危险种类的 3 个包装组的试验方法如下。

（1）第 Ⅰ 级包装群（非常危险的物质与配制品）：3 分钟或 3 分钟以内的暴露时间之后，在为时 60 分钟的观察期间，会摧毁接触皮肤组织的完全厚度的物质。

（2）第 Ⅱ 级包装群（呈现中度危险的物质与配制品）：3 分钟以上、60 分钟以内的暴露时间之后，在为时 14 日的观察期间，会摧毁接触皮肤组织的完全厚度的物质。

（3）第 Ⅲ 级包装群（呈现轻度危险的物质与配制品）：60 分钟以上、4 小时以内的暴露时间之后，在为时 14 日的观察期间，会摧毁接触皮肤组织的完全厚度的物质。判断不会摧毁接触皮肤组织的完全厚度，但是在温度为 55℃ 的测试中，对于钢或铝表面，会造成每年超过 6.25 毫米腐蚀率的物质。

9. 其他危险货品

此类物质或物体在运送途中，呈现其他类危险货品所未涵盖之危险。本类别包括其他限制性物质、磁性材料和杂项物质或物体。

本类物质还包括航空管制固体或液体（aviation regulated solidor liquid），也就是那些具有刺激性、嫌恶的或其他的性质，足以造成航班机组成员极度厌恶或不适，而无法履行其职务的物质，如大蒜油。

三、危险品包装

（一）GHS 制度

GHS 制度全称为《全球化学品统一分类和标签制度》（*Globally Harmonized System of Classification and Labeling of Chemicals*）。2002 年 12 月，GHS 制度经联合国正式出版。因其封面为紫色，GHS 制度又称"紫皮书"。GHS 制度包括两个方面内容：一是对化学品危害性的统一分类；二是对化学品危害信息的统一公示制度。具体如图 9-1 所示。

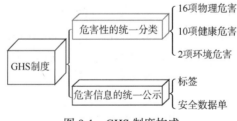

图 9-1　GHS 制度构成

1. 对化学品危害性的统一分类

GHS 制度将化学品的危害大致分为 3 个大类 28 项。

（1）物理危害，如易燃液体、氧化性固体等 16 项。

（2）健康危害，如急性毒性、皮肤腐蚀/刺激等 10 项。

（3）环境危害，如水、臭氧层等 2 项。

2．对化学品危害信息的统一公示制度

GHS 制度采用两种方式公示化学品的危害信息。

1）标签

在 GHS 制度中，一个完整的标签至少含有 5 个部分（图 9-2）。

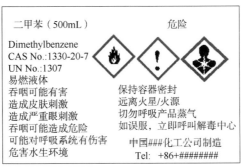

图 9-2 GHS 标签举例

（1）信号词：表明危险的相对严重程度的词语。其包括：①"危险"（danger），用于较为严重的危险类别；②"警告"（warning），用于较轻的危险类别。

（2）危险说明：描述一种危险产品危险性质的短语。GHS 制度已经为所有危险项别分配了指定的危险说明，如"高度易燃液体和蒸气""遇热可能会爆炸""对水生生物毒性极大，并具有长期持续影响"。

（3）象形图：一种描述危险产品危险性质的图形（表 9-1）。具体要求：①边框，红色要足够宽、醒目；②符号，黑色；③背景，白色。

表 9-1 GHS 制度的 9 种象形图

编码	危险形象图	符号说明
GHS01		爆炸的炸弹
GHS02		火焰
GHS03		火焰在圆圈上
GHS04		气瓶
GHS05		腐蚀性
GHS06		骷髅和枯骨

续表

编码	危险形象图	符号说明
GHS07		叹号
GHS08		健康危险
GHS09		环境

（4）防范说明：一个短语或图形来说明建议采取的措施。其目的是最大限度地减少或防止因接触某种危险物质或因对它存贮或搬运不当而产生的不利效应。例如，"放在儿童伸手不及之处""使用前请读标签""接触时需带防毒面具"。

（5）产品标识：包括物质的名称、CAS 号、危险成分的名称（混合物）。

（6）生产商/供应商标志：包括生产商/供应商名称、地址和电话号码等。

2）安全数据单

安全数据单（safety data sheet，SDS）在我国的国家标准中常称为物质安全数据表。

3. GHS 制度适用原则——积木原则

GHS 制度的"积木"指危险性种类和类别，即各种危险性是不同的积木，每种危险性中的各种类别也是不同的积木。GHS 制度（表 9-2）允许各国根据本国的具体情况选择不同的危险性种类和不同的危险性类别，作为本国的危险性分类。例如，采用致癌性作为本国的分类时，应当遵循 GHS 制度关于致癌性的分类方法和统一标签要素。我国危险化学品分类应采纳的积木原则如下。

表 9-2　GHS 制度（第 4 修订版）中的化学品危险性分类

序号	分类	类别
1	爆炸物	不稳定爆炸物、1.1、1.2、1.3、1.4、1.5、1.6
2	易燃气体	类别 1、类别 2、化学不稳定性气体类别 A、化学不稳定性气体类别 B
3	气溶胶	类别 1、类别 2、类别 3
4	氧化性气体	类别 1
5	加压气体	压缩气体、液化气体、冷冻液化气体、溶解气体
6	易燃液体	类别 1、类别 2、类别 3、类别 4
7	易燃固体	类别 1、类别 2
8	自反应物质和混合物	A 型、B 型、C 型、D 型、E 型、F 型、G 型
9	自热物质和混合物	类别 1、类别 2
10	自燃液体	类别 1
11	自燃固体	类别 1

续表

序号	分类	类别
12	遇水放出易燃气体的物质和混合物	类别1、类别2、类别3
13	金属腐蚀物	类别1
14	氧化性液体	类别1、类别2、类别3
15	氧化性固体	类别1、类别2、类别3
16	有机过氧化物	A型、B型、C型、D型、E型、F型、G型
17	急性毒性	经皮：类别1、类别2、类别3、类别4、类别5 经口：类别1、类别2、类别3、类别4、类别5 吸入：类别1、类别2、类别3、类别4、类别5
18	皮肤腐蚀/刺激	类别1（类别1A、类别1B、类别1C）类别2、类别3
19	严重眼损伤/眼睛刺激性	类别1 类别2（类别2A、类别2B）
20	呼吸过敏和皮肤过敏	呼吸过敏：类别1（类别1A、类别1B） 皮肤过敏：类别1（类别1A、类别1B）
21	生殖细胞突变性	类别1（类别1A、类别1B）、类别2
22	致癌性	类别1（类别1A、类别1B）、类别2

（1）易燃液体取 GHS 的前 3 个类别，即类别1、类别2、类别3。

（2）急性毒性取 GHS 的前 4 个类别，即类别1、类别2、类别3、类别4。

（3）皮肤腐蚀/刺激，取类别1、类别2。

（4）严重眼损伤/眼睛刺激性，取类别1、类别2A。

（5）特异性靶器官毒性一次接触，取类别1。

（6）吸入危害，取类别1。

（7）对水环境的危害，取急性1、慢性1、慢性2、慢性3、慢性4。

其他分类与 GHS 制度的分类一致。

（二）《关于危险货物运输的建议书——规章范本》

《关于危险货物运输的建议书——规章范本》（以下简称《规章范本》）又称为"橘皮书"。《规章范本》包括分类原则和类别的定义、主要危险货物一览表、一般包装要求、试验程序、标记、标签或揭示牌和运输单据等。此外，它还对一些特定类别的货物规定了特殊要求。有了这套普遍采用的分类制度、一览表、包装、标记、标签、揭示牌和单据制度，承运人、发货人和检查机关均将从运输、装卸和检查程序的简化和费时手续的减少中受益。总而言之，他们的工作将更加方便，危险货物国际运输的障碍将相应减少。与此同时，随着危险货物国际贸易的日益增长，其好处也将日益明显。

受《规章范本》约束的物质（包括混合物和溶液）和物品，按它们具有的危险性或最主要的危险性，划入 9 个类别中的一类。有些类别再分成项别（注：类和项的号码顺序，并不是危险程度的顺序）。这些类别和项别如下。

第 1 类　爆炸品

1.1 项　有整体爆炸危险的物质和物品

1.2 项　有迸射危险但无整体爆炸危险的物质和物品

1.3 项　有燃烧危险并有局部爆炸危险或局部迸射危险或这两种危险都有但无整体爆炸危险的物质和物品

1.4 项　不呈现重大危险的物质和物品

1.5 项　有整体爆炸危险的非常不敏感物质

1.6 项　无整体爆炸危险的极端不敏感物品

第 2 类　气体

2.1 项　易燃气体

2.2 项　非易燃无毒气体

2.3 项　毒性气体

第 3 类　易燃液体

第 4 类　易燃固体；易于自燃的物质；遇水放出易燃气体的物质

4.1 项　易燃固体、自反应物质和固态退敏爆炸品

4.2 项　易于自燃的物质

4.3 项　遇水放出易燃气体的物质

第 5 类　氧化性物质和有机过氧化物

5.1 项　氧化性物质

5.2 项　有机过氧化物

第 6 类　毒性物质和感染性物质

6.1 项　毒性物质

6.2 项　感染性物质

第 7 类　放射性物质

第 8 类　腐蚀性物质

第 9 类　杂项危险物质和物品，包括危害环境物质

为了包装目的，第 1 类、第 2 类、第 7 类、5.2 项和 6.2 项物质，以及 4.1 项自反应物质以外的物质，按照它们具有的危险程度，划分为 3 个包装类别：Ⅰ类包装，显示高度危险性的物质；Ⅱ类包装，显示中等危险性的物质；Ⅲ类包装，显示轻度危险性的物质。

危险货物按其危险性类别及其组成，划定联合国编号和正式运输名称。通常运输的危险货物，列在危险货物一览表中。具体列出名称的物品或物质，在运输中必须以危险货物一览表中的正式运输名称作标志。这些物质从技术上讲可能含有杂质（如生产过程中产生的杂质），或为了稳定或其他目的使用了不影响其分类的添加剂。但列出名称的物质含有技术性杂质或为稳定或其他目的使用了影响其分类的添加剂，则应视为混合物或溶液。对于未具体列出名称的危险货物，使用"类属"或"未另作规定的"条目，确定运输的物品或物质。

1．联合国编号

危险货物一览表的每个条目都有一个联合国编号。该表还包含每个条目的有关资料，如危险性类别、次要危险性（如果有）、包装类别（如果划定）、包装要求和罐体运输要求等。危险货物一览表的条目有以下 4 类。

（1）单一条目适用于意义明确的物质或物品。例如：

1090 丙酮

1194 亚硝酸乙酯溶液

（2）类属条目适用于意义明确的一组物质或物品。例如：

1133 黏合剂

1266 香料制品

2757 固态氨基甲酸酯农药，毒性

3101 液态 B 型有机过氧化物

（3）"未另作规定的"特定条目，适用于一组具有某一特定化学性质或技术性质的物质或物品。例如：

1477 无机硝酸盐，未另作规定的

1987 醇类，未另作规定的

（4）"未另作规定的"一般条目，适用于一组符合一个或多个类别或项别标准的物质或物品。例如：

1325 有机易燃固体，未另作规定的

1993 易燃液体，未另作规定的

2．危险货物运输信息

除非另有规定，交运危险货物的发货人必须向承运人提供所托运危险货物有关的信息，包括《规章范本》规定的任何补充信息和票据。这些信息可在危险货物运输票据上提供，或在得到承运人同意的情况下，通过电子数据处理和电子数据交换技术提供。危险货物运输票据必须载有交运的每一危险物质、材料或物品的下列资料。

（1）前加字母"UN"的联合国编号。

（2）按照确定的正式运输名称，并根据情况将技术名称放在圆括号内。

（3）货物的主要危险类别或划入的项别，包括第 1 类货物的配装组字母。"类"或"项"等字，可以写在主要危险性的类号或项号之后。

（4）必须加贴的次要危险性标签，与之对应的次要危险性类号或项号如已划定，必须写在主要危险性类别或项别之后，放在圆括号内。"类"或"项"等字，可以写在次要危险性的类号或项号之后。

（5）划定的物质或物品包装类别，可在前面加上"PG"（如"PG Ⅱ"）。

危险货物运输信息必须按前述所列顺序写出，不夹杂其他资料，法律法规、国际公约另有规定的情况除外。例如：

　UN1098 烯丙醇 6.1（3）Ⅰ

　UN1098，烯丙醇，6.1 项，（第 3 类），PG　Ⅰ

3．包装容器类型的编码

表示容器类型的编码包括：一个阿拉伯数字，表示容器的种类，如桶、罐等；后接一个大写拉丁字母，表示材料的性质，如钢、木等；必要时后接一个阿拉伯数字，表示容器在其所属种类中的类别。

如果是复合容器，用两个大写拉丁字母顺次地写在编码的第二个位置中。第一个字母表示内容器的材料，第二个字母表示外容器的材料。如果是组合容器，只使用外容器的编码。容器编码后面可加上字母"T""V""W"。字母"T"表示符合要求的救助容器；字母"V"表示符合要求的特别容器；字母"W"表示容器的类型虽与编码所表示的相同，但其制造的规格不同于一般规格，不过根据有关的要求被认为是等效的。

下述数字用于表示容器的种类：1——桶；2——暂缺；3——罐；4——箱；5——袋；6——复合容器。

下述大写字母用于表示材料的种类：A——钢（一切型号及表面处理）；B——铝；C——天然木；D——胶合板；F——再生木；G——纤维板；H——塑料（注：塑料也包括其他聚合材料，如橡胶等）；L——纺织品；M——多层纸；N——金属（钢或铝除外）；P——玻璃、陶瓷或粗陶瓷。

表 9-3 列出了用于表示容器类型的编码，编码取决于容器的种类、建造所用的材料及其类别。

表 9-3　容器类型的编码

种类	材料	类别	编码
1．桶	A．钢	非活动盖	1A1
		活动盖	1A2
	B．铝	非活动盖	1B1
		活动盖	1B2
	D．胶合板	—	1D
	G．纤维质	—	1G
	H．塑料	非活动盖	1H1
		活动盖	1H2
	N．金属、钢或铝除外	非活动盖	1N1
		活动盖	1N2
2．（暂缺）	—	—	—
3．罐	A．钢	非活动盖	3A1
		活动盖	3A2
	B．铝	非活动盖	3B1
		活动盖	3B2
	H．塑料	非活动盖	3H1
		活动盖	3H2
4．箱	A．钢	—	4A
	B．铝	—	4B

续表

种类	材料	类别	编码
4. 箱	C. 天然木	普通	4C1
		箱壁防筛漏	4C2
	D. 胶合板	—	4D
	F. 再生木	—	4F
	G. 纤维板	—	4G
	H. 塑料	泡沫	4H1
		硬质	4H2
	N. 金属（钢和铝除外）	—	4N
5. 袋	H. 编织材料	无内衬或涂层	5H1
		防筛漏	5H2
		防水	5H3
	H. 塑料薄膜	—	5H4
	L. 纺织品	无内衬或涂层	5L1
		防筛漏	5L2
		防水	5L3
	M. 纸	多层	5M1
		多层、防水	5M2
6. 复合容器	H. 塑料贮器	在钢桶中	6HA1
		在铜板条箱或钢箱中	6HA2
		在铝桶中	6HB1
		在铝板箱或铝箱中	6HB2
		在木箱中	6HC
		在胶合板桶中	6HD1
		在胶合板箱中	6HD2
		在纤维质桶中	6HG1
		在纤维板箱中	6HG2
		在塑料桶中	6HH1
		在硬塑料箱中	6HH2
	P. 玻璃、陶瓷或粗陶瓷贮器	在钢桶中	6PA1
		在钢板条箱或钢箱中	6PA2
		在铝桶中	6PB1
		在铝板条箱或钢箱中	6PB2
		在木箱中	6PC
		在胶合板桶中	6PD1
		在有盖柳条篮中	6PD2

续表

种类	材料	类别	编码
6. 复合容器	P. 玻璃、陶瓷或粗陶瓷贮器	在纤维质桶中	6PG1
		在纤维板箱中	6PG2
		在泡沫塑料容器中	6PH1
		在硬塑料容器中	6PH2

标记必须标明以下内容。

（1）联合国容器符号，如果使用压纹金属容器，符号可用大写字母"UN"；这个符号只能用于证明容器、软体散货箱、便携式罐体或多元气体容器符合规章中的相关要求，不得用于任何其他目的。

（2）表示容器种类的编码。

（3）一个由两部分组成的编号：

① 用一个字母表示设计型号已成功地通过试验的包装类别：X 表示 I 、II 和 III 类包装；Y 表示 II 类和 III 类包装；Z 只表示 III 类包装。

② 相对密度（四舍五入至第一位小数），表示已按照此相对密度对不带内容器的准备装液体的容器设计型号进行过试验；若相对密度不超过 1.2，这一部分可以省略。对准备装固体或装入内容器的容器而言，以千克表示最大总重。

（4）或者用字母"S"表示容器拟用于运输固体或内容器，或者对拟装液体的容器（组合容器除外）而言，容器已证明能够承受的液压试验压力，用千帕表示（四舍五入至最近的 10 千帕）。

（5）容器制造年份的最后两位数字。型号 1H 和 3H 的容器还必须适当地标出制造月份。这可与标记的其余部分分开在容器的空白处标出，最好的方法如下。

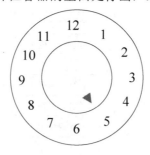

（6）标记分配的批准国，以在国际通行的机动车所用的识别符号表示。

（7）容器制造厂的名称，或主管当局规定的其他容器标志。在容器修理过之后，修理厂商必须按顺序在该容器上加耐久性的标记表明。

（8）进行修理的所在国，以在国际通行的机动车所用的识别符号表示。

（9）修理厂商名称或主管当局规定的其他容器标志。

（10）修理年份，加字母"R"。成功地通过密封性试验的每个容器，另加字母"L"。如在修理之后，（1）～（4）要求的标记不再出现在金属桶的顶端或侧面，修理厂商也必须以经久形式将这些标记加在（8）（9）（10）所述的标记之前。这些标记标出的性能不得超过已经过试验并标明的原设计型号的性能（图9-3）。

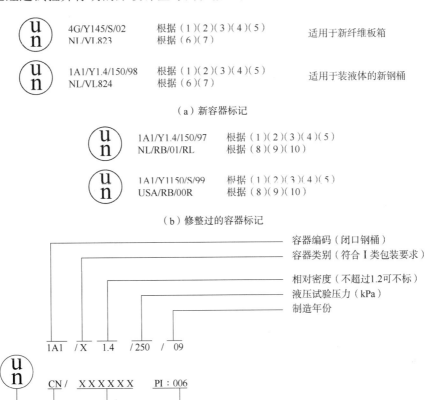

图 9-3 包装容器标志代码意义

思考与讨论

1．不属于危险品的液体产品需要提供哪些证明？
2．简述危险品分类的全球标准的必要性。

课后实训

小程所在公司经营的自喷漆产品属于第几类危险品？采用什么样的包装？如果一罐自喷漆的规格为150克，直径6.5厘米、高度23厘米，客户订购10万罐，应该如何订舱？

参 考 文 献

丁兴良，2007．项目型销售与管理［M］．北京：机械工业出版社．

丁兴良，2008．4E 营销［M］．北京：经济管理出版社．

格林沃德，米尔伯瑞，2014．技术销售顾问实用手册［M］．李亚，译．北京：中国劳动社会保障出版社．

和锋，2004．顾问式销售技术［M］．北京：北京大学出版社．

黄京华，2003．电子商务教程［M］．北京：清华大学出版社．

科特勒，阿姆斯特朗，2015．营销管理［M］．16 版．楼尊，译．北京：中国人民大学出版社．

李洪道，2009．工业品营销：赢在信任［M］．北京：机械工业出版社．

李敬，2007．价值营销［M］．成都：西南财经大学出版社．

刘涛，2003．如何做好产品解说［M］．北京：北京大学出版社．

刘铁，李桂华，卢宏亮，2014．线上线下整合营销策略对在线零售品牌体验影响机理［J］．中国流通经济，11：51-57．

刘永炬，2003．推广［M］．北京：中国工人出版社．

屈云波，2001．网络营销［M］．北京：企业管理出版社．

王健，2003．电子商务［M］．深圳：海天出版社．

王娟娟，2014．电子商务时代的物流发展分析［J］．中国流通经济，3：54-59．

王淑燕，曾宏，2007．促销人员岗位培训手册［M］．北京：人民邮电出版社．

姚国章，2001．中国企业电子商务发展战略［M］．北京：北京大学出版社．

张滨，刘小军，陶章，2015．我国跨境电子商务物流现状及运作模式［J］．中国流通经济，1：51-56．

BLANEY, 2012. B2B A to Z:marketing tools and strategies that generate leads for business-to-business companies [J]. Denham publishing, engelska, 17 (3): 15-18.

DELGADO T, 2012. SWOT analysis template: grow your business strategically [J]. Waste manage, 27 (12): 1910-1919.

KUMAR V, REINARTZW, 2012. Customer relationship management[J]. Concept, strategy, and tools, 20 (1): 17-25.

REDDYPJ, 2011. Municipal solid waste management:processing-energy recovery-global examples [J]. Crc press, 7 (3): 582.

UNHS PROGRAMME, 2010. Solid waste mangement in the world's cities:water and sanitation in the world's cities 2010 [J]. Iswa world congress urban development & Sustainability-a major challenge for waste management in the century, 28 (2): 95-113.

附录 常用化学危险品贮存通则

1 主题内容与适用范围

本标准规定了常用化学危险品（以下简称化学危险品）贮存的基本要求。

本标准适用于常用化学危险品（以下简称化学危险品）出、入库，贮存及养护。

2 引用标准

GB 190—2009 危险货物包装标志

GB 13690—2009 化学品的分类和危险性公示通则

GB 50016—2016 建筑设计防火规范

3 定义

3.1 隔离贮存（segregated storage） 在同一房间或同一区域内，不同的物料之间分开一定的距离，非禁忌物料间用通道保持空间的贮存方式。

3.2 隔开贮存（cut-off storage） 在同一建筑或同一区域内，用隔板或墙，将其与禁忌物料分离开的贮存方式。

3.3 分离贮存（detached storage） 在不同的建筑物或远离所有建筑的外部区域内的贮存方式。

3.4 禁忌物料（incinpatible inaterals） 化学性质相抵触或灭火方法不同的化学物料。

4 化学危险品贮存的基本要求

4.1 贮存化学危险品必须遵照国家法律、法规和其他有关的规定。

4.2 化学危险品必须贮存在经公安部门批准设置的专门的化学危险品仓库中，经销部门自管仓库贮存化学危险品及贮存数量必须经公安部门批准。未经批准不得随意设置化学危险品贮存仓库。

4.3 化学危险品露天堆放，应符合防火、防爆的安全要求，爆炸物品、一级易燃物品、遇湿燃烧物品、剧毒物品不得露天堆放。

4.4 贮存化学危险品的仓库必须配备有专业知识的技术人员，其库房及场所应设专人管理，管理人员必须配备可靠的个人安全防护用品。

4.5 化学危险品按 GB 13690—2009 的规定分为 8 类：

a. 爆炸品（国家技术监督局 1995-07-26 批准 1996-02-01 实施）；

b. 压缩气体和液化气体；

c. 易燃液体；

d. 易燃固体、自燃物品和遇湿易燃物品；

e. 氧化剂和有机过氧化物；

f. 毒害品；

g. 放射性物品；

h. 腐蚀品。

4.6 标志。

贮存的化学危险品应有明显的标志，标志应符合 GB 190—2009 的规定。同一区域贮存两种或两种以上不同级别的危险品时，应按最高等级危险物品的性能标志。

4.7 贮存方式化学危险品贮存方式分为 3 种：

a. 隔离贮存；

b. 隔开贮存；

c. 分离贮存。

4.8 根据危险品性能分区、分类、分库贮存。各类危险品不得与禁忌物料混合贮存，禁忌物料配置见附录 A（略）。

4.9 贮存化学危险品的建筑物、区域内严禁吸烟和使用明火。

5 贮存场所的要求

5.1 贮存化学危险品的建筑物不得有地下室或其他地下建筑，其耐火等级、层数、占地面积、安全疏散和防火间距，应符合国家有关规定。

5.2 贮存地点及建筑结构的设置，除了应符合国家的有关规定外，还应考虑对周围环境和居民的影响。

5.3 贮存场所的电气安装。

5.3.1 化学危险品贮存建筑物、场所消防用电设备应能充分满足消防用电的需要；并符合 GB 50016—2016 第十章第一节的有关规定。

5.3.2 化学危险品贮存区域或建筑物内输配电线路、灯具、火灾事故照明和疏散指示标志，都应符合安全要求。

5.3.3 贮存易燃、易爆化学危险品的建筑，必须安装避雷设备。

5.4 贮存场所通风或温度调节。

5.4.1 贮存化学危险品的建筑必须安装通风设备，并注意设备的防护措施。

5.4.2 贮存化学危险品的建筑通排风系统应设有导除静电的接地装置。

5.4.3 通风管应采用非燃烧材料制作。

5.4.4 通风管道不宜穿过防火墙等防火分隔物，如必须穿过时应用非燃烧材料分隔。

5.4.5 贮存化学危险品建筑采暖的热媒温度不应过高，热水采暖不应超过 80℃，不得使用蒸汽采暖和机械采暖。

5.4.6 采暖管道和设备的保温材料，必须采用非燃烧材料。

6 贮存安排及贮存量限制

6.1 化学危险品贮存安排取决于化学危险品分类、分项、容器类型、贮存方式和消防的要求。

6.2 贮存量及贮存安排见附表 1。

附表1

贮存要求	贮存类别			
	露天贮存	隔离贮存	隔开贮存	分离贮存
平均单位面积贮存量/（t/m²）	1.0～1.5	0.5	0.7	0.7
单一贮存区最大贮量/t	2000～2400	200～300	200～300	400～600
垛距限制/m	2	0.3～0.5	0.3～0.5	0.3～0.5
通道宽度/m	4～6	1～2	1～2	5
墙距宽度/m	2	0.3～0.5	0.3～0.5	0.3～0.5
与禁忌品距离/m	10	不得同库贮存	不得同库贮存	7～10

6.3　遇火、遇热、遇潮能引起燃烧、爆炸或发生化学反应，产生有毒气体的化学危险品不得在露天或在潮湿、积水的建筑物中贮存。

6.4　受日光照射能发生化学反应引起燃烧、爆炸、分解、化合或能产生有毒气体的化学危险品应贮存在一级建筑物中。其包装应采取避光措施。

6.5　爆炸物品不准和其他类物品同贮，必须单独隔离限量贮存，仓库不准建在城镇，还应与周围建筑、交通干道、输电线路保持一定安全距离。

6.6　压缩气体和液化气体必须与爆炸物品、氧化剂、易燃物品、自燃物品、腐蚀性物品隔离贮存。易燃气体不得与助燃气体、剧毒气体同贮；氧气不得与油脂混合贮存，盛装液化气体的容器属压力容器的，必须有压力表、安全阀、紧急切断装置，并定期检查，不得超装。

6.7　易燃液体、遇湿易燃物品、易燃固体不得与氧化剂混合贮存，具有还原性氧化剂应单独存放。

6.8　有毒物品应贮存在阴凉、通风、干燥的场所，不要露天存放，不要接近酸类物质。

6.9　腐蚀性物品，包装必须严密，不允许泄漏，严禁与液化气体和其他物品共存。

7　化学危险品的养护

7.1　化学危险品入库时，应严格检验物品质量、数量、包装情况、有无泄漏。

7.2　化学危险品入库后应采取适当的养护措施，在贮存期内，定期检查，发现其品质变化、包装破损、渗漏、稳定剂短缺等，应及时处理。

7.3　库房温度、湿度应严格控制、经常检查，发现变化及时调整。

8　化学危险品出入库管理

8.1　贮存化学危险品的仓库，必须建立严格的出入库管理制度。

8.2　化学危险品出入库前均应按合同进行检查、验收、登记，经核对后方可入库、出库，当物品性质未弄清时不得入库。验收内容包括：

a．数量；

b．包装；

c．危险标志。

8.3　进入化学危险品贮存区域的人员、机动车辆和作业车辆，必须采取防火措施。

8.4 装卸、搬运化学危险品时应按有关规定进行，做到轻装、轻卸。严禁摔、碰、撞、击、拖拉、倾倒和滚动。

8.5 装卸对人身有毒害及腐蚀性的物品时，操作人员应根据危险性，穿戴相应的防护用品。

8.6 不得用同一车辆运输互为禁忌的物料。

8.7 修补，换装，清扫，装卸易燃、易爆物料时，应使用不产生火花的铜制、合金制或其他工具。

9 消防措施

9.1 根据危险品特性和仓库条件，必须配置相应的消防设备、设施和灭火药剂，并配备经过培训的兼职和专职的消防人员。

9.2 贮存化学危险品建筑物内应根据仓库条件安装自动监测和火灾报警系统。

9.3 贮存化学危险品的建筑物内，如条件允许，应安装灭火喷淋系统（遇水燃烧化学危险品，不可用水扑救的火灾除外），其喷淋强度和供水时间如下：喷淋强度 15 升/（分钟·米^2）；持续时间 90 分钟。

10 废弃物处理

10.1 禁止在化学危险品贮存区域内堆积可燃废弃物品。

10.2 泄漏或渗漏危险品的包装容器应迅速移至安全区域。

10.3 按化学危险品特性，用化学的或物理的方法处理废弃物品，不得任意抛弃，污染环境。

11 人员培训

11.1 仓库工作人员应进行培训，经考核合格后持证上岗。

11.2 对化学危险品的装卸人员进行必要的教育，使其按照有关规定进行操作。

11.3 仓库的消防人员除了具有一般消防知识之外，还应进行在危险品库工作的专门培训，使其熟悉各区域贮存的化学危险品种类、特性、贮存地点、事故的处理程序及方法。